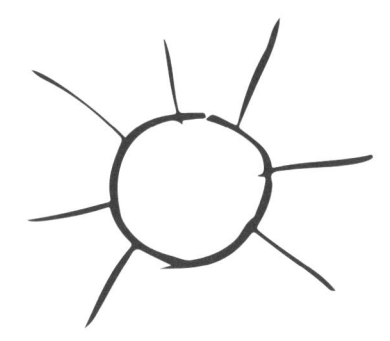

ALÉM DO CÂNONE

Celso Castro
ORGANIZADOR

ALÉM DO CÂNONE

Para ampliar e diversificar as ciências sociais

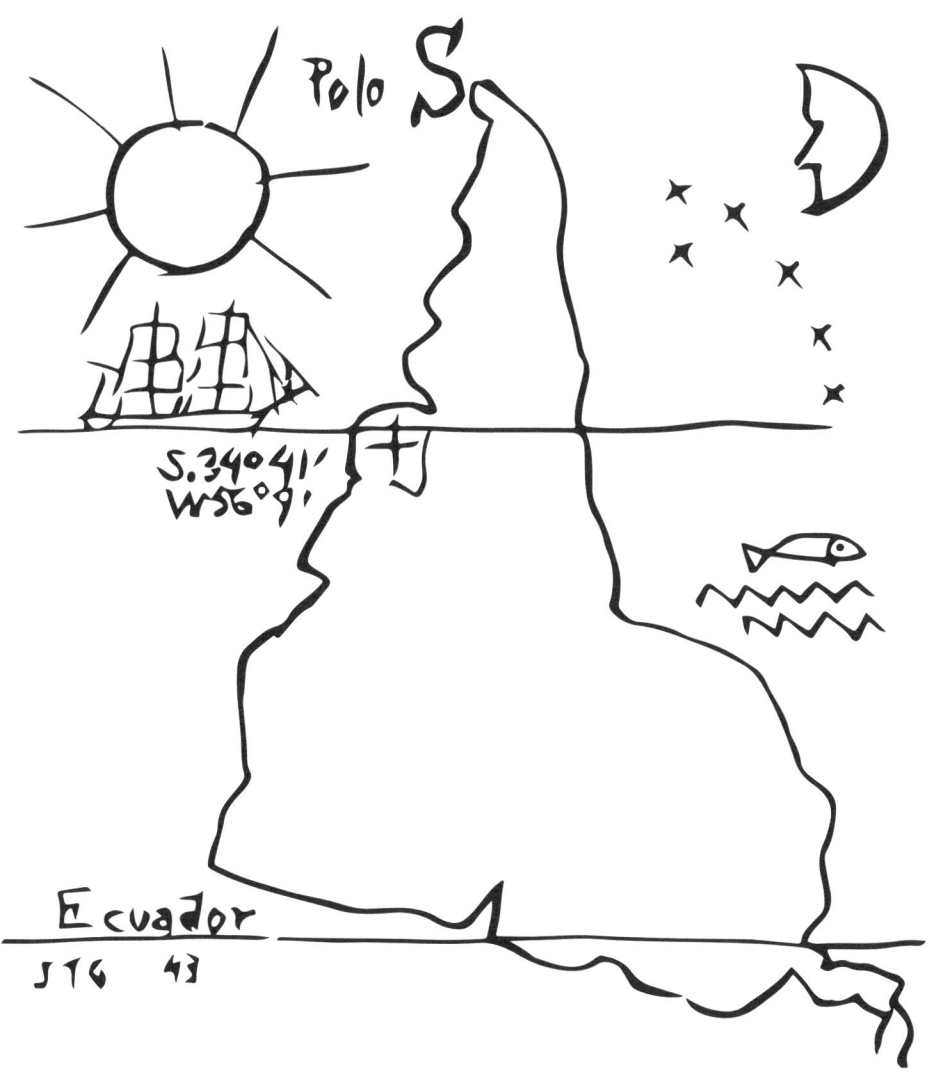

FGV EDITORA

Copyright © 2022 Celso Castro

Direitos desta edição reservados à
FGV EDITORA
Rua Jornalista Orlando Dantas, 9
22231-010 | Rio de Janeiro, RJ | Brasil
Tel.: 21-3799-4427
editora@fgv.br | www.editora.fgv.br

Impresso no Brasil | *Printed in Brazil*

Todos os direitos reservados. A reprodução não autorizada desta publicação, no todo ou em parte, constitui violação do copyright (Lei nº 9.610/98).

Os conceitos emitidos neste livro são de inteira responsabilidade dos autores.

1ª edição: 2022
1ª reimpressão: 2023

Preparação de originais: Angela Vianna
Projeto gráfico de miolo e diagramação: Abreu's System
Revisão: Michele Mitie Sudoh
Capa: Estúdio 513
Fontes das fotos: Harriet Martineau: Wikimedia Commons, Wordsworth Collection; Anténor Firmim: Wikimedia Commons, C. Liebert; Pandita Ramabai: Wikimedia Commons, *Life and landmark wrtings*, Meera kosambi; W E B Du Bois: Wikimedia Commons; Marianne Weber: Wikimedia Commons, Buecherfrauen.de; Manuel Gamio: Wikimedia Commons, Museo Nacional de Antropológia (México); Jane Addams: Wikimedia Commons; Lucie Varga: Derstandard.at; Mirra Komarovsky: Barnard Archives and Special Collections; Masao Maruyama: Genealogiesofmodernity.org; Hilda Kuper: UCLA Library Special Collections, HKP, Box 60, Folder 2; E. Franklin Frazier: coleção Howard University; M N Srinivas: MN Srinivas Library, Caravanmagazine.in; Takeuchi Yoshimi: wikicommons; Jalal al-e Ahmad: Wikimedia Commons; Serif Mardin: acervo pessoal

Dados Internacionais de Catalogação na Publicação (CIP)
Ficha catalográfica elaborada pela Biblioteca Mario Henrique Simonsen/FGV

Além do cânone: Para ampliar e diversificar as ciências sociais / Celso Castro. – Rio de Janeiro: FGV Editora, 2022.
320 p.

Inclui bibliografia.
ISBN: 978-65-5652-120-6

1. Ciências sociais. I. Castro, Celso. II. Fundação Getulio Vargas.

CDD – 300

Elaborada por Rafaela Ramos de Moraes – CRB-7/6625

Este livro é para Elizabeth Catoia Varela,
que acompanhou, desde o início,
a paixão com que ele foi feito.

Sumário

Apresentação, por Celso Castro 9

1 Harriet Martineau, fundadora das ciências sociais 13
Como observar a moral e os costumes (1838)

2 Anténor Firmin e a igualdade das raças humanas 31
Hierarquização fictícia das raças humanas (1885)

3 Pandita Ramabai e a opressão da mulher hindu 43
Infância (1887)

4 W. E. B. Du Bois, pioneiro da sociologia urbana 57
Preconceito de cor (1899)

5 Marianne Weber, muito além da mulher de Max 79
Autoridade e autonomia no casamento (1912)

6 Manuel Gamio e o preconceito contra os indígenas 97
Preconceitos sobre a raça indígena e sua história (1916)

7 Jane Addams e o longo caminho da memória da mulher 105
Memórias de mulheres: transmitindo o passado, como ilustrado pela história do Bebê Diabo (1916)

8 Lucie Varga, etnógrafa da ascensão do nazismo 121
A gênese do nacional-socialismo: notas de análise social (1937)

9 Mirra Komarovsky, pioneira dos estudos de gênero 147
Contradições culturais e papéis sexuais (1946)

10 Masao Maruyama e a estrutura psicológica do fascismo japonês..... 165
Teoria e psicologia do ultranacionalismo (1946)

11 Hilda Kuper e a pesquisa de campo em uma aristocracia africana 193
Uma aristocracia africana (1947)

12 E. F. Frazier e o mundo do faz de conta da burguesia negra americana 213
Burguesia negra (1955)

13 M. N. Srinivas e a Índia real vista a partir do campo 225
Nota sobre sanscritização e ocidentalização (1956)

14 Yoshimi Takeuchi e a modernidade vista da Ásia............................. 251
Ásia como método (1961)

15 Jalāl Āl-e Aḥmad e o Ocidente como doença..................................... 277
Ocidentose: uma praga do Ocidente. Diagnosticando uma doença (1962)

16 Şerif Mardin: política e religião no Império Otomano e na Turquia 291
Relações centro-periferia: uma chave para a política turca? (1973)

Apresentação

Celso Castro

Esta não é uma coletânea contra o cânone tradicional das ciências sociais, nem que pretenda ser alternativa. Os autores tradicionalmente considerados clássicos têm seus motivos e méritos para tal. São fundamentais para qualquer aprendizado sério das ciências sociais. Gosto muito deles e já organizei duas seleções de "textos básicos" de sociologia e antropologia seguindo essa tradição.[1] Eles não são, contudo, os únicos autores que podemos e devemos conhecer hoje, se quisermos ter uma visão mais abrangente e diversificada das ciências sociais.

Quando comecei minha formação como cientista social, em 1981, os cursos de introdução incluíam obrigatoriamente, porém exclusivamente, três "pais fundadores": Marx, Durkheim e Weber. Mais tarde, um quarto autor, Simmel, de quem gosto em particular, passou a ser com frequência incluído nesse seleto grupo. Acho equivocado reduzir o fato de eles terem se tornado clássicos — bem como vários outros autores fundamentais, como Mauss, Malinowski, Lévi-Strauss, Bourdieu, Goffman, Elias etc. — à condição de serem todos, sem exceção, homens, europeus ou norte-americanos e brancos. Sem dúvida, a institucionalização das ciências sociais seguiu as condições sociais e os privilégios mais gerais das sociedades patriarcais e europeias ou norte-americana no seio das quais se desenvolveu. Mas hoje podemos,

---

[1] *Textos básicos de sociologia* (Rio de Janeiro: Zahar, 2014) e *Textos básicos de antropologia* (Rio de Janeiro: Zahar, 2016).

e devemos, perguntar: onde estão, na tradição das ciências sociais, as mães fundadoras, ou as autoras e autores não ocidentais, ou não brancos?

Busquei, nesta coletânea, ir além do cânone tradicional, incluindo outros textos, de 16 autoras e autores, a maioria inéditos no Brasil e aqui traduzidos pela primeira vez para o português. Eles foram selecionados a partir de três critérios.

O primeiro, de não estarem presentes nas coletâneas tradicionais dos principais cientistas sociais. Pode-se argumentar de início que algumas das escolhas aqui feitas não se referem a autoras ou autores que se insiram estritamente ou "a rigor" no campo específico das ciências sociais, tal como ele se institucionalizou na Europa ou na América do Norte. Ou, então, que não seriam suficientemente "teóricos" (portanto, generalizáveis). Respondo chamando a atenção para o fato histórico de que a definição estrita (e estreita) desse campo científico é justamente parte do problema, sobre o qual devemos ter uma visão crítica, não eurocêntrica e desnaturalizadora.

Grande parte das autoras e autores aqui reunidos podem aparecer em coletâneas específicas sobre cientistas sociais, organizadas sob diferentes rótulos: "mulheres", "feministas", "negros", "não ocidentais", "decoloniais", "do Sul" etc. Dificilmente, por exemplo, Du Bois deixaria de aparecer em uma coletânea sobre sociólogos negros, ou Jane Addams em uma sobre sociólogas mulheres. Minha seleção, contudo, sem desconhecer a relevância de iniciativas específicas a cada um desses recortes, buscou ser "ecumênica". O que se perde em profundidade, espero ganhar em diversidade.

O segundo critério foi o do pioneirismo ou do impacto que tiveram em seus contextos nacionais ou regionais. Alguns textos são importantes por terem sido dos primeiros a tratar de algum tema, ou pela recepção que tiveram. Harriet Martineau é, a meu ver, a primeira cientista social, independentemente do gênero. Ela publicou um notável manual sobre "como observar a moral e os costumes" em 1838, nada menos de 57 anos antes de Durkheim publicar suas regras do método sociológico. O antropólogo negro haitiano Anténor Firmin desafiou a pretensão científica do racismo do conde de Gobineau em 1885. O texto de Manuel Gamio, criticando os preconceitos contra os indígenas mexicanos, pode parecer trivial hoje, mas não o era quando foi publicado, no México de 1916. Ou o impacto, ainda forte, do texto de 1960 de Takeuchi Yoshimi sobre a "Ásia como método". Além de europeus e americanos, há aqui textos de autoras ou autores de Haiti, Índia, Japão, Turquia, Irã e México. Vejo em todas e todos qualidades suficientes, por si sós, para fazer parte de um repertório mais alargado. Trata-se, a meu ver, de ampliar o campo de possibilidades do cânone.

O terceiro critério é o da beleza que atribuo aos textos selecionados. Aqui, assumo plenamente minhas preferências pessoais e a subjetividade de minhas escolhas. Em cada texto de apresentação indico os motivos da seleção, mas devo desde já dizer que gosto de todos eles, cada qual com seu estilo e em seu contexto histórico. Algumas escolhas podem obedecer a dois dos critérios acima mencionados. Jane Addams, por exemplo, é "mulher" e "pioneira", mas a meu ver também compartilha, com todas e todos os demais, a beleza de seu texto. Louise Varga, por outro lado, dificilmente seria incluída em coletâneas organizadas sob esses mesmos critérios. Aqui, foi incluída pela impressionante força e beleza que vejo em sua etnografia do nazismo, publicada em 1937, quando esse movimento ainda estava em seu início.

Acima de tudo, acho que os textos aqui reunidos, bem como suas autoras e autores, deveriam ser mais lidos e conhecidos. Conhecê-los representou um alargamento da percepção de minha própria ignorância em relação ao mundo, vasto mundo, das ciências sociais. Isso não é pouco. Espero que a seleção aqui feita ajude a formar uma geração de cientistas sociais que estudem a realidade social a partir de perspectivas mais amplas, diversas e coloridas do que aquelas que presidiram minha formação. Teremos assim ciências sociais mais abrangentes, diversas e renovadas. O alargamento do cânone ajudará a estimular a "imaginação sociológica" de que nos fala C. Wright Mills, num texto de 1959: a "capacidade de mudar de uma perspectiva para outra, e, nesse processo, consolidar uma visão adequada de uma sociedade total e de seus componentes".[2]

---

[2] Ver C. Wright Mills in: Celso Castro (org. e introd.). *Sobre o artesanato intelectual e outros ensaios*. Rio de Janeiro, Zahar, 2009, p. 41.

Sobre a imagem da capa

O desenho do artista uruguaio Joaquín Torres García (1874-1949), conhecido como "América invertida", representa um mapa invertido da América do Sul. Torres García viveu no exterior entre 1891 e 1934 – Barcelona, Nova York, Paris e Madri. De volta ao Uruguai, criou em 1935 a Asociación de Arte Constructivo e em 1936 a revista *Circulo y Cuadrado*, em cujo primeiro número aparece a representação invertida da América do Sul, aqui reproduzida.[3] A versão que foi utilizada na capa, contudo, foi a de 1943, mais limpa de elementos, e que se tornou sua obra mais conhecida.

Torres García não rejeita a tradição artística europeia, com a qual afirma termos muito a aprender. Rejeita, porém, a submissão a um único cânone artístico hegemônico e homogeneizante, a orientação a partir de uma única bússola. Defende a necessidade de termos perspectivas diferentes de nossa posição no mundo, e para tal incorpora e reinventa em sua arte a tradição indígena sul-americana.

É esse o sentido que quis transmitir ao livro, indicando essa imagem para a capa. Que os textos e autores aqui reunidos nos ajudem a ver o mundo de uma maneira mais complexa e diversa – e, por isso mesmo, ecumênica.

---

[3] Ver https://anaforas.fic.edu.uy/jspui/handle/123456789/4446.

1
Harriet Martineau, fundadora das ciências sociais

Entre 1831 e 1832 o jovem magistrado francês Alexis de Tocqueville, de 25 anos, realizou uma viagem de trabalho aos Estados Unidos para conhecer o sistema penitenciário daquele país. A viagem durou pouco mais de nove meses e, no ano seguinte, Tocqueville publicou seu relatório sobre o tema. A viagem, contudo, rendeu um fruto muito mais importante. A partir dessa experiência, Tocqueville publicou em 1835 a primeira parte e em 1840 a segunda parte do livro que seria considerado um dos clássicos das ciências sociais, da ciência política em particular: *Da democracia na América*.

Em 1839 o professor francês de filosofia Auguste Comte utilizou, na 47ª lição de seu *Curso de filosofia positiva*, a palavra "sociologia" para designar uma nova ciência, "parte complementar da filosofia natural que se relaciona com o estudo positivo de todas as leis fundamentais específicas aos fenômenos sociais".[1] Por esse motivo, Comte é muitas vezes considerado, na história da sociologia, como seu "fundador". Contudo, em 1887, na aula inaugural do curso de ciências sociais na Faculdade de Letras de Bordeaux (França), Émile Durkheim diria que Comte pouco fez além de usar a palavra e sugerir o escopo geral da sociologia. Faltaria, ainda, criá-la de fato como disciplina científica, tarefa a que Durkheim dedicou toda a sua vida. Podemos tomar a publicação de *As regras do método sociológico*, em 1895, como um marco na

---

[1] Auguste Comte. *Cours de philosophie positive*, t. IV, parte I. Paris: Bachelier, 1839, nota 1, p. 185, tradução minha.

institucionalização dessa ciência, momento em que Durkheim defendeu que o objeto específico da sociologia seriam os fatos sociais e que eles deveriam ser tratados como "coisas".

Por esses e outros motivos, Tocqueville, Comte e Durkheim tiveram seus lugares assegurados, na história das ciências sociais, como "pioneiros" em sua constituição, no século XIX. Seus nomes estão presentes nas narrativas históricas e seus trabalhos aparecem nas bibliografias de cursos universitários dessa área ao redor do mundo. Os estudantes devem aprender a reconhecê-los e ler ao menos parte de suas obras como elemento necessário à sua formação acadêmica.

Não nego absolutamente que Tocqueville, Comte e Durkheim mereçam o lugar que ocupam no cânone das ciências sociais. O que acho surpreendente e lamentável é que Harriet Martineau não esteja junto deles.

Nascida em 1802 na Inglaterra (onde também morreu, em 1876), Harriet viajou durante quase dois anos (setembro de 1834 a julho de 1835) por todo o território dos Estados Unidos, movida, em suas palavras, por "uma forte curiosidade em testemunhar o funcionamento real das instituições republicanas".[2] Apesar da severa perda auditiva que tinha desde criança, e que a fazia depender de uma corneta acústica, Harriet conversou

---

[2] Essa frase, traduzida por mim, está na introdução de *Society in America*. As fontes principais que utilizei para as informações biográficas de Harriet Martineau foram: o capítulo a ela dedicado no livro de Patricia Madoo Lengermann e Gillian Niebrugge, *The Women Founders: Sociology and Social Theory, 1830-1930* (Long Grove, IL: Waveland Press, 2007, pp. 23-63); e o verbete escrito por Michael R. Hill para o livro *Women in Sociology: A Bio-Bibliographical Sourcebook*, organizado por Mary Jo Deegan (Westport, CT: Greenwood Press, 1991, p. 289-297).

com os mais diferentes tipos de pessoas, do presidente Andrew Jackson e do ex-presidente James Madison a comerciantes, operários, indígenas e escravos; frequentou casas de burgueses, universidades, indústrias e fazendas, mas também residências de classe média, prisões, asilos e hospitais. O resultado foi *Society in America* (Sociedade na América), publicado em dois volumes em 1837 — ou seja, na mesma época que o livro de Tocqueville. O livro de Harriet é espetacular, não apenas pela profundidade da análise e pela perspectiva empática e não etnocêntrica que a autora procura manter, como também pela defesa veemente dos direitos das mulheres e do fim da escravidão.

No ano seguinte, Harriet publicou um manual sobre como se deve observar empiricamente a sociedade, *How to Observe Morals and Manners* (Como observar a moral e os costumes), do qual uma parte é aqui publicada. Numa passagem que antecede em 57 anos a "regra" fundamental de Durkheim, ela escreve (com as maiúsculas no original): "O grande segredo da investigação sábia sobre a moral e os costumes é começar com o estudo das COISAS, usando o DISCURSO DAS PESSOAS como comentário sobre elas" (ver p. 26).

É interessante ainda observar que, em 1853, Harriet publicou uma tradução muito livre para o inglês do *Curso de filosofia positiva* de Comte, que ela habilmente condensou de seis para dois volumes, de 4 mil para mil páginas.[3] O resultado ficou tão bom — na verdade, melhor que o original — que encantou o próprio Comte, que fez publicar, em francês, uma tradução da versão feita por Harriet, até hoje utilizada nas reedições em inglês.

Com os dois livros mencionados — uma obra de análise baseada em investigação empírica e um manual sobre como se deve realizar a pesquisa de campo —, podemos considerar que as ciências sociais foram fundadas por Harriet Martineau em 1837-1838. Mas, então, por que ela não figura no cânone tradicional? Por que (ainda) está ausente da grande maioria das narrativas, dos compêndios e dos programas de cursos de ciências sociais? O

---

[3] Ver *The Positive Philosophy of Auguste Comte*. Freely translated and condensed by Harriet Martineau. Londres: John Chapman, 1853, 2 vols. Na apresentação, a própria Harriet afirma que fez uma tradução "muito livre".

que diferenciava essa talentosa "mãe-fundadora" dos três "pais-fundadores" anteriormente mencionados? O que aqueles três homens notáveis tinham que Harriet não tinha?

A resposta para esse silenciamento passa, obviamente, pela condição feminina numa sociedade patriarcal e androcêntrica e, em particular, pelo processo de institucionalização das ciências sociais na Europa e nos Estados Unidos. Não é o caso de avançar, nesta breve apresentação, na justificativa dessa situação. Há, felizmente, vários trabalhos recentes que buscam recuperar a relevância da obra dessa notável mulher para a tradição da área.[4] Que a publicação aqui feita seja uma modesta homenagem a essa cientista social pioneira e um incentivo ao (re)conhecimento de sua obra.

---

[4] No Brasil, duas ótimas iniciativas são: o capítulo sobre Harriet Martineau no livro *Clássicas do pensamento social: mulheres e feminismos no século XIX* (com organização e comentários de Verônica Toste Daflon e Bila Sorj. Rio de Janeiro: Rosa dos Tempos, 2021); e a tradução completa do livro *Como observar: morais e costumes* (Governador Valadares: Ed. Fernanda H. C. Alcântara, 2021).

Como observar a moral e os costumes[5]
(1838)

Harriet Martineau

Requisitos para a observação

> *"As pequenas coisas possuem sua graça peculiar."*
> *"As pequenas coisas só têm valor para aqueles que conseguem se elevar às grandes."*
> De Jouy

Nos departamentos da investigação é tão fácil distanciar-se da verdade quanto aproximar-se dela, mesmo quando os materiais dos quais a verdade deve ser extraída estão presentes aos nossos sentidos. Uma criança não pega um peixe-dourado na água na primeira tentativa, por melhor que sejam seus olhos e por mais clara que seja a água; conhecimento e método são necessários para lhe permitir tomar o que está realmente diante de seus olhos e sob sua mão. Assim é tudo o que "se pesca" em um elemento estranho para a verdade que ali vive e se move: os poderes de observação devem ser treinados, e os hábitos de método na organização dos materiais apresentados aos olhos devem ser adquiridos antes que o estudante possua os requisitos para compreender o que ele contempla.

---

[5] Harriet Martineau. *How to Observe: Morals and Manners*. Londres: Charles Knight and Co., 1838, pp. 1-10 e 61-67. Disponível em: <https://archive.org/details/bub_gb_DgcUq-pOiccIC>. Tradução de Tayná Mendes, revisão técnica e notas (salvo indicação em contrário) de Celso Castro.

O observador dos homens e dos costumes precisa tanto da preparação intelectual quanto qualquer outro estudante. Em geral, isto não é, de fato, o que se supõe, e uma multidão de viajantes age como se não fosse verdade. Do grande número de turistas que navegam anualmente de nossos portos, provavelmente não há quem sonhe em fingir fazer observações sobre qualquer assunto de investigação física do qual ele não entendesse nem mesmo os princípios. Se, ao voltar do Mediterrâneo, o viajante despreparado fosse questionado sobre a geologia da Córsega, ou sobre os edifícios públicos de Palermo, ele responderia: "Ah, não posso dizer nada sobre isso — eu nunca estudei geologia; eu não sei nada sobre arquitetura." Mas poucos, ou nenhum, fazem a mesma afirmação sobre a moral e os costumes de uma nação. Todo homem parece imaginar que consegue entender os homens num relance; ele supõe que é suficiente estar entre eles para saber o que estão fazendo; pensa que olhos, ouvidos e memória são suficientes para entender a moral, embora eles não o qualifiquem para a observação da botânica ou da estatística; ele se pronuncia com confiança sobre os méritos e a condição social das nações entre as quais viajou; nenhuma apreensão o leva a dizer: "Eu não posso lhe dar informações gerais sobre as pessoas que vejo; não estudei os princípios da moral; não sou juiz de costumes nacionais."

Não haveria nada do que se envergonhar em tal afirmação. Nenhum homem sábio cora por ignorar qualquer ciência que não tenha estudado servindo a seus propósitos, ou que não estivesse em seu poder alcançar. Nenhum linguista torce as mãos quando se fala de descobertas astronômicas em sua presença; nenhum estudioso de economia política cobre o rosto quando lhe mostram uma concha ou uma planta que ele não consegue classificar; muito menos o artista, o filósofo natural, o viajante comercial ou o estudioso dos clássicos deve ter vergonha de possuir a ciência que, entre todas as ciências que se revelaram ao homem, talvez seja a menos cultivada, a menos definida, a menos averiguada em si mesma e a mais difícil em sua aplicação.

Nessa última característica da ciência da moral está a desculpa do maior número de viajantes que pode se eximir de se pronunciar sobre a condição social de qualquer povo. Mesmo que a generalidade dos viajantes fosse tão esclarecida quanto são atualmente ignorantes sobre os princípios da moral, a dificuldade de usar esses princípios de modo interpretativo impediria os sábios de tomar decisões precipitadas e de proferir grandes julgamentos, em relação aos quais os viajantes se acostumaram até agora a ceder. À medida que os homens se tornem sensíveis sobre quão infinitas são as diversidades no homem, quão incalculáveis são as variedades e influências das circunstâncias, a precipitação da pretensão e da decisão diminuirá, e o grande trabalho de classificar as manifestações morais da sociedade será confiado aos filósofos, que têm a mesma relação com a ciência da sociedade que Herschel tem com a astronomia e Beaufort com a hidrografia.[6]

De todos os turistas que proferem suas sentenças sobre os estrangeiros, quantos já começaram suas pesquisas em casa? Qual deles se aventuraria a prestar contas da moral e dos costumes de Londres, embora possa ter ali vivido toda a vida? Será que algum deles escaparia de erros tão grosseiros como os do francês que publicou como fato geral que as pessoas em Londres sempre têm, nos jantares, uma sopa de cada lado à mesa, e um prato de peixe nos quatro cantos? Qual de nós se comprometeria a classificar a moral e os costumes de qualquer aldeia na Inglaterra depois de nela passar o verão? Que homem sensato generaliza seriamente os costumes de uma rua, mesmo que seja Houndsditch ou Cranbourn Alley?[7] Quem finge explicar todos os procedimentos da rotina de seu vizinho? Quem é capaz de explicar tudo o que é dito e feito por um morador da mesma casa que habita — por um pai, filho, irmão, ou empregado doméstico? Caso se tentasse fazer esses julgamentos, não seriam eles tão variados quanto aqueles que os fazem? E não revelariam, afinal de contas, se fossem examinados de perto, mais da mente do observador do que da do observado?

Se assim forem conosco em casa, em meio a todas as semelhanças gerais, as influências predominantes que fornecem uma interpretação para um grande número de fatos, que esperança de um julgamento confiável resta para o turista estrangeiro, por melhor que seja seu método de viagem e por mais longa que seja sua ausência de casa? Ele olha para todas as pessoas ao

---

[6] William Herschel (1738-1822): astrônomo, descobridor de Urano; Francis Beaufort (1774-1857): hidrógrafo do Almirantado Britânico.
[7] Ruas de Londres, à época muito conhecidas e caracterizadas. Houndsditch Street, no East End, era considerada muito suja e degradada; e Cranbourn Street, no West End, era famosa por seu comércio barato e vulgar.

longo de seu caminho na estrada e conversa com alguns poucos indivíduos dentre elas. Se ele diverge, de tempos em tempos, da estrada principal — se anda entre aldeias e atravessa montanhas, para mergulhar nos vilarejos —, ainda assim persegue apenas uma linha; a ele é fornecida, na melhor das hipóteses, não mais que uma amostra das pessoas; e se são de fato uma amostra, elas devem permanecer como uma conjuntura que ele não tem meios de verificar. Talvez ele converse, mais ou menos, com um homem entre 10 mil dos que vê; e dos poucos com quem ele conversa, não há dois iguais em poderes e em treinamento, ou que concordem perfeitamente em suas opiniões sobre qualquer um dos grandes assuntos que o viajante confessa observar. A informação dada por um é contraditória àquela dada por outro; o fato observado em um dia se prova um erro no outro; a mente cansada logo se vê sobrecarregada pela multidão de detalhes desconexos ou contraditórios, e fica passiva para ser atropelada pela multidão. O turista não tem mais chance de aprender, dessa forma, o estado social de uma nação, do que seu valete[8] estaria qualificado para falar da meteorologia do país a partir do número de vezes que os guarda-chuvas foram necessários no decorrer de dois meses. Seus filhos poderiam também se comprometer a explicar a formação geológica do país a partir dos seixos que catavam em um dia de passeio.

Lembro-me de algumas palavras marcantes que me foram dirigidas, antes de partir em minhas viagens, por um homem sábio, agora falecido: "Você vai passar dois anos nos Estados Unidos", disse ele.

> Agora me diga: você espera entender os americanos quando voltar? Não, não pretenda: e isso é bom. Eu vivi 25 anos na Escócia, e imaginava que entendia os escoceses; depois vim para a Inglaterra, e supunha que logo deveria entender os ingleses. Agora vivi 25 anos aqui, e começo a pensar que não entendo nem os escoceses nem os ingleses.

O que deve ser feito? Vamos primeiro resolver o que não deve ser feito.

---

[8] Valete: derivada da palavra francesa *valet*, designa um empregado doméstico homem, muito comum até a segunda metade do século XIX, sobretudo entre a nobreza. [N. do T.]

O viajante deve negar a si mesmo toda indulgência de uma decisão peremptória, não apenas em público, no seu retorno, mas também em seu diário e em seus pensamentos mais superficiais. O viajante experiente e cauteloso o diria de forma diferente. Considerando a decisão peremptória mais tentadora à sua consciência do que concordante com sua preguiça, ele não a chamaria de indulgência, mas de ansiedade; ele gosta do trabalho de coletar materiais, mas se resguardaria da responsabilidade de julgar uma comunidade.

O viajante não deve generalizar no local, por mais verdadeira e firme que seja sua apreensão de um ou mais fatos. Um viajante inglês na China foi entretido por um anfitrião que estava alcoolizado e uma anfitriã que era ruiva; ele imediatamente tomou nota do fato de que todos os homens na China eram bêbados e todas as mulheres, ruivas. Um viajante chinês na Inglaterra foi desembarcado por um transportador do Tâmisa que tinha uma perna de pau. O estranho viu que a perna de madeira era usada para ficar na água, enquanto a perna normal ficava no alto e seca. Esse fato impactou o chinês; ele viu nele fortes evidências de um desígnio, e escreveu para casa que na Inglaterra os homens de uma perna só são usados como trabalhadores na água, para evitar todos os danos à saúde, aos sapatos e às meias. Essas anedotas ilustram apenas um breve exagero das tendências generalizantes de muitos viajantes modernos. Elas não são muito piores do que algumas histórias recentes de turistas, e são melhores do que as antigas narrativas de "homens cuja cabeça cresce debaixo dos ombros".

Os filósofos naturais não desejam generalizar com a velocidade utilizada pelos observadores dos homens; no entanto, eles podem fazê-lo com mais segurança, correndo o risco de um prejuízo incalculavelmente menor. O geólogo e o químico fazem uma grande coleção de demonstrações particulares antes de se comprometerem a propor um princípio extraído delas, embora seu assunto seja muito menos diversificado do que o assunto humano, e nada de tão importante quanto às emoções humanas — amor e antipatia, reverência e desprezo — dependa de seu julgamento. Se um estudante de filosofia natural está com muita pressa para classificar e interpretar, ele engana, por um tempo, seus companheiros de estudo (não uma classe muito grande); ele vicia as observações de alguns sucessores; seu erro é descoberto e exposto; ele é mortificado, seus seguidores muito dóceis são ridicularizados, e há um fim. Mas se um viajante afirma qualquer qualidade que ele possa ter observado em alguns indivíduos como característica de uma nação, o mal não é rápida ou facilmente remediável. Pensadores abjetos e leitores passivos adotam suas palavras; os pais as repetem para seus filhos; e os habitantes da cidade espalham o julgamento pelas aldeias e vilarejos — os bastiões do preconceito; os futuros viajantes veem de acordo com as pressuposições que lhes foram dadas, e acrescentam seu testemunho ao erro, até que o trabalho de um século tenha de reverter uma generalização apressada.

Foi o grande erro de um geólogo atribuir um nível errado ao mar Cáspio; e é vexatório que se deva dedicar muito tempo e energia a dar conta de algo que, afinal, não existe dessa forma. É revoltante para os geólogos que eles tenham tido tanta ingenuidade até encontrar razões para que estas águas estivessem em um nível diferente do que se encontram agora; mas o mal acabou, as notas explicativas e apologéticas são devidamente inseridas nas novas edições de obras geológicas, e nada mais pode advir do erro. Mas é difícil prever quando o público britânico irá acreditar que os americanos são uma nação alegre, ou mesmo que os franceses não são quase todos cozinheiros ou grandes dançarinos. Um século depois, provavelmente, os americanos continuarão a acreditar que todos os ingleses fazem um estudo regular da arte da conversação; e as classes inferiores dos franceses ainda dirão a seus filhos que metade do povo na Inglaterra se enforca ou se afoga todo mês de novembro.

Enquanto os viajantes generalizarem a moral e os costumes dessa forma tão apressada, provavelmente será impossível estabelecer uma convicção geral de que nenhuma nação não civilizada é, de forma verificável, melhor ou pior que qualquer outra nesse estado de barbárie, levando-se todo o campo da moral em consideração. Enquanto os viajantes continuarem a negligenciar os meios seguros de generalização que estão ao alcance de todos, e a construir teorias baseadas nas manifestações das mentes individuais, há pouca esperança de inspirar os homens com esse espírito de imparcialidade, deferência mútua e amor, que são as melhores luzes dos olhos e retificadores do entendimento.

Acima de tudo, o viajante não deve se dispersar dos bons resultados de suas observações. Não é por ser impossível estabelecer conclusões verdadeiras com meios imperfeitos que ele deve desistir de fazer absolutamente qualquer coisa. Não poder generalizar com segurança, de uma maneira, não significa que não há outra forma possível de generalização. Há métodos seguros dos quais falarei adiante. Mas, se não houvesse tais métodos ao seu alcance, se seus únicos materiais fossem o discurso, as opiniões, os sentimentos, o modo de vida, a aparência, o modo de vestir e os modos individuais, o viajante ainda poderia dar importantes contribuições à ciência com suas observações sobre uma variedade tão grande quanto possível. A experiência de um grande número de observadores produziria com o tempo materiais dos quais um filósofo cauteloso poderia tirar conclusões. É uma regra segura, tanto na moral como na física, que nenhum fato é inútil. Todo aquele que observa e registra está cumprindo uma função; e nenhum deles deve se sentir desencorajado, desde que deseje ser útil, em vez de brilhar, ser o servo, em vez de o senhor da ciência, e um amigo dos anfitriões, em vez de seu ditador.

Um dos homens vivos mais sábios me escreve:

> Nenhum livro é tão pouco confiável como os de viagem. Todos os viajantes generalizam e o fazem muito apressadamente. A maioria, se não todos, toma um fato como princípio, ou a exceção como a regra, mais ou menos; e as mentes mais rápidas, que gostam de raciocinar e explicar mais do que de observar com paciência, se desviam mais. Minha fé em viagens recebeu uma ferida mortal quando eu viajei. Li, ao longo do caminho, os livros daqueles que me precederam, e descobri que não víamos com os mesmos olhos. Até as descrições da natureza se revelaram falsas. O viajante tinha visto da perspectiva de outra estação, ou sob uma luz diferente, e substituiu o transitório pelo fixo. Ainda assim, acho que as viagens são úteis. Relatos diferentes dão meios de aproximação da verdade; e em breve o que é fixo e essencial em um povo será trazido à tona.

Deve ser um pensamento animador para um viajante que, mesmo que não esteja em seu poder resolver qualquer ponto a respeito da moral e dos costumes de um império, ele possa infalivelmente ajudar a fornecer meios de aproximação da verdade, e de trazer à tona "o que é fixo e essencial em um povo". Isso deve ser suficiente para estimular seus esforços e satisfazer sua ambição.

O que observar

> *"Vamos nos limitar aos costumes, aos hábitos exteriores nos quais se formam, para as diferentes classes da sociedade, uma espécie de fisionomia moral, na qual se retratam os costumes privados."*
> De Jouy

É uma maravilha permanente para uma pessoa inexperiente que os alunos possam aprender tanto de determinadas categorias de fatos quanto aprendem de um único ramo de investigação. Conte a um homem desinformado os resultados diários dos estudos sobre fósseis, e ele perguntará como o estudante pode saber o que foi feito no mundo antes de o próprio homem ser criado. Será espantoso para um homem desinformado ouvir as declarações sobre a condição da nação inglesa justificadas só pelo estudo da administração das Poor Laws[9] desde sua origem. Alguns fisionomistas fixam sua atenção em uma única característica do rosto humano, e podem interpretar com bastante precisão o caráter geral da mente a partir dela. E acredito que todo pintor de retratos confia principalmente em uma característica para a fidelidade de suas semelhanças, e dá mais estudo e cuidado a essa característica que a qualquer outra.

Muitas características compõem a fisionomia de uma nação, e quase nenhum viajante é qualificado para estudá-las todas. O mesmo homem raramente é esclarecido o bastante para investigar de uma só vez a religião de um povo, suas noções morais gerais, seu estado doméstico e econômico, sua condição política e os fatos de seu progresso — tudo isso é necessário para uma compreensão plena de sua moral e de seus costumes. Poucos sequer tentaram uma investigação dessa envergadura. O pior de tudo é que poucos sonham em empreender um estudo de qualquer característica da sociedade. Já deveríamos ser ricos em conhecimento sobre as nações se cada viajante inteligente tivesse se esforçado por relatar qualquer setor de investigação

---

[9] Poor Laws: sistema de ajuda social aos pobres na Inglaterra e em Gales que se desenvolveu a partir da Idade Média e das Leis Tudor. O sistema continuou até o surgimento do Estado de bem-estar social após a Segunda Guerra Mundial. [N. do T.]

moral, por mais restrito que fosse; mas, ao invés disso, as observações que nos são oferecidas são quase totalmente desconexas. O viajante ouve e anota isto e aquilo e o que a outra pessoa diz. Se três ou quatro pessoas concordarem em suas declarações sobre qualquer ponto, este se estabelece sem qualquer dúvida, e o assunto é resolvido. Se elas diferem, ele fica perplexo, não sabe em quem acreditar e decide, provavelmente, de acordo com suas próprias pressuposições. O caso é quase tão ruim, seja como for. Ele ouvirá apenas um lado de cada pergunta se escutar apenas uma classe de pessoas — como os ingleses nos Estados Unidos, por exemplo, que vão comumente com cartas de apresentação de comerciantes de seus países para comerciantes nas cidades marítimas, e não ouvem nada além de política federal, e não veem nada além de maneiras aristocráticas. Eles voltam para casa com noções que supõem serem indiscutíveis sobre a questão dos grandes bancos, o estado dos partidos e as relações entre o governo central e os governos estaduais; e com palavras em suas bocas que consideram inquestionáveis — sobre as pessoas comuns, o governo das massas, a usurpação dos pobres pelos ricos e assim por diante.

Essa relação parcial é fatal para as observações de um viajante; mas é menos desconcertante e dolorosa no momento que o processo bem melhor de passar de um conjunto de pessoas a outro e ouvir o que todos têm a dizer. Nenhum viajante nos Estados Unidos pode aprender muito sobre o país sem conversar igualmente com fazendeiros e comerciantes, com artistas e estadistas, com aldeões e camponeses; mas, quando cumpre este dever, ele ficará tão perplexo com a contradição das declarações e convicções que muitas vezes fechará seu caderno de anotações com ceticismo a respeito da existência de alguma verdade por trás de toda essa tempestade de opiniões. Assim é com o estranho que percorre as ruas de Varsóvia e que testemunha os gemidos de alguns dos enlutados que permanecem em suas casas; e depois vai para São Petersburgo e é apresentado a evidências da natureza esclarecida do czar, de sua humanidade, de seu afeto paternal pelos súditos e de sua superioridade geral em relação à sua faixa de idade. Em Varsóvia, o viajante o chamou de canalha; em Petersburgo ele é obrigado a declará-lo filantropo. Tal deve ser a incerteza de julgamento quando se baseia no testemunho de indivíduos. Chegar aos fatos sobre a condição de um povo através do discurso de indivíduos é um empreendimento sem esperança. A verdade simples é esta: está começando pelo caminho errado.

O grande segredo da investigação sábia sobre a moral e os costumes é começar com o estudo das COISAS, usando o DISCURSO DAS PESSOAS como comentário sobre elas.[10]

Embora os fatos procurados pelos viajantes se relacionem a Pessoas, eles podem ser mais facilmente aprendidos com as Coisas. A eloquência das Instituições e dos Documentos, nos quais a ação da nação é encarnada e perpetuada, é mais abrangente e mais fiel do que a de qualquer variedade de vozes individuais. A voz de um povo inteiro se faz ouvir no funcionamento silencioso de uma instituição; a condição das massas é refletida a partir da superfície de um documento. As Instituições de uma nação — políticas, religiosas ou sociais — colocam nas mãos do observador melhores evidências de suas capacidades e carências do que poderia proporcionar o estudo dos indivíduos no decorrer de uma vida. Os Documentos de qualquer sociedade, sejam eles o que forem — ruínas arquitetônicas, epitáfios, registros civis, música nacional ou qualquer outra das mil manifestações da mente comum que podem ser encontradas entre todas as pessoas —, oferecem mais informações sobre a Moral, em um dia, do que conversar com indivíduos em um ano. Assim também os Costumes devem ser julgados, já que nunca houve ainda uma sociedade, nem mesmo um convento ou um assentamento moraviano, que não incluísse uma variedade de costumes. É preciso buscar indicações gerais, em vez de generalizações que sejam enquadradas a partir dos costumes dos indivíduos. Nas cidades, as reuniões sociais são abundantes? E quais são seus propósitos e seu caráter? Elas são mais religiosas, políticas ou festivas? Se religiosas, elas têm mais o caráter da Semana Santa em Roma, ou de uma reunião no campo em Ohio? Se são políticas, o povo se reúne em amplas planícies para adorar o Sol do Império Celestial, como na China, ou em prefeituras, para protestar com seus representantes, como na Inglaterra; ou em lugares secretos, para colocarem bombas sob os tronos de seus governantes, como na Espanha? Se festivas, serão elas mais como um

---

[10] Palavras em maiúsculas, no original, bem como as iniciais de algumas palavras do parágrafo seguinte.

carnaval italiano, onde todos riem, ou um feriado egípcio, quando todos os olhos estão solenemente fixos nos dervixes rodopiantes? As mulheres estão lá? Em que proporção e sob que lei da liberdade? Quais são as diversões públicas? Há uma diferença inteligível entre a ópera de Milão, o teatro de Paris, uma tourada em Madri, uma feira em Leipzig e um musical em São Petersburgo. Nas cidades do interior, como se faz a imitação da metrópole? Os provincianos rivalizam mais em espetáculo, na ciência ou nas artes plásticas? Nas aldeias, quais são as diversões populares? As pessoas se encontram para beber ou para ler? Para discutir? Ou para jogar ou dançar? Como são os bares? As pessoas comem frutas e contam histórias? Ou bebem cerveja e falam de política, ou pedem chá e passeiam? Ou tomam café e jogam dominó? Ou limonada e riem de Punch?[11] Eles se amontoam dentro de quatro paredes, ou se reúnem debaixo do olmo, ou se espalham pelo campo de críquete ou pelas areias amarelas?

Há uma diferença tão grande entre as classes mais humildes de vários países quanto entre seus superiores na hierarquia. Um enterro escocês é totalmente diferente das cerimônias da pilha funerária entre os cingaleses; e um enterro na Igreja grega pouco se assemelha a qualquer um dos dois. Um conclave de Whiteboys em Mayo,[12] realizado em um casebre de barro em uma charneca, para prestar juramento um ao outro, é muito diferente de conclave semelhante de insurgentes suíços, reunidos em um bosque de pinheiros em uma escarpa, com o mesmo tipo de recado; e ambos são tão pouco parecidos quanto os heróis da última revolução em Paris, ou as companhias de Covenanters,[13] que costumavam se encontrar, sob uma pressão semelhante de circunstâncias, nos desfiladeiros das montanhas escocesas. Nos costumes de todas as classes, das mais altas às mais baixas, as formas dos costumes são aplicadas em ação, ou dispensadas através de palavras? Há liberdade bárbara entre as classes mais baixas, enquanto há formalidade nas fileiras mais altas, como nos países recém-criados? Ou todos cresceram juntos até esse período de civilização refinada, quando a facilidade suplantou

---

[11] Mr. Punch: tradicional personagem de shows de marionetes.
[12] Whiteboys: organização secreta de camponeses irlandeses do século XVIII que defendia, com o uso da força, o direito à terra.
[13] Covernanters: membros de um movimento religioso e político escocês do século XVII.

igualmente a liberdade dos camponeses australianos, e a etiqueta da Corte de Ava?[14] Quais são os costumes dos homens profissionais da sociedade, desde o eminente advogado ou médico da metrópole até o barbeiro da aldeia? Os costumes do grande corpo de homens profissionais devem indicar muitas das requisições da sociedade que eles servem. Assim, também, toda circunstância ligada ao serviço da sociedade: seu caráter, seja escravo ou livre, abjeto ou próspero, abrangente ou estreito em seus usos, deve atestar os desejos e hábitos e, portanto, os costumes de uma comunidade, melhor do que pode fazer a conversa ou o comportamento de qualquer indivíduo na sociedade.

Um viajante que tem tudo isso em mente dificilmente pode errar. Tudo o que ele observa o instruirá, desde um aqueduto até uma jarra de ponche, desde uma penitenciária até um aviário, desde o aparato de uma universidade até os móveis de uma cervejaria ou de um berçário. Quando se descobriu que os chefes dos pele-vermelhas[15] não podiam ser impressionados por qualquer noção da civilização dos brancos, por tudo o que muitos homens brancos poderiam dizer, eles foram trazidos para as cidades dos brancos. A exposição de um navio era suficiente para alguns. Os guerreiros das pradarias eram demasiado orgulhosos para expressar seu espanto, demasiado nobres para insinuar, mesmo uns para os outros, seu medo; mas a transpiração estava em suas sobrancelhas enquanto olhavam em silêncio, e nenhuma palavra de guerra saiu de seus lábios a partir daquela hora. Outro, que podia ouvir com calma os contos de comerciantes presunçosos no deserto, saiu de sua apatia ao ver um operário em uma vidraria colocar o cabo em um jarro. Ele abandonou seu silêncio e sua reserva: agarrou a mão do operário, gritando que agora estava claro que ele tinha se comunicado com o Grande Espírito. Esses índios tinham aprendido mais dos costumes dos brancos pela evidência das coisas do que jamais lhes havia sido ensinado pelo discurso. Qual de nós não aprenderia mais dos costumes dos habitantes de Pompeia por uma caminhada matinal entre as relíquias de suas moradas e salões públicos do que por muitas conferências noturnas com alguns de seus fantasmas?

---

[14] Ava: reino da Birmânia (atual Mianmar) entre os séculos XIV e XVI.
[15] No original, *red men,* termo hoje considerado ofensivo para se referir aos indígenas norte-americanos. [N. do T.]

A divisão escolástica habitual da moral é em moral pessoal, doméstica e social ou política. Os três tipos são, no entanto, tão aptos a se encontrar uns com os outros — por isso, praticamente inseparáveis — que o viajante encontrará a distinção menos útil para ele do que algumas outras que ele pode produzir ou adotar.

Parece-me que a moral e os costumes de uma nação podem ser incluídas nos seguintes departamentos de investigação: a religião do povo; suas noções morais prevalecentes; seu estado doméstico; sua ideia de liberdade; e seu progresso, real ou esperado.

2
Anténor Firmin e a igualdade das raças humanas

O conde Arthur de Gobineau (1816-1882) publicou, em 1853, os dois primeiros volumes do seu *Ensaio sobre a desigualdade das raças humanas*. Nele, tratava de uma "máxima absoluta", um dogma que acreditava estar presente na natureza humana: "A ideia de uma desigualdade nata, original, nítida e permanente entre as raças é uma das mais antigas opiniões amplamente defendidas e adotadas no mundo."[1] Gobineau era um escritor e diplomata francês, que inclusive esteve em missão diplomática no Brasil entre 1869 e 1870. Ficou horrorizado com a intensa mestiçagem da população brasileira, que, a seu ver, condenava o país a um futuro de total degeneração.

O livro de Gobineau tornou-se um dos clássicos do pensamento racista. Suas ideias, associadas às de muitos outros autores, ajudaram a dar ao racismo estatuto de ciência e serviram de base para o estabelecimento de políticas racistas e eugenistas, que se desenvolveram com intensidade na segunda metade do século XIX, persistindo ainda fortes nas primeiras décadas do século XX. Sua hegemonia só começaria a ser abalada por obra de autores como o antropólogo Franz Boas (1858-1942), que fez um contundente ataque ao estatuto supostamente científico do racismo. Em 1931, por exemplo, na condição de presidente da American Association for the Advancement of Science, Boas proferiu a corajosa conferência "Raça e progresso".[2]

---

[1] De Gobineau, *De l'inégalité des races humaines* [Da desigualdade das raças humanas], p. 35. [Paris: Librairie de Firmin-Didot et Cie., Imprimeurs de l'Institut de France, Deuxième édition, 1884, Tome I].
[2] Essa conferência foi por mim traduzida e publicada no livro *Franz Boas: antropologia cultural* (Rio de Janeiro: Zahar, 2004, pp. 67-86).

Franz Boas merecidamente possui uma posição de destaque na história da antropologia por sua crítica ao pensamento racista. Nessa mesma história, contudo, também deveria estar presente Anténor Firmim, um advogado e antropólogo negro haitiano que, em 1885, publicou *Da igualdade das raças humanas*. O título era uma óbvia referência crítica ao livro de Gobineau. Ao longo de nada menos que 685 páginas, ele desmontou ponto a ponto todas as postulações pretensamente científicas que afirmavam a desigualdade entre as raças. Criticou o pensamento racista com argumentos rigorosos, partindo para o combate no mesmo terreno que seus adversários. Como escreveu no prefácio:

> Eu sou negro. Por outro lado, sempre considerei o culto da ciência o único verdadeiro, o único digno da atenção constante e da devoção infinita de qualquer homem que se deixa guiar apenas pela razão livre.[3]

---

[3] Anténor Firmin, op. cit., p. xii. Esse trecho e os seguintes foram traduzidos por mim.

No final do livro, ele concluiu que:

> os homens em toda parte são dotados das mesmas qualidades e dos mesmos defeitos, sem distinção de cor ou forma anatômica. As raças são iguais; todas são capazes de ascender às mais nobres virtudes, ao mais alto desenvolvimento intelectual, bem como à degeneração mais completa.[4]

Joseph-Anténor Firmin, ou simplesmente Anténor Firmin, nasceu em 1850 no Haiti. Tratava-se de um país ainda jovem. Antiga colônia francesa chamada de Saint-Domingue, o Haiti havia conquistado sua independência apenas em 1804, após uma longa luta iniciada em 1791 com uma revolta de escravos. A luta pela liberdade e contra a escravidão estavam intrinsecamente unidas em sua história, na visão de Anténor Firmin, que dedica o livro a seu país:

> No Haiti, como em outros lugares, a raça negra precisa da liberdade, uma liberdade real, efetiva, civil e política, para que floresça e progrida. Se a escravidão lhe horroriza, horrível também lhe deve parecer o despotismo, pois o despotismo nada mais é do que a escravidão moral: deixa a liberdade de movimento para os pés e as mãos, mas acorrenta e mata a alma humana, sufocando o pensamento.[5]

Anténor Firmin nasceu em uma modesta família de costureiros.[6] Estudante brilhante, aprendeu sozinho os conteúdos da Faculdade de Direito

---

[4] Ibid., "Conclusão", p. 682.
[5] Op. cit., "Prefácio", p. XVII.
[6] As informações biográficas de Anténor Firmin foram retiradas principalmente da tese de doutorado de Roberto Jardim da Silva: *Joseph Anténor Firmin: conflitos teóricos e políticos entre Haiti e França* (Curitiba: Programa de Pós-Graduação em Sociologia da Universidade Federal do Paraná, 2020). Para esta apresentação, consultei também: "Antenor Firmin and Jean Price-Mars: Revolution, Memory, Humanism", de Gerarde Magloire-Danton (*Small Axe*, t. 18, v. 9, n. 2, set. 2005, pp. 150-170); "Anténor Firmin: Haitian Pioneer of Anthropology", de Carolyn Fluehr-Lobban (*American Anthropologist*, New Series, v. 102, n. 3, set. 2000, pp. 449-466); e "Anténor Firmin, Jean Price-Mars, Jacques Roumain: antropólogos haitianos repovoando as narrativas históricas da antropologia", de Pâmela Marconatto Marques e Marília Flôor Kosby (*RBCS*, v. 35, n. 103, 2020 (pp. 1-20).

de Port-au-Prince, capital do país, sem tê-la frequentado, e em 1875, aos 25 anos, submeteu-se a uma banca de avaliação, tornando-se advogado sem ter tido ensino superior formal. Em seguida trabalhou como professor primário, no comércio e na administração pública. Atuou também na política, o que acabou provocando seu exílio na França, onde chegou no final de 1883, lá permanecendo por dois anos. Em 1884, foi aceito como membro da Société d'Anthropologie de Paris (Sociedade de Antropologia de Paris), da qual participou ativamente. Vale notar que o livro de Gobineau teve sua segunda edição justamente nesse mesmo ano.

Foi nesse contexto que Anténor Firmin escreveu e apresentou seu livro sobre a igualdade das raças humanas. A recepção na *Société*, contudo, não correspondeu às suas expectativas. Ele foi tratado com frieza e distanciamento. A explicação passa pelo fato de Firmin ser negro, por ele ter atacado o dogma da desigualdade racial, base da antropologia de então, e ser oriundo de uma ex-colônia francesa que se tornara independente com uma revolução. Juntas, essas condições ameaçavam tanto a concepção racista hegemônica do pensamento científico da época quanto o pressuposto político que estava na base do projeto colonial do Império francês.[7] O fato é que, desde então, sua obra viveu um "silenciamento" que a fez praticamente desaparecer da história da antropologia. Seu livro só veio a ser traduzido para o inglês em 2000, teve uma nova edição na França em 2004 e foi publicado em espanhol em 2013. Selecionei aqui uma pequena parte do livro, na esperança de que estimule um maior conhecimento, entre nós, da obra desse pioneiro esquecido da história da antropologia.

---

[7] Essa é a tese de Roberto Jardim da Silva, op. cit.

Hierarquização fictícia das raças humanas[8]
(1885)

Anténor Firmin

"Ao afirmar a unidade da espécie humana, rejeitamos inevitavelmente a triste distinção entre raças superiores e raças inferiores."
Alexander von Humboldt

A doutrina da desigualdade e suas consequências lógicas

Embora o sr. De Gobineau, que combinava a uma grande erudição uma fragilidade conceitual e uma comprovada falta de lógica, tenha asseverado que "a ideia de uma desigualdade nata, original, nítida e permanente entre as raças é uma das mais antigas opiniões amplamente defendidas e adotadas no mundo",[9] ninguém entre os estudiosos de história pode concordar com tal afirmação. Talvez se perceba um espírito feito de egoísmo e orgulho, que sempre levou os povos civilizados a acreditarem que são de natureza superior às nações que os cercam; mas pode-se dizer que nunca houve a menor relação entre esse sentimento, que é consequência de um patriotismo estreito, mas

---
[8] Anténor Firmin. "Hiérarchisation factice des races humaines". In: ____. *De l'égalité des races humaines (Anthropologie positive)*. Paris, Librairie Cotillon/F. Pichon, 1885. Trechos do cap. 6, pp. 203-230. Tradução de Pedrita Mynssen, revisão técnica de Celso Castro.
[9] Arthur de Gobineau. *De l'inegalité des races humaines*, 2ª ed., t. I. Paris: Librairie de Firmin-Didot et Cie./Imprimeurs de l'Institut de France, p. 35.

altamente respeitável, e a ideia positiva de uma hierarquia sistematicamente estabelecida entre as raças humanas.

Assim, desde a mais remota Antiguidade vemos os egípcios designarem as nações da raça branca, que lhes eram conhecidas, pelas expressões *raça amaldiçoada de Schet* ou *praga de Schet*.[10] Mas tratavam eles de maneira diferente os etíopes, vitoriosos ou vencidos nas guerras frequentes que travaram ao longo de todo o Nilo? Os gregos consideravam os persas bárbaros; mas não tratavam os macedônios com menos desdém. Os romanos, quando lutavam contra os povos estrangeiros, não distinguiam entre os númidas de pele bronzeada e os gauleses de cabelos louros.

A divisão dos povos em raças distintas, classificadas de acordo com os princípios das ciências naturais, começou a ganhar espaço como uma noção positiva, na mente humana, somente com o nascimento da ciência etnográfica. Esta, embora aparecendo aqui e ali, como tantas luzes indicativas, nas obras históricas de grande importância, foi definitivamente constituída apenas com as obras sistemáticas dos naturalistas, no fim do século XVIII. Não é, portanto, absolutamente inexato afirmar que a ideia da desigualdade original entre as raças foi uma das mais antigas opiniões sustentadas, especialmente quando se fala de raças humanas no sentido que a ciência moderna atribui a esses termos?

A doutrina antifilosófica e pseudocientífica da desigualdade das raças repousa apenas na ideia da exploração do homem pelo homem. A escola americana tem sido a única consistente consigo mesma, ao apoiar esta doutrina, porque seus adeptos não escondem o interesse capital que tinham em defendê-la. Portanto, devemos prestar-lhe homenagem: tanto os sábios europeus foram tímidos ao emitir suas opiniões com frágeis subentendidos quanto os americanos foram radicais e lógicos, até em seus erros. O europeu, mesmo admitindo a pluralidade de espécies e sua desigualdade comparativa, vai protestar contra a escravidão em magníficos discursos. Esta é apenas uma excelente oportunidade para colher uma nova palma no jardim florido da retórica e para provar, com seu humanitarismo convencional, que ele fez as suas bondades. Mas quem não sente a contradição dessa tática?

---

[10] [Ollivier] Beauregard. *Les divinités égyptiennes*. [Paris: Librarie International, 1886].

Toda vez que leio essas passagens arrebatadas, nesse estilo sério e pomposo, nas quais diminuem minha raça e nela parecem imprimir o selo da estupidez, enquanto se protesta eloquentemente contra a imoralidade de escravidão, não posso deixar de gritar contra tanto farisaísmo.

Broca,[11] por exemplo, que não hesita em afirmar sua crença diante do negro etíope, fala com curiosa indignação contra o regime escravista. Mas podemos acreditar que é sob a inspiração das ideias filosóficas de justiça e solidariedade que ele levanta a sua voz? Não: ele só está contrariado porque o problema da escravidão é, em sua opinião, o principal obstáculo à propagação da teoria poligenista. [...]

A desigualdade entre as raças humanas, se fosse real, legitimaria consequentemente, de maneira óbvia, a ideia de que o proprietário do escravo não pode considerá-lo por um único momento seu igual sem que seja ao mesmo tempo instigado e abatido pela repulsa de sua própria consciência.

É um fato curioso que os romanos, que não se preocupavam em absoluto com as classificações naturais, mas que, em vez disso, viam a questão de um ponto de vista jurídico e filosófico, tinham, entretanto, sentido a necessidade de regularizar, por uma ficção ilusória, o direito de posse do homem pelo homem. Esses conquistadores incansáveis oferecem, de fato, esse diferencial: em toda sua longa história, aspiraram continuamente a construir em toda parte uma ordem jurídica e regular das coisas, garantia de uma paz estável que eles se consideravam destinados a impor ao mundo inteiro pela força das armas. *Hoec tibi erunt artes, pacique imponere morem...* ["Todas essas artes serão para impor o..."]

E assim, a fim de legitimar a escravidão, que é uma derrogação evidente dos direitos dos povos, eles não imaginaram outro modo senão fazer do escravo um ser inferior aos outros membros da humanidade. O direito ro-

---

[11] Paul Broca (1824-1880): fundador da Société d'Anthropologie de Paris, era defensor da teoria poligenista, segundo a qual as raças teriam origens diferentes, não compartilhando da mesma humanidade. Opunha-se, assim, à teoria monogenista, que, ao contrário, defendia que todos os seres humanos têm uma só origem. Broca também postulava a existência de uma relação entre a anatomia do crânio e a inteligência. Comparando as capacidades cranianas, considerou os povos ditos primitivos, bem como as mulheres, inferiores em inteligência aos homens dos povos considerados superiores — isto é, os brancos europeus. [N. do Org.]

mano também definiu o escravo com termos expressivos: *capitis diminutio* [depreciação de capital]. Os escravos, os *diminuti capitis,* apresentavam aos olhos dos cidadãos uma personalidade incompleta e inferior. O homem diminuído dessa forma podia ser considerado um objeto de comércio cuja posse parece tão natural quanto a posse de uma coisa qualquer. É especialmente o viés moral e intelectual que se supunha anulado no escravo, pois é sobretudo de lá que vem a personalidade humana.

Apesar da degradação profunda na qual o escravo caiu, seu senhor o encara mais como nulo do que vil: *non tam vilis quam nullus*, dizia, ao designá-lo.

Esse pensamento explicava tudo. Na verdade, não há nada de menos aceitável que essa literatura que subalterniza um homem a ponto de transformá-lo em uma coisa; porém, segundo o ponto de vista da lógica pura, dado que o escravo existia, era necessário encontrar uma razão para legitimar a instituição da escravidão, e nenhuma outra razão foi considerada plausível senão a inferioridade intelectual e moral (*diminutio capitis*) que, juridicamente, consideravam um atributo natural do escravo.

Os romanos foram mais longe nas consequências lógicas do princípio estabelecido. Não somente consideravam os escravos seres inferiores se comparados a outros homens, como faziam do escravo — muito antes dos escravistas americanos — uma espécie distinta. Floro diz isso de forma explícita.[12] Segundo esse historiador, os escravos são vistos como uma segunda espécie humana: *quasi secundum hominum genus sunt*. Coincidência curiosa! Não é surpreendente ver todas essas questões de desigualdade étnica e pluralidade das espécies humanas se agitarem na antiga civilização romana, tanto tempo antes de a ciência antropológica ser estabelecida? Devemos, contudo, nos lembrar especialmente que os escravos da Antiguidade eram quase sempre da mesma raça que seus senhores e, muito frequentemente, da mesma nação. Não somente o branco era escravo do branco como cidadãos hoje iguais em direitos podiam encontrar-se amanhã convertidos em uma relação entre coisa e pessoa. Portanto, é necessário que os mais antigos tenham encontrado uma justificativa muito poderosa da ideia de dominação natural e ilimitada de

---

[12] Lúcio ou Públio Aneu Floro (em latim: Lucius Annaeus Florus), c. 74-130 d.C.: historiador latino de origem africana, autor do *Compêndio da história romana*. [N. do Org.]

seres superiores sobre seres inferiores para que tivessem a coragem de levar tão adiante a literatura jurídica a fim de adequar os fatos aos princípios que decorrem dessa ideia.

Tal coincidência prova de forma evidente que os escravagistas são consequentes consigo mesmos ao apoiar a teoria da desigualdade das raças humanas, baseada na teoria da pluralidade de espécies.

Portanto, parece impossível aceitar a existência de raças superiores e inferiores sem reconhecer aos primeiros o direito de reduzir os outros à servidão, contanto que tal lhes seja útil. Logicamente, a lei que quer que o melhor se desenvolva por todos os meios em seu poder é limitada, nas relações humanas e sociais, apenas pela igualdade das faculdades que implicam igualdade de necessidades.

Bases gerais da hierarquização

Vejamos como e por quais argumentos os escravagistas interessados, os filósofos inconscientes ou os sábios cegos tentam estabelecer e explicar a teoria da desigualdade das raças humanas. Talvez devêssemos nomear somente os antropólogos, porque, embora a maioria dos escritores que falam sobre isso afirmem fazê-lo em nome da ciência, os antropólogos reivindicam o direito exclusivo de se pronunciar com competência sobre todos os assuntos relacionados ao estudo do homem. É incontestável que, se eles reunissem todos os dados que se devem reunir para fazer boa antropologia, ninguém estaria mais bem preparado nem mais autorizado que eles para se preocuparem com questões dessa natureza. Infelizmente, a ciência, apesar da sua relativa independência, conquistada no nosso século de liberdade, ainda é frequentemente alterada pela influência das ideias do ambiente. É suficiente que um sábio de grande talento, capaz de tomar a direção de uma corrente científica, tenha adotado uma dessas ideias tão fortes quanto efêmeras, e que tenha lhe dado um arsenal respeitável, com fórmulas e procedimentos metodológicos específicos, para que o espírito de escola trave todo o progresso nessa área da ciência, até que se reconheça, devidamente, que o grande homem se confundira. Até que isso aconteça, fazemos investigações, discutimos e vislumbramos vagamente a verdade. Às vezes, raciocinamos tão bem que até parecemos querer proclamá-la. Porém, vem a conclusão! Se essa verdade for contrária à opinião da escola, à palavra do mestre, preferiríamos manifestar a maior incapacidade discursiva, em vez de concluir contra a teoria adotada.

Enquanto isso, os antropólogos, após terem dividido os tipos humanos em três grupos que alguns querem chamar de raças e outros de espécies (a distinção importa pouco aqui), admitiram unanimemente a doutrina da desigualdade moral e intelectual desses vários grupos. Em vão buscamos na maioria de suas obras uma dissertação sem pendências sobre uma questão tão séria. Não a encontramos em parte alguma. No entanto, eles geralmente raciocinam como se fosse um fato bem demonstrado que não haveria necessidade alguma de buscar um fundamento científico para isso. Onde então descobriremos a exposição categórica dessa doutrina misteriosa implantada como se fosse um dogma na mente de nossos sábios? Quem vai nos iniciar nesses mistérios da ciência do homem?

Carus, na Alemanha,[13] e o sr. De Gobineau, na França, escreveram cada um uma obra especial na qual a tese da desigualdade das raças foi defendida de maneira ostensiva e positiva. O primeiro, embora fosse um sábio considerável, ao mesmo tempo filólogo, naturalista e médico, tratou do assunto mais como filósofo do que como antropólogo. Já o segundo, o mais radical, era um erudito, mas lhe faltava essencialmente a educação científica necessária para esse trabalho. Ele o concebeu e escreveu sem parecer ter a menor suspeita dos métodos antropológicos nem das ciências auxiliares que conduzem a esses métodos. É preciso dizer que, quando sua obra apareceu, a antropologia, que tanto se ampliava na França e no exterior, com o zelo e o fervoroso proselitismo de Broca, ainda era muito negligenciada. O tratado sobre *A desigualdade das raças humanas* surgiu em 1853, e só em 1859 foi fundada a Sociedade de Antropologia de Paris, que deu um novo impulso à ciência. No entanto, teriam os antropólogos encontrado nas concepções fantasiosas e nos paradoxos equívocos do sr. De Gobineau uma fonte de luz tão vívida que aceitaram suas conclusões como palavras do evangelho? Sem nunca dizer isso, eles o provam a cada dia.

---

[13] Carl Gustav Carus (1789-1869). [N. do Org.]

Apenas para dar um caráter científico a essa doutrina, eles imaginaram experimentos que, baseados ora na anatomia, ora na fisiologia, realizados de acordo com seus procedimentos, confirmam em sua opinião a inferioridade dos negros e amarelos em relação aos brancos, seguindo uma escala hierárquica que desce do caucasiano ao etíope, cujos congêneres ocupam o grau mais baixo. Tudo isso é apenas expresso confusamente, aqui e ali, sem esclarecimento. É impossível encontrar em um tratado de antropologia um capítulo no qual a ordem hierárquica das raças humanas seja explicitamente reconhecida; cada linha, porém, implica essa ideia. Como eu disse acima, fala-se disso como um fato que não precisa de nenhuma demonstração aos olhos dos cientistas.

Eu me proponho, portanto, a estudar os procedimentos de investigação que eles usaram em uma pesquisa tão delicada. Aí veremos se os resultados são suficientemente precisos e concordantes, se a sua manifestação tem sobretudo o caráter invariável que discerne as relações de causa e efeito. Porque, na ausência de tal caráter, não se poderia tirar nenhuma consequência lógica dessas investigações, e as descobertas contraditórias se arruinariam.

Teremos de voltar à maioria das questões interessantes que já tive a oportunidade de abordar. Mas, em lugar de serem consideradas de um ponto de vista puramente descritivo, será sob uma nova face, muito mais atraente e instrutiva, com um escopo muito mais sério, que se apresentarão ao nosso exame. [...]

Se a ciência, à qual estou acostumado a me curvar, finalmente me revelar a palavra cabalística ou o elemento oculto que se deve ter para forçar a natureza a falar, embora minha convicção deva dar lugar às mais dolorosas desilusões, ouvirei desconcertado, mas resignado. Porém, se, apesar da boa vontade, for impossível penetrar esses mistérios da antropologia; se, como uma cortesã caprichosa, ela esconder todos os seus favores para torná-la como que uma auréola ao redor da testa iluminada de Morton, Rehan, Broca, Carns, De Quatrefages, Buchner, De Gobineau, de toda a falange altiva e orgulhosa que proclama que o negro está destinado a servir como escada para o poder do homem branco, eu terei o direito de dizer a ela, a essa falsa antropologia: "Não, você não é uma ciência!"

Na verdade, a ciência não é feita para o uso de um cenáculo fechado, seja ele do tamanho da Europa inteira somada a uma parte da América! O mistério, que convém ao dogma, a sufoca ao degradá-la.

3
Pandita Ramabai e a opressão da mulher hindu

O Código (ou Leis) de Manu (*Manusmriti*) é uma antiga compilação de doze "lições" que definem como a sociedade tradicional hindu deveria ser organizada, em quatro castas que representavam partes do corpo do deus Brama: os brâmanes (sacerdotes e eruditos), que nasceram da cabeça; os xátrias (guerreiros), que nasceram dos braços; os vaixás (comerciantes), que nasceram das pernas; e os sudras (servos, camponeses, artesãos e operários), que nasceram dos pés. Além dessas castas, temos ainda os párias ou intocáveis, hoje chamados de dalits. No Código são descritas as castas, suas regras e suas obrigações, sempre do ponto de vista privilegiado da casta superior, a dos brâmanes.

Esse texto tem um duplo estatuto, ao mesmo tempo sagrado e legal. As 209 sentenças da "lição" IX do Código de Manu apresentam as "leis eternas para um marido e sua esposa que seguem o caminho do dever". Dentre elas, temos: "2. Dia e noite as mulheres devem ser mantidas na dependência dos homens de suas famílias […] 3. Seu pai a protege na infância, seu marido na juventude e seus filhos na velhice; uma mulher nunca é adequada para a independência. […] 15. Por causa da paixão pelos homens, do temperamento mutável, da crueldade natural, elas se tornam desleais para com seus maridos, por mais cuidadosamente que sejam guardadas neste mundo."[1]

---
[1] Ver Geog Bühler. *The Laws of Manu*. Oxford: Clarendon Press, 1886. Os trechos citados estão nas pp. 327-330 e foram traduzidos por mim.

Foi para combater atitudes como essas, que serviram de justificativa para a opressão das mulheres e das castas inferiores, que Ramabai Dronge (1858-1922), mais tarde conhecida como Pandita Ramabai, dedicou sua vida.[2] Ramabai nasceu em uma família brâmane, porém empobrecida, perto de Mangalore, no estado de Karnataka, sul da Índia, então ainda sob o domínio britânico. Seu pai era professor de sânscrito, língua ancestral na qual foram escritos os principais textos religiosos hindus. Ele ensinou sânscrito à filha, algo raro à época, pois as mulheres em geral não recebiam nenhuma educação formal, menos ainda numa língua considerada sagrada.

Ainda jovem, Ramabai viajou com a família pela Índia fazendo recitais públicos de *Puranas*, antigos textos que resumiam a cosmologia hindu e seus deuses por meio de mitos, lendas e contos populares. Era a única forma pela qual a família podia ganhar dinheiro, pois o trabalho manual era interditado aos brâmanes. Vale ressaltar quão raro era, na época, uma mulher não apenas ser educada, como também falar em público. A fama que Ramabai alcançou por seu domínio do sânscrito a levou a receber em 1878, da Universidade de Calcutá (hoje Kolkata), o tratamento de "Pandita", que pode ser traduzido por "erudita", um título honorífico dado a grandes especialistas em conhecimentos tradicionais, e que passou a ser associado a seu nome.

---

[2] As principais fontes consultadas para a biografia de Ramabai foram: Meera Kosambi, *Pandita Ramabai: Life and Landmark Writings* (Abingdon: Routledge, 2016); e Uma Chakravarti, *Rewriting History: The Life and Times of Pandita Ramabai* (Nova Déli: Zubaan, 2013). Trechos comentados de *A mulher hindu de casta alta* foram traduzidos e publicados no cap. 3 do livro *Clássicas do pensamento social: mulheres e feminismos no século XIX*, com organização e comentários de Verônica Toste Daflon e Bila Sorj (Rio de Janeiro: Rosa dos Tempos, 2021).

Em 1880, Pandita Ramabai, já órfã de pai e mãe, casou-se com um advogado bengali de uma casta inferior e de outra região, o que era então considerado impróprio, motivo pelo qual puderam realizar somente uma cerimônia civil. Tiveram uma única filha, e seu marido morreu em 1882, quando Ramabai tinha apenas 23 anos. Ser uma mulher órfã, viúva de um homem de casta inferior, sem recursos e com uma filha pequena era considerado a tragédia perfeita, juntando tudo de desgraçado que poderia acontecer a uma mulher na tradicional sociedade patriarcal indiana.

Convidada por um grupo de reformadores sociais, Ramabai mudou-se então para a cidade de Pune, no estado indiano de Maharashtra, onde fundou uma organização para promover a educação das mulheres e combater o casamento de crianças — então uma tradição comum. Lá publicou seu primeiro livro, em idioma marata (o terceiro mais falado na Índia, depois do hindi e do bengali), *Stri Dharma Niti*, registrado sob o título inglês de *Morals for Women* (Moral para mulheres), no qual defendia, na forma de conselhos para as mulheres, melhorias nas suas condições de inferioridade cultural e social. As primeiras frases do prefácio já são claras a respeito da visão de Ramabai sobre a condição da mulher na sociedade indiana:

> A condição atual das mulheres em nosso infeliz país é triste demais para ser descrita em palavras e, sem dúvida, fará com que o coração de cada pessoa atenciosa se derreta de tristeza. As mulheres desse país, estando totalmente desamparadas e sem educação, não sabem como alcançar o seu próprio bem-estar; é, portanto, necessário que as pessoas instruídas lhes expliquem e façam com que se conduzam adequadamente.[3]

O dinheiro ganho com as vendas do livro permitiu a Ramabai comprar uma passagem para a Inglaterra, para onde viajou no ano seguinte, a fim de obter formação médica, o que acabou lhe sendo recusado por causa de sua acentuada surdez. Ainda na Inglaterra, desiludida com o hinduísmo ortodoxo, principalmente no que essa religião afetava as condições de vida das mulheres, Ramabai converteu-se ao cristianismo.

---

[3] Cf. Meera Kosambi, op. cit, p. 38, tradução minha.

No final de 1885, Ramabai recebeu um inesperado convite da reitora do Woman's Medical College da Pensilvânia, a primeira faculdade de medicina do mundo a formar mulheres. Assim, em 1886 ela viajou para os Estados Unidos, onde permaneceu por quase três anos. Apoiada por grupos reformistas sociais e feministas, Ramabai deu muitas palestras pelo país e também pelo Canadá, tornando-se uma celebridade. Nos Estados Unidos, em 1887, ela publicou seu livro mais famoso, *The High-Caste Hindu Woman* (A mulher hindu de casta alta), do qual um capítulo é aqui publicado.

O livro teve grande sucesso, vendendo 9 mil exemplares no primeiro ano e sendo também aclamado pela crítica. Essa publicidade contribuiu para a formação de uma "Associação Ramabai" em Boston em dezembro de 1887, com o objetivo de arrecadar fundos para que ela pudesse criar uma residência-escola para crianças viúvas na Índia. Para esse fim, Ramabai deu 113 palestras até outubro de 1888, quando embarcou de volta para a Índia, onde chegaria em fevereiro de 1889, após uma estada no Japão, onde também realizou palestras.

Em março de 1889, Ramabai abriu sua Sharada Sadan ("Casa para Aprendizagem") em Bombaim (hoje Mumbai). Inicialmente apoiada por reformadores hindus, logo no ano seguinte teve que se mudar para a cidade muito menor de Kedgaon, talvez pelo incômodo causado pela pregação cristã. Ela fundou então a Mukti Sadan (Casa da Salvação), que existe até hoje.[4] Ramabai traduziu a Bíblia para o marata e, até o final da sua vida, além da assistência que proporcionava em Mukti, defendeu a melhoria das condições de vida das mulheres indianas. Por esse motivo, é hoje considerada o nome mais importante do surgimento do feminismo na Índia, e sua obra tem sido objeto de várias releituras.

Em *A mulher hindu de casta alta*, Ramabai expôs de forma clara e direta a opressão das mulheres hindus, mesmo as de casta alta. Foi a primeira vez que a condição da mulher e de sua vida familiar na Índia apareciam retratadas dessa forma e, mais ainda, pelos olhos e pela voz

---

[4] Ver Pandita Ramabai Mutki Mission. Disponível em: <https://www.prmm.org.in/>.

de uma indiana. O livro transmite uma visão ao mesmo tempo etnográfica, por sua precisão em observar detalhes da realidade; ativista, pela defesa da transformação dessa realidade; e poética, pela empatia que demonstra pelas mulheres que, como ela, eram vítimas de uma sociedade tradicional e profundamente patriarcal.

O capítulo "Infância", aqui publicado, lembra-me o capítulo de mesmo título escrito por Simone de Beauvoir no segundo volume de seu clássico *O segundo sexo* (1949) — o que se inicia com a famosa frase: "Ninguém nasce mulher: torna-se mulher." Publicado 62 anos antes, o livro de Ramabai também rejeita explicações essencialistas sobre a condição das mulheres na sociedade, mostrando como ela era socialmente construída desde a mais tenra idade, e revela a face horrível da opressão por elas sofrida.

Infância[5]
(1887)

Pandita Ramabai

Embora o código de Manu contenha uma única passagem na qual está escrito "Uma filha é igual a um filho" (*Manu* IX. 130), seu contexto afirma expressamente que a igualdade se baseia nos resultados alcançáveis por meio de seu filho; a passagem, portanto, não pode ser considerada uma exceção à afirmação de que o antigo código estabelece a superioridade das crianças do sexo masculino. Um filho homem é a mais cobiçada de todas as bênçãos que um hindu anseia, pois é pelo nascimento de um filho na família que o pai é redimido.

> Por meio de um filho ele conquista os mundos, por meio do filho de um filho ele obtém a imortalidade, mas por meio do neto de seu filho ele ganha o mundo do sol. [*Manu*, IX, 137]
> Não há lugar para um homem (no Céu) que seja destituído de descendência masculina. [*Vasishtha*, XVII. 2]

Se um homem não tiver filhos homens, é desejável que tenha uma filha, pois o filho dela ocupa o lugar de filho para o avô, por meio do qual o avô pode obter a salvação.

---
[5] Pandita Ramabai Saravsvati. "Childhood". In: ____. *The High-Caste Hindu Woman. A new edition*. Chicago: Fleming H. Revell Company, cap. II, 1901, pp. 40-55. Tradução e notas de Celso Castro.

Entre o filho de um filho e o filho de uma filha não existe neste mundo nenhuma diferença; pois mesmo o filho de uma filha salva aquele que não tem filhos, no outro mundo, como o filho do filho. [*Manu*, IX. 139]

No oeste e no sul da Índia, quando uma menina ou uma mulher saúda os mais velhos e os sacerdotes, eles a abençoam com estas palavras: "Que tu tenhas oito filhos e que o teu marido sobreviva a ti."[6] Na forma de uma bênção, a divindade nunca é invocada para conceder filhas. Os pais muito raramente desejam ter filhas, pois elas são consideradas propriedade de outra pessoa; além disso, não se supõe que uma filha tenha qualquer utilidade para os pais na velhice. Embora seja necessário para a continuação da raça que algumas meninas nasçam no mundo, é desejável que seu número de modo algum exceda o dos meninos. Se, infelizmente, acontecer de uma esposa ter somente filhas e nenhum filho, Manu autoriza o marido dessa mulher a substituí-la por outra no décimo primeiro ano de casamento:

Uma esposa estéril pode ser substituída no oitavo ano; aquela cujos filhos morreram todos, no décimo; aquela que dá à luz apenas filhas, no décimo primeiro; mas aquela que é briguenta, sem demora. [*Manu* IX. 81]

Em nenhum outro país a mãe é tão sobrecarregada de cuidados e ansiosa com a aproximação do parto como na Índia. Na maioria dos casos, sua esperança de conquistar o marido para si depende unicamente de ter filhos.

As mulheres das famílias mais pobres, bem como das mais ricas, são quase invariavelmente submetidas a essa provação. Muitas são as histórias tristes e comoventes ouvidas dos lábios de mulheres infelizes que perderam a preferência de seus maridos por não terem filhos, ou por terem apenas filhas. Jamais esquecerei uma cena dolorosa que testemunhei em minha infância.

---

[6] Ver o texto de Mysore N. Srinivas incluído neste livro: "As mulheres brâmanes ortodoxas realizam vários *vratas* ou votos religiosos, alguns deles com o objetivo de garantir uma vida longa para o marido. A esperança da mulher é morrer antes do marido e, assim, evitar ficar viúva. Mulheres que morrem antes de seus maridos são consideradas sortudas e boas, enquanto a viuvez é atribuída a pecados cometidos em uma encarnação anterior" (p. 233).

Por volta dos treze anos de idade, acompanhei minha mãe e minha irmã numa visita a um harém real. O príncipe tinha quatro esposas, três das quais não tinham filhos. A mais velha, tendo sido abençoada com dois filhos, era naturalmente a favorita de seu marido, e seu rosto brilhava de felicidade.

Fomos conduzidas ao quarto das crianças e ao quarto real, onde os sinais de paz e contentamento eram visíveis. Mas, oh! — que contraste com esse brilho se notava nos aposentos das três sem filhos. Seus rostos estavam tristes e preocupados; parecia não haver esperança para elas neste mundo, já que seu senhor estava descontente com elas, por causa de seu infortúnio.

Uma amiga em Calcutá me disse que seu marido a advertiu para não dar à luz, pela primeira vez, a uma menina, ou ele nunca mais olharia para seu rosto novamente; felizmente, para essa esposa e também para seu marido, ela teve dois filhos antes de a filha nascer. Na mesma família havia outra mulher, a cunhada de minha amiga, cujo primogênito havia sido uma filha. Ela ansiava incessantemente por ter um filho, a fim de agradar a seu marido, e quando eu a visitava, constantemente me implorava para predizer se desta vez ela teria um filho! Pobre mulher! Ela havia sido avisada por seu marido que, se persistisse em ter filhas, deveria ser substituída por outra mulher, ter apenas roupas ordinárias para vestir e comida escassa para comer, não teria adornos, exceto aqueles necessários para demonstrar a existência de um marido, e que ela deveria fazer o trabalho pesado de toda a casa. Não raro, afirma-se que a má sorte acompanha o advento de uma menina, e mães pobres e supersticiosas, a fim de evitar essa catástrofe, tentam converter o nascituro, se por infelicidade for uma menina, em um menino.

Adquirem-se rosários usados por mães de filhos homens para orar; ervas e raízes celebradas por suas virtudes são devoradas ávida e regularmente; árvores e deuses que dão filhos são adorados com devoção. Há uma cerimônia curiosa, homenageada com o nome de "sacramento", que é administrada à mãe entre o terceiro e o quarto mês de gravidez com o objetivo de converter o embrião em menino.

Apesar de todas essas precauções, as meninas virão para as famílias hindus como má sorte, ou, de preferência, morrerão antes de nascer. Depois do nascimento de um ou mais filhos, as meninas não são indesejadas e, sob tais circunstâncias, as mães muitas vezes desejam ter uma filha. Depois de seu nascimento, ambos os pais esbanjam amor e ternura em relação a ela, pois a afeição natural, embora modificada e embotada por costumes cruéis, ainda é forte no coração dos pais. Isso aplica-se especialmente à mãe hindu. Aquela afeição maternal, doce e forte, diante da qual "não há homem nem mulher", não raramente afirma-se nos lares hindus e supera o egoísmo e o falso medo do costume popular. Uma mãe amorosa sacrificará sua própria felicidade enfrentando o desagrado de seu senhor e tratará sua filhinha como o melhor de todos os tesouros. Tal heroísmo é verdadeiramente louvável em uma mulher; qualquer país pode se orgulhar dele. Mas, infelizmente, o lado sombrio é muito visível para ser ignorado em silêncio.

Em um lar sombreado pela adesão a costumes cruéis e preconceitos, uma criança vem ao mundo; a pobre mãe fica muito angustiada ao saber que é uma filha, e os vizinhos torcem o nariz em todas as direções para manifestar sua repulsa e indignação pela ocorrência desse fenômeno. O inocente bebê felizmente não tem consciência daquilo que está acontecendo ao seu redor, ao menos por um tempo. A mãe, que perdeu os favores de seu marido e de seus parentes por causa do nascimento da menina, pode se vingar egoisticamente, demostrando indiferença pelas necessidades da criança e desprezando suas demandas. Tendo tal mãe, a bebê logo começa a sentir sua miséria, embora ela não entenda como ou por que sofre essa cruel injustiça.

Se uma menina nasce após a morte de seu irmão, ou se, logo após seu nascimento, um menino da família morre, ela é, em ambos os casos, considerada por seus pais e vizinhos como a causa da morte do menino. Ela é então constantemente tratada por algum nome desagradável, insultada, espancada, amaldiçoada, perseguida e desprezada por todos. É estranho dizer que alguns pais, em vez de pensar nela como um consolo que lhes resta, encontram em seus corações, na constante manifestação de sua dor pelo querido menino perdido, palavras como estas para dirigir-se à menina inocente:

> Menina desgraçada, por que não morreste em vez de nosso querido menino? Por que o expulsaste de casa vindo até nós; ou por que não te tornaste um menino? Teria sido melhor para todos nós se você tivesse morrido e seu irmão sobrevivido!

Eu mesma, várias vezes, ouvi pais dizerem tais coisas às suas filhas, que, por sua vez, olhavam com tristeza para seus rostos, não compreendendo por que essas falas cruéis deveriam ser lançadas sobre elas, quando não tinham feito nenhum mal a seus irmãos. Se ainda resta um menino na família, todas as carícias e palavras doces, todos os confortos e presentes, todas as bênçãos e elogios são derramados sobre ele pelos pais e vizinhos, e mesmo pelos servos, que simpatizam totalmente com os pais em sua dor. Em todas as ocasiões, a pobre menina é levada a sentir que não tem o direito de compartilhar a boa sorte de seu irmão e que é uma hóspede não convidada e indesejada na família.

Os irmãos homens, na maioria dos casos, são, claro, muito orgulhosos de seu sexo superior; eles não poderiam saber mais do que aquilo que veem e ouvem sobre suas próprias qualidades e as de suas irmãs. Eles também começam a gradualmente desprezar meninas e mulheres. Não é raro ouvir um simples menininho dar um sermão na irmã mais velha sobre o que ela deve ou não fazer, e lembrá-la de que ela é apenas uma menina e que ele é um menino. Sujeitas a tal humilhação, a maioria das meninas tornam-se taciturnas, doentias e enfadonhas. Existem algumas naturezas impetuosas, no entanto, que ardem de indignação e explodem em sua própria eloquência infantil; dizem aos irmãos e primos que em breve serão dadas em casamento e que não virão vê-los, mesmo que muitas vezes sejam solicitadas a fazê-lo. As crianças, porém, logo esquecem o mal que lhes foi cometido; riem, gritam, correm livremente e geralmente ficam felizes quando discursos tão desagradáveis não são lançados sobre elas. Tendo pouca ou nenhuma educação, exceto algumas orações e canções populares para memorizar, as garotinhas são a maior parte do tempo deixadas sozinhas e agem da maneira que bem entendem. Por volta dos seis ou sete anos, elas geralmente começam a ajudar as mães no trabalho doméstico ou a cuidar das crianças mais novas.

Mencionei anteriormente o rigor do sistema de castas moderno em relação ao casamento. Leitores inteligentes, portanto, já devem ter adivinhado que esse motivo está na base do desagrado demonstrado em relação a meninas em lares hindus. Desde o primeiro minuto do nascimento da filha, os pais são incessantemente atormentados pela ansiedade em relação ao seu futuro e às responsabilidades de sua posição. O casamento é a mais cara de todas as festividades e cerimônias hindus. O casamento de uma jovem de uma família de alta casta envolve um gasto de US$ 200, no mínimo. A pobreza na Índia é tão grande que poucos pais conseguem arcar com essas despesas; se houver mais de duas filhas na família, sua ruína é inevitável. Deve-se lembrar que aquele que ganha o pão da casa na sociedade hindu não só tem de alimentar sua própria esposa e filhos, mas também seus pais, seus irmãos incapazes de trabalhar por ignorância ou preguiça, suas famílias e as parentes viúvas mais próximas, todos os quais muitas vezes dependem de um único homem para seu sustento. Há também sacerdotes da família, mendigos religiosos e outros, que esperam receber muito dele. Assim, agrilhoado pelas mãos e pelos pés por costumes bárbaros e cruéis que ameaçam despojá-lo de tudo o que possui, com a fome e a morte à sua frente, o miserável pai de muitas meninas é verdadeiramente objeto de pena. A religião ordena que toda menina seja dada em casamento; a negligência deste dever representa para o pai um pecado imperdoável, o ridículo público e a excomunhão da casta. Mas isso não é tudo. A menina deve se casar dentro de um prazo determinado, a casta do futuro marido deve ser a mesma, e seu clã igual ou superior, mas nunca inferior, ao de seu pai.

Os brâmanes da Índia oriental têm mantido com sucesso esse preconceito de clã por centenas de anos, apesar da pobreza; eles conseguiram isso em parte tirando proveito do costume da poligamia. O brâmane de um clã elevado se casará com 10, 11, 20 ou mesmo 150 jovens. Ele faz disso um negócio. Perambula pela terra casando-se com garotas, recebendo presentes de seus pais e imediatamente depois se livrando delas; ao voltar para casa, nunca mais volta para elas. O brâmane ilustre não precisa se preocupar com a necessidade de sustentar tantas esposas, pois os pais se comprometem a manter a filha por toda a vida, se ela permanecer com eles até o fim como virgem casada. Em casamentos como este, o pai não é obrigado a gastar dinheiro além de suas posses, nem é difícil para ele sustentar a filha, pois ela é útil para a família na cozinha e em outras tarefas domésticas; além disso, em primeiro lugar, o pai tem a satisfação de ter dado sua filha em casamento — e, assim, de ter escapado da desgraça e do ridículo da sociedade; em segundo lugar, de ter obtido para si as mansões brilhantes dos deuses, já que o marido de sua filha é um brâmane de alto clã.

Mas essa forma de poligamia não existe entre os xátrias porque, como membro da casta não brâmane, não é permitido ao homem, pela religião, mendigar ou receber presentes de outros, exceto de amigos; ele, portanto, não pode sustentar muitas esposas ou muitas filhas. O preconceito de casta e clã tiranizou os *rajaputs* do norte,[7] noroeste e centro da Índia, que pertencem aos xátrias, ou casta guerreira, a tal ponto que foram levados a introduzir o costume desumano e irreligioso do infanticídio feminino em sua sociedade. Esse ato cruel foi praticado pelos próprios pais, ou mesmo pelas mães, por ordem do marido, a quem elas devem obedecer em todas as coisas.

É um costume universal entre os *rajaputs* que vizinhos e amigos se reúnam para felicitar o pai pelo nascimento de uma criança. Se for um menino, seu nascimento é anunciado com música, canções alegres e distribuição de guloseimas. Se for uma filha, o pai friamente anuncia que "nada" nasceu em sua família, expressão pela qual se entende que a criança é uma menina, e que muito provavelmente ela não será nada neste mundo, e os amigos voltam para suas casas sérios e quietos.

Depois de considerar quantas meninas poderia permitir viver com segurança, o pai cuida de defender-se da tirania de casta e clã matando as garotas adicionais no nascimento, o que era tão fácil quanto matar um mosquito ou outro inseto irritante. Quem pode salvar uma bebê se os pais estão decididos a matá-la e aguardam ansiosamente pela ocasião adequada? O ópio é geralmente usado para calar a criança que chora, e uma pequena quantidade dessa droga é suficiente para cumprir a tarefa cruel; uma pressão habilidosa no pescoço, conhecida como "colocar o prego na garganta", também atende ao propósito. Há vários outros métodos sem nome que podem ser empregados no sacrifício de inocentes no altar profano do sistema de castas e clãs. Além disso, não são poucos os ladrões de crianças que geralmente roubam meninas; até os animais selvagens são tão inteligentes e de gosto tão refinado que zombam da lei britânica e quase sempre roubam moças para saciar sua fome...

O infanticídio feminino, embora não sancionado pela religião e jamais considerado correto pelas pessoas conscienciosas, foi, no entanto, nas partes

---

[7] *Rajaputs* ou rajaputros: membros de clãs patrilineares rurais, localizados principalmente no centro e no norte da Índia, e que se viam como descendentes da classe dos xátrias.

da Índia mencionadas, silenciosamente ignorado pela sociedade em geral, e prosseguiu sem punição.

Já em 1802, o governo britânico promulgou leis para a supressão desse crime hediondo; e mais de 40 anos atrás, o major Ludlow,[8] um inglês de bom coração, induziu os estados semi-independentes a proibir esse costume, o que os príncipes hindus fizeram, por um acordo mútuo de não permitir que ninguém obrigasse o pai de uma menina a dar dote maior do que permitiam suas circunstâncias, e para desencorajar extravagâncias na celebração de casamentos. Mas o preconceito de casta e clã não podia ser superado tão facilmente.

Grandes despesas podiam ser impedidas por lei, mas uma crença, profundamente enraizada no coração e religiosamente observada pelo povo durante séculos, não poderia ser abolida por regras externas.

O censo de 1870 revelou o fato curioso de que 300 crianças foram roubadas em um ano por lobos de dentro da cidade de Umritzar, todas elas meninas, e isso debaixo do nariz do governo inglês. Em 1868, um oficial inglês, o sr. Hobart, fez uma viagem de inspeção pelas partes da Índia onde o infanticídio feminino era mais praticado antes de o governo promulgar a lei proibitiva. Como resultado de cuidadosa observação, ele chegou à conclusão de que essa prática horrível ainda era seguida em segredo e numa extensão alarmante.

Os resultados do censo de 1880-81 mostram que há menos 5 milhões de mulheres do que homens na Índia. Entre as principais causas que deram origem a essa surpreendente diferença numérica dos sexos podem-se citar, além do infanticídio feminino em certas partes do país, o mal tratamento das doenças femininas em todas as partes do Hindustão, junto com a falta de cuidados higiênicos adequados e de atendimento médico.

---

[8] Samuel Ludlow (falecido em 1853): cirurgião britânico que serviu em Bengala, na Índia britânica, durante a primeira metade do século XIX.

4
W. E. B. Du Bois, pioneiro da sociologia urbana

Em dezembro de 1925 realizou-se em Nova York a XXª reunião anual da American Sociological Society, que havia sido criada 20 anos antes. Sob a presidência de Robert E. Park (1864-1944), da Universidade de Chicago, a reunião teve como tema geral "A Cidade". Pouco antes Park, juntamente com seu colega Ernest W. Burgess (1886-1966), havia organizado e publicado, não por acaso, um livro com o mesmo título,[1] reunindo textos de outros sociólogos que se tornariam famosos como pesquisadores do fenômeno urbano, como William I. Thomas (1863-1947) e Louis Wirth (1897-1952). Vale notar que Park já havia publicado, em 1915, um artigo seminal com o mesmo título.[2] O evento e o livro foram imaginados por Park como marco de fundação da "sociologia urbana", que teria naquilo que ficou conhecido como "Escola de Chicago" seu mais famoso centro.[3]

A produção sociológica desses pesquisadores e das gerações seguintes foi impressionante em termos de qualidade e quantidade. A narrativa tradicional da história da sociologia urbana está correta em reconhecer seu valor. Ela não pode, contudo, continuar a ignorar outros pesquisadores e outras tradições. Refiro-me em particular à obra do sociólogo negro W. E.

---

[1] Robert E. Park e Ernst W. Burgess. *The City*. Chicago: University of Chicago Press, 1925.
[2] Robert E. Park. "The City: Suggestions for the Investigation of Human Behavior in the City Environment". *The American Journal of Sociology*, v. XX, n. 5, 1925, pp. 577-612.
[3] Ver, a esse respeito, Christian Topalov. "The Sociology of a Scientific Label: Urban Sociology (Chicago, 1925)". *L'Année Sociologique*, v. 58, n. 1, 2008, pp. 203-234.

B. Du Bois, que pode ser considerado o pioneiro dos estudos de sociologia urbana por seu livro *The Philadelphia Negro: A Social Study* (O negro da Filadélfia: um estudo social), publicado em 1899 — 26 anos antes, portanto, do livro de Park e Burgess.

William Edward Burghardt Du Bois (conhecido como W. E. B. Du Bois) nasceu numa pequena cidade de Massachusetts.[4] Aluno talentoso, estudou entre 1885 e 1888 na Fisk University, em Nashville, Tennessee, que era apenas para negros. Seguiu então para a Universidade Harvard, na qual fez um segundo curso de graduação (seus créditos obtidos em Fisk não foram aceitos). Em Harvard, foi muito influenciado pelas aulas com o filósofo William James. Após graduar-se em história, Du Bois conseguiu uma bolsa para a Universidade de Berlim, onde teve Max Weber como colega e estudou estatística e ciência política, defendendo uma tese sobre a agricultura no Sul dos Estados Unidos. Na Alemanha, onde permaneceu entre 1892 e 1894, Du Bois viveu a experiência de sentir-se menos discriminado do que em seu país natal.

De volta aos Estados Unidos, Du Bois terminou sua tese em 1895, tendo sido o primeiro afro-americano a obter o título de doutor por Harvard. Em seguida, assumiu uma posição como professor na Wilberforce, uma universidade para negros no estado de Ohio.

---

[4] A principal fonte de informações que utilizei para a vida de Du Bois foi o livro de Aldon D. Morris, *The Scholar Denied: W. E. B. Du Bois and the Birth of Modern Sociology* (Oakland: University of California Press, 2015). Especificamente sobre *The Philadelphia Negro*, consultei: a introdução escrita por Elijah Anderson para a edição de 1996 da University of Pennsylvania Press (pp. ix-xxxvi); e o artigo de Kevin Loughran, "The Philadelphia Negro and the Canon of Classical Urban Theory" (*Du Bois Review*, v. 12, n. 2, 2015, pp. 249-267).

Em 1896, Du Bois assumiu um emprego temporário como pesquisador assistente de sociologia na Universidade da Pensilvânia, na cidade de Filadélfia, com o objetivo de conduzir uma pesquisa sobre a comunidade negra da cidade. Pelo censo de 1890, a população negra da Filadélfia era composta por cerca de 40 mil pessoas, aproximadamente 4% da população total, dos quais cerca de 9 mil se concentravam na região de Seventh Ward.

Du Bois morou no bairro e durante 15 meses realizou sua pesquisa. Numa abordagem inovadora para a época, valeu-se de métodos rigorosos, tanto quantitativos quanto qualitativos, e organizou vasto material, desde mapas, dados de censos e estatísticas até entrevistas em profundidade e observação etnográfica. Fez, assim, um estudo pioneiro de sociologia, não apenas sobre uma comunidade urbana pobre, mas também sobre a questão racial na sociedade americana — o que então era chamado de "O problema negro", do qual o capítulo aqui incluído, sobre preconceito racial, é um bom exemplo. O posicionamento pessoal de Du Bois a esse respeito fica claro já na primeira página de seu livro. Na primeira nota de rodapé, ele diz:

> Em todo este estudo, usarei o termo "Negro" para designar todas as pessoas de ascendência negra, embora o termo seja, em certa medida, ilógico. Além disso, vou iniciar a palavra em maiúscula, porque acredito que 8 milhões de americanos têm direito a uma letra maiúscula.[5]

Longe de ser apenas o estudo empírico de uma comunidade negra, o livro analisava a dinâmica racial que, baseada em relações de poder, oprimia e discriminava os negros, mantendo-os presos num círculo vicioso de subordinação social. Du Bois contrapunha-se, assim, às teorias racistas ou baseadas no darwinismo social que viam a condição social do negro como decorrente de características inerentes à sua suposta inferioridade biológica.

O livro, publicado em 1899, não foi, contudo, reconhecido como a obra-prima que é. O papel de marco do surgimento da sociologia americana geralmente é atribuído ao monumental trabalho de Florian Znaniecki e William I. Thomas, *The Polish Peasant in Europe and America* (O camponês

---

[5] As traduções deste trecho e dos demais nesta apresentação são minhas.

polonês na Europa e na América), publicado em cinco volumes entre 1918 e 1920. O livro de Du Bois permaneceria "silenciado" na memória coletiva da sociologia por um século.

Em 1897, depois de ter completado o manuscrito de *The Philadelphia Negro*, Du Bois foi nomeado professor na tradicional universidade negra de Atlanta, na Geórgia, onde permaneceria por 13 anos. Lá criou a primeira "escola" de sociologia americana, tendo orientado a formação de sociólogos negros como Monroe Work, Richard R. Wright Jr. e Georg Edmund Haynes.[6] Em Atlanta, Du Bois promoveu também, anualmente, a Atlanta Conference of Negro Problems (Conferência de Atlanta sobre os Problemas dos Negros).

Na edição de 1906 o evento contou com a participação do antropólogo Franz Boas (1858-1942). Em sua conferência sobre "Health and Physique of the Negro American" (Saúde e físico do negro americano), Boas conclamou a audiência a rejeitar as teorias sobre a inferioridade dos negros. Vale lembrar que na época vivia-se sob a hegemonia de teorias racistas na ciência e no auge da opressão social dos negros, sob as "Leis Jim Crow", que forçavam a segregação racial. Du Bois assim relembra o impacto da conferência de Boas:

> Lembro-me de meu próprio despertar, bastante repentino, da paralisia do julgamento que me fora ensinado na faculdade e em duas das maiores universidades do mundo. Franz Boas […] disse a uma turma de formandos: Vocês não precisam ter vergonha de seu passado africano; e então ele contou a história dos reinos negros ao sul do Saara por mil anos. Fiquei demasiado atônito para falar. Eu nunca tinha ouvido nada disso, e vim depois a perceber como o silêncio e a negligência da ciência podem fazer a verdade desaparecer por completo ou mesmo ser inconscientemente distorcida.[7]

Ao final da conferência, Du Bois, Boas e R.R. Wright Jr. compuseram um comitê que redigiu a seguinte resolução:

---

[6] Essa é a tese de Morris, op. cit.
[7] Cf. Morris, op. cit., p. 82.

A Conferência não encontra nenhuma justificativa científica adequada para a suposição de que a raça negra é inferior a outras raças em constituição física ou vitalidade. As diferenças atuais na mortalidade parecem ser suficientemente explicadas pelas condições de vida; e as mensurações físicas provam que o negro é um ser humano normal, capaz da média das realizações humanas.[8]

Em 1903, Du Bois publicou *The Souls of Black Folk*, seu livro mais conhecido, uma coletânea de 14 ensaios que combinavam análise sociológica com uma escrita poética. O livro foi publicado no Brasil em 1999 como *As almas da gente negra* (Lacerda editores) e em 2021, como *As almas do povo negro*, pela editora Veneta.

Em 1904, no International Congress of Arts and Sciences, realizado durante a Exposição Universal que ocorreu na cidade de St. Louis, estado do Missouri, Du Bois reencontrou-se com Max Weber. Foi a primeira aparição pública de Weber desde seu colapso nervoso. Ele pediu então a Du Bois que escrevesse um texto sobre as relações raciais para ser publicado na revista *Archiv für Sozialwissenschaft und Sozialpolitik* (Arquivos de Ciências Sociais e Política Social), do qual Weber era um dos editores. O artigo foi publicado em 1906, entre dois outros escritos por cientistas sociais notáveis como Georg Simmel e Robert Michels: "Die Negerfrage in den Vereinigten Staaten" (A questão negra nos Estados Unidos).[9] Weber também leu *The Souls of Black Folk*, e escreveu a Du Bois dizendo que achara o livro "esplêndido", pedindo sua autorização para providenciar a tradução para o alemão, com o objetivo de publicá-lo — o que, infelizmente, acabou não se concretizando.

Não cabe aqui resumir o restante da longa e animada vida de Du Bois, marcada pelo ativismo na defesa dos direitos dos negros, por muitas viagens pelo mundo, pela adesão ao pan-africanismo e pela luta contra o colonia-

---

[8] Ibid., p. 87.
[9] W. E. B. du Bois. *Archiv für Sozialwissenschaft und Sozialpolitik*, v. 22, jan. 1906, pp. 31-79.

lismo. Em 1961, aos 93 anos, Du Bois mudou-se para Gana, a convite do presidente Kwame Nkrumah, para coordenar a criação de uma Enciclopédia Africana, projeto com o qual sonhava desde 1901. Não pôde, contudo, concluí-la, pois morreu dois anos depois, em 1963, aos 95 anos.

Com a publicação de uma pequena parte de *The Philadelphia Negro* pretendo dar visibilidade à posição de pioneiro que Du Bois merece na tradição das ciências sociais, até hoje ainda não plenamente reconhecida.

Preconceito de cor[10]
(1899)

W. E. B. Du Bois

Incidentalmente, ao longo deste estudo, o preconceito contra o Negro foi mencionado repetidas vezes. É hora de reduzir esse termo um tanto indefinido a algo tangível. Todo mundo fala sobre o assunto, todo mundo sabe que ele existe, mas poucos estão de acordo sobre a forma como ele se mostra, ou quão influente é. Na mente do Negro, o preconceito de cor na Filadélfia é aquele sentimento generalizado de antipatia por seu sangue, que mantém a ele e a seus filhos longe de um emprego decente, de certos confortos e diversões públicas, de alugar casas em muitas áreas e, em geral, de ser reconhecido como ser humano. Os Negros consideram esse preconceito a principal causa de sua infeliz condição atual. Por outro lado, a maioria das pessoas brancas não tem consciência desse sentimento poderoso e vingativo; elas encaram o preconceito de cor como facilmente explicável pelo sentimento de que a relação social íntima com uma raça inferior é não apenas indesejável, como impraticável, caso devam ser mantidos os nossos padrões atuais de cultura. E, embora saibam que algumas pessoas sentem a aversão com mais intensidade do que outras, não conseguem ver como tal sentimento influencia a situação real ou altera a condição social da massa de Negros.

---

[10] W. E. B. Du Bois. "Color prejudice". In: ___. *The Philadelphia Negro: A Social Study*. Filadélfia: University of Pennsylvania Press, seção 47, 1996 [1899], pp. 322-355. Tradução de André M. Penna-Firme e Gabrielle Cosenza, revisão técnica de Celso Castro. Algumas notas de rodapé do original foram suprimidas.

Na verdade, o preconceito de cor nesta cidade é algo situado entre essas duas visões extremas: ele não é hoje responsável por todos ou talvez pela maior parte dos problemas do Negro, ou das deficiências sob as quais a raça trabalha; por outro lado, ele é uma força social muito mais poderosa do que a maioria dos habitantes da Filadélfia percebe. Os resultados práticos da atitude da maioria dos habitantes da Filadélfia em relação às pessoas de ascendência negra são os seguintes:

1) *Em relação a conseguir emprego.* Não importa quão bem treinado um negro possa ser, ou quão apto seja para qualquer tipo de trabalho, ele não pode, no curso normal da competição, esperar ser muito mais do que um empregado subalterno. Ele não pode obter trabalho administrativo ou de supervisão, exceto em casos excepcionais. Ele não pode ensinar, exceto em algumas das poucas escolas remanescentes para Negros. Não pode se tornar um artífice, exceto para pequenos trabalhos temporários, e não pode se filiar a um sindicato. Uma mulher negra tem apenas três carreiras abertas para ela nesta cidade: serviço doméstico, costura ou vida de casada.

2) *Em relação a manter um emprego.* O Negro sofre na competição mais severamente do que o homem branco. Uma mudança de tendência está fazendo com que ele seja substituído por brancos nos cargos mais bem pagos do serviço doméstico. Caprichos e acidentes farão com que perca um lugar conquistado a duras penas mais rapidamente do que as mesmas coisas afetariam um homem branco. Sendo poucos em número em comparação com os brancos, o crime ou a negligência de alguns de sua raça são facilmente imputados a todos, e a reputação daqueles bons, trabalhadores e confiáveis sofre com isso. Como os trabalhadores Negros nem sempre trabalham lado a lado com os brancos, o trabalhador Negro individual não é avaliado por sua própria eficiência, e sim pela eficiência de todo um grupo de colegas Negros, que muitas vezes pode ser baixa. Por causa dessas dificuldades, que virtualmente aumentam a competição em seu caso, ele é forçado a receber salários mais baixos pelo mesmo trabalho que os trabalhadores brancos.

3) *Em relação ao ingresso em novas frentes de trabalho.* As pessoas estão acostumadas a ver os Negros em posições inferiores; quando, portanto, por acaso, um Negro entra em uma posição melhor, a maioria das pessoas

imediatamente conclui que ele não está apto para tal, mesmo antes de ter a chance de mostrar sua aptidão. Se, portanto, ele abrir uma loja, as pessoas não irão formar clientela. Se ele for colocado em uma posição pública, as pessoas reclamarão. Se ganhar uma posição no mundo comercial, as pessoas assegurarão discretamente sua demissão ou garantirão que um homem branco o suceda.

4) *Em relação às suas despesas.* A relativa pequenez da clientela do Negro e a antipatia de outros clientes tornam comum o aumento de encargos ou dificuldades em certas direções nas quais o Negro deve gastar dinheiro. Ele deve pagar mais caro de aluguel por casas piores do que a maioria das pessoas brancas. Às vezes, está sujeito a ser insultado ou a ter um serviço prestado de maneira relutante em alguns restaurantes, hotéis e lojas, em diversões públicas, teatros e locais de recreação, bem como em quase todas as barbearias.

5) *Em relação a seus filhos.* O Negro acha extremamente difícil criar filhos em tal atmosfera e não os ter nem subservientes nem atrevidos: se ele os convence a ter paciência com sua sorte, podem crescer satisfeitos com sua condição; se os inspira com a ambição de crescer, eles podem começar a desprezar seu próprio povo, odiar os brancos e se tornar amargurados com o mundo. Seus filhos são discriminados, muitas vezes em escolas públicas. Eles são aconselhados, quando procuram emprego, a se tornarem garçons e empregadas domésticas. Estão sujeitos aos tipos de insulto e tentação que afetam peculiarmente as crianças.

6) *Em relação aos relacionamentos sociais.* Em todas as esferas da vida, o Negro está sujeito a encontrar alguma objeção à sua presença ou algum tratamento descortês, e os laços de amizade ou memória raramente são fortes o suficiente para se manterem para além da linha de cor. Se um convite for feito para qualquer evento público, o Negro nunca consegue saber se seria bem-vindo ou não; se ele for, corre o risco de ter seus sentimentos feridos e de entrar em altercações desagradáveis; se não comparecer ao evento, será acusado de indiferença. Se encontrar um amigo branco de longa data na rua, ele estará em um dilema; se não cumprimenta o amigo, é considerado grosseiro e indelicado; se cumprimenta o amigo, está sujeito a ser completamente desprezado. Se por acaso for apresentado a um homem ou mulher

branca, espera ser ignorado no próximo encontro, e geralmente o é. Amigos brancos podem visitá-lo, mas dificilmente se espera que ele os visite, exceto para tratar de assuntos estritamente de negócio. Se ele conquistar o afeto de uma mulher branca e se casar com ela, pode invariavelmente esperar que a reputação dela e dele sejam difamadas, e que tanto a raça dele quanto a dela evitarão estar em companhia de ambos. Quando ele morre, não pode ser enterrado ao lado de cadáveres brancos.

7) *O resultado*. Qualquer uma dessas coisas, acontecendo vez ou outra, não seria notável, nem exigiria um comentário especial; mas, quando um grupo de pessoas sofre todas essas pequenas diferenças de tratamento e discriminações e insultos continuamente, o resultado é desânimo, amargura, hipersensibilidade ou imprudência. E um povo que se sente assim não pode dar o melhor de si.

*

O primeiro impulso do filadelfiense médio seria, presumivelmente, negar com ênfase qualquer discriminação tão marcante e flagrante como a antes referida contra um grupo de cidadãos nesta metrópole. Todos sabem que no passado os preconceitos de cor na cidade eram profundos e apaixonados; homens ainda vivos podem se recordar de quando um Negro não podia se sentar em um bonde ou caminhar muito pelas ruas em paz. Esses tempos passaram, contudo, e muitos imaginam que a discriminação ativa contra o Negro passou com eles. Uma investigação cuidadosa convencerá qualquer um de seu erro. Certamente um homem de cor hoje pode andar pelas ruas de Filadélfia sem insulto pessoal; ele pode ir a teatros, parques e alguns lugares de diversão sem encontrar mais do que olhares e descortesia; pode ser acomodado na maioria dos hotéis e restaurantes, embora o tratamento em alguns não seja agradável. Tudo isso é um grande avanço e augura muito para o futuro. No entanto, tudo o que foi dito sobre a discriminação remanescente é verdadeiro demais.

Durante a pesquisa de 1896 foram recolhidos vários casos reais que podem ilustrar as discriminações mencionadas. Na medida do possível, eles foram minuciosamente examinados, e apenas aqueles que pareceram indubitavelmente verdadeiros foram selecionados.[11]

1) Em relação a conseguir emprego. Não é necessário insistir na situação do Negro referente ao trabalho nas classes mais altas da vida: o menino branco pode começar no escritório de advocacia e trabalhar para alcançar uma prática lucrativa; ele pode servir a um médico como um *office boy* ou entrar em um hospital em uma posição inferior, e ter apenas seu talento entre ele e a riqueza e a fama; se for inteligente na escola, pode deixar sua marca em uma universidade, tornar-se monitor depois de algum tempo e muita inspiração para o estudo, e, eventualmente, assumir uma posição de professor. Todas essas carreiras estão desde o início fechadas para o Negro por causa de sua cor. Que advogado daria mesmo o menor dos casos para um assistente Negro? Que universidade nomearia um jovem Negro promissor para a monitoria? Assim, o jovem branco começa a vida sabendo que, dentro de alguns limites e salvo acidentes, talento e dedicação serão suficientes. O jovem Negro começa sabendo que, para todos os lados, seu avanço será duplamente difícil, quando não totalmente bloqueado, por causa de sua cor. Vejamos, entretanto, as ocupações comuns que dizem respeito mais de perto à massa de Negros. A Filadélfia é um grande centro industrial e de comércio, com milhares de supervisores, gerentes e funcionários — os capitães da indústria, que dirigem seu progresso. Eles são pagos para pensar e pela habilidade de dirigir; naturalmente, esses cargos são cobiçados por serem bem pagos, bem-vistos e acarretarem alguma autoridade. A essas posições, meninos e meninas Negros não podem aspirar, não importa quais sejam suas qualificações. Mesmo como professores, escriturários ou

---

[11] Uma das perguntas do roteiro era: "Você já teve dificuldade em conseguir trabalho?"; outra: "Você já teve dificuldade em alugar casa?". A maioria das respostas foi vaga ou genérica. Aquelas que eram precisas e aparentemente confiáveis, na medida do possível, foram investigadas com maiores detalhes, comparadas com outros testemunhos e então usadas como material para elaborar uma lista de discriminações; casos únicos e isolados sem corroboração nunca foram selecionados. Acredito que aqueles aqui apresentados são confiáveis, embora, naturalmente, eu possa ter sido enganado em algumas histórias. Estou totalmente convencido a respeito da verdade geral das afirmações.

estenógrafos comuns, eles encontram quase nenhuma vaga. Vamos observar alguns exemplos reais:

Uma jovem que se formou com distinção na Escola Normal para Meninas em 1892, lecionou no jardim de infância, atuou como substituta e esperou em vão por um cargo permanente. Certa vez ela foi admitida como substituta em uma escola com professores brancos; o diretor elogiou seu trabalho, mas quando a nomeação definitiva foi feita, uma mulher branca foi escolhida.

Uma garota que se formou em uma escola secundária da Pensilvânia e em uma faculdade de administração procurou trabalho na cidade como estenógrafa e datilógrafa. Um advogado de destaque se comprometeu a encontrar uma posição para ela; ele foi a amigos e disse: "Aqui está uma garota que faz um trabalho excelente e é de bom caráter; você não pode dar um trabalho a ela?" Vários responderam imediatamente que sim. "Mas", disse o advogado, "serei perfeitamente franco com vocês e direi que ela é de cor"; e em toda a cidade, ele não conseguiu encontrar um homem disposto a empregá-la. Aconteceu, entretanto, que a garota era tão clara que poucos, sem saber disso, teriam suspeitado de sua ascendência. O advogado, portanto, deu-lhe trabalho temporário em seu próprio escritório até que ela encontrasse um emprego fora da cidade. "Mas", disse ele, "até hoje não ousei dizer aos meus funcionários que eles trabalhavam ao lado de uma negra". Outra mulher se formou no Palmer College of Shorthand, mas em toda a cidade encontrou nada além da recusa de trabalho.

Vários graduados em farmácia buscaram fazer o estágio obrigatório de três anos na cidade, e apenas um entre eles obteve sucesso, embora tenham se oferecido para trabalhar de graça. Um jovem farmacêutico veio de Massachusetts e durante semanas procurou em vão trabalho aqui por qualquer preço: "Eu não teria um 'escuro' para limpar minha loja, muito menos para ficar atrás do balcão", respondeu um farmacêutico. Um homem de cor respondeu a um anúncio para atendente nos subúrbios. "O que você acha que iríamos querer de um Negro?" — foi a simples resposta. Um graduado em engenharia mecânica pela Universidade da Pensilvânia, bem recomendado, conseguiu trabalho na cidade por meio de um anúncio, por conta de seu excelente histórico. Ele trabalhou algumas horas e depois foi dispensado porque descobriram que era de cor. Agora ele é garçom no clube universitário onde seus colegas de graduação brancos jantam.[12] Outro jovem frequentou o Spring Garden Institute e estudou desenho em litografia. Ele tinha boas referências do instituto e de outros lugares, mas a inscrição nos cinco maiores estabelecimentos da cidade não lhe garantiu trabalho. Um operador de telégrafo procurou em vão por uma vaga, e dois graduados da Central High School se entregaram a trabalhos subalternos. "Qual é a utilidade de uma educação?" — perguntou um. O sr. A... já trabalhou em outro lugar como caixeiro-viajante. Ele se candidatou a um cargo aqui por carta e foi informado que poderia ser admitido. Quando o viram, não tinham trabalho para ele.

Esses casos poderiam se multiplicar indefinidamente. Mas isso não é necessário; é preciso apenas notar que, não obstante a reconhecida habilidade de muitos homens de cor, o Negro está conspicuamente ausente de todos os lugares de honra, confiança ou emolumento, bem como daqueles de nível respeitável no comércio e na indústria.

Mesmo no mundo da mão de obra qualificada, o Negro é amplamente excluído. Muitos explicariam a ausência de Negros em vocações superiores dizendo que embora alguns possam ocasionalmente ser considerados competentes, a grande massa não está preparada para esse tipo de trabalho e está destinada a formar por algum tempo uma classe trabalhadora. Em matéria de comércio, entretanto, não pode ser levantada nenhuma questão séria quanto à habilidade; por anos os Negros preencheram satisfatoriamente posições nas lojas da cidade, e hoje em muitas partes do Sul eles ainda são proeminentes. Mesmo assim, na Filadélfia, um preconceito determinado, auxiliado pela opinião pública, quase conseguiu expulsá-los do setor. [...]

Há, é claro, algumas exceções à regra geral, mas mesmo estas parecem confirmar o fato de que a exclusão é uma questão de preconceito e falta de consideração que às vezes cede à determinação e ao bom senso. [...] Há vários casos em que uma forte influência pessoal garantiu posições para meninos de cor; em uma fábrica de marcenaria, um carregador que havia servido à empresa por 30 anos pediu que seu filho aprendesse o ofício e trabalhasse na oficina. Os trabalhadores protestaram vigorosamente no início, mas o em-

---

[12] E é, obviamente, apontado por alguns como tipificação do sucesso de um Negro educado formalmente.

pregador foi firme, e o jovem já trabalha lá há sete anos. A S. S. White Dental Company tem um químico de cor que chegou à sua posição pelo trabalho, e dá satisfação. Um joalheiro permitiu que seus companheiros de cor, ex-soldados na última guerra, aprendessem o ofício de ourives e trabalhassem em sua loja. [...] Essas exceções provam a regra, a saber, que sem grande esforço e influência especial é quase impossível para um Negro na Filadélfia conseguir um emprego regular na maioria dos estabelecimentos, exceto se atuar como trabalhador independente e aceitar pequenos empregos temporários.

A principal força que ocasiona esse estado de coisas é a opinião pública. Se tanto os sindicatos quanto os patrões arbitrários não estivessem arraigados, e fortemente arraigados, num preconceito ativo, ou pelo menos numa aquiescência passiva nesse esforço de privar os Negros de um sustento decente, eles seriam impotentes para fazer o mal que agora causam. Onde, no entanto, uma grande parte do público aplaude mais ou menos abertamente o vigor de um homem que se recusa a trabalhar com um "Negro",[13] os resultados são inevitáveis. O objetivo do sindicato é puramente empresarial; visa restringir o mercado de trabalho, assim como o fabricante visa aumentar o preço de seus produtos. Aqui está uma chance de manter fora do mercado um grande número de trabalhadores, e os sindicatos aproveitam a chance, exceto nas vezes em que não se atrevem, como no caso dos fabricantes de charutos e dos mineiros de carvão. Se eles pudessem, da mesma maneira, manter de fora os trabalhadores estrangeiros, eles o fariam; mas aqui a opinião pública, dentro e fora de sua posição social, proíbe ações hostis. É claro que a maioria dos sindicatos não declara categoricamente suas discriminações; alguns colocam claramente a palavra "branco" em suas constituições; a maioria não o faz e dirá que considera cada caso em seus méritos. Em seguida, discretamente rejeitam o candidato Negro. Outros atrasam, contemporizam e adiam a ação até que o Negro se retire; outros, ainda, discriminam o Negro nas taxas de associação ou cotas, fazendo um Negro pagar US$ 100, enquanto os brancos pagam US$ 25. Por outro lado, em tempos de greves ou outros distúrbios, convites cordiais para ingressar no sindicato são frequentemente enviados aos trabalhadores Negros. [...]

---

[13] No original, *Nigger*, forma de tratamento altamente ofensiva. [N. do Org.]

Em uma época em que as mulheres estão empenhadas no ganha-pão em um grau maior do que nunca, o campo aberto para as mulheres negras é singularmente estreito. Isso, é claro, se deve em grande parte aos preconceitos mais intensos sobre as mulheres em todos os assuntos, e especialmente ao fato de que as mulheres que trabalham não gostam de ser confundidas com servas, porém as mulheres negras são consideradas servas *par excellence*.

2) Basta sobre a dificuldade de conseguir trabalho. Para além disso, o Negro encontra dificuldades em manter o trabalho que tem, ou pelo menos a melhor parte dele. Além de toda insatisfação com o trabalho do Negro, há caprichos e modas que afetam sua posição econômica. Hoje, as viagens pela Europa em geral tornaram popular o criado inglês treinado, e, consequentemente, servos brancos e bem barbeados, sejam eles ingleses ou não, têm facilidade para substituir mordomos e cocheiros Negros, com salários mais altos. Além disso, embora um homem normalmente não demita todos os seus operários brancos porque algum se sai mal, ainda assim acontece repetidamente que os homens despeçam todos os seus funcionários de cor e condenem sua raça porque um ou dois empregados se mostraram indignos de confiança. Finalmente, as antipatias das classes mais baixas são tão grandes que muitas vezes é impraticável misturar raças entre os funcionários. Uma jovem de cor foi trabalhar temporariamente em Germantown: "Eu gostaria muito de mantê-la permanentemente", disse a patroa, "mas todos os meus outros criados são brancos." Ela foi demitida. Normalmente agora os anúncios para criados indicam se são procurados empregados brancos ou negros, e o Negro que se inscreve no lugar errado não deve se surpreender ao ver a porta batida na sua cara.

As dificuldades encontradas pelo Negro por causa das conclusões abrangentes feitas sobre ele são múltiplas; um grande edifício, por exemplo, tem vários zeladores negros mal pagos, sem instalações para o trabalho ou orientação para sua realização. Finalmente, o prédio é totalmente reformado ou reconstruído, elevadores e eletricidade são instalados e um conjunto bem pago de zeladores brancos uniformizados são colocados para trabalhar sob a responsabilidade de um chefe assalariado. De imediato, o público conclui que a melhoria no serviço se deve à mudança de cor. Em alguns casos, é claro, a mudança se atribui a uma ampliação do campo de escolha na seleção de serventes, pois certamente não se pode esperar que 1/25 da população possa fornecer tantos bons operários, ou tão uniformemente bons, quanto os outros 24/25. [...]

Às vezes os Negros, por influência especial, como foi apontado antes, garantem boas posições; há também outros casos em que homens de cor garantiram posições por puro mérito e coragem. Em todas essas circunstâncias, entretanto, eles estão sujeitos a perder suas posições sem nenhuma culpa própria, principalmente por causa de seu sangue negro. Talvez no princípio sua descendência negra seja desconhecida, ou outras causas podem operar; em todos os casos, o emprego do Negro é inseguro. [...]

Muito desencorajamento resulta da recusa persistente em promover empregados de cor. O mais humilde empregado branco sabe que, quanto melhor fizer seu trabalho, mais chances ele tem de crescer no negócio. O empregado Negro sabe que quanto melhor fizer seu trabalho, mais tempo poderá fazê-lo; muitas vezes ele não pode esperar uma promoção. Isso faz muitas das críticas dirigidas aos Negros — porque alguns deles querem recusar o trabalho braçal — perderem algo de seu propósito. Se a melhor classe de meninos negros pudesse ver esse trabalho como um trampolim para algo melhor, seria diferente; se eles devem ver isso como obra de uma vida inteira, não podemos questionar sua hesitação. [...] De vez em quando, há exceções a essa regra. A ferrovia da Pensilvânia promoveu um brilhante e persistente porteiro a secretário, função em que permaneceu por anos. No entanto, ele passou sua vida buscando chances de promoção e foi informado: "Você tem habilidade suficiente, George; se você não fosse de cor..."

Há muita discriminação contra os Negros nos salários. Eles têm menos oportunidades de trabalho, estão acostumados com salários baixos e, consequentemente, o primeiro pensamento que ocorre ao empregador médio é dar ao Negro menos do que ele daria a um branco pelo mesmo trabalho. Isso não é universal, mas é generalizado. No serviço doméstico de tipo comum não há diferença, porque os salários são uma questão de costume. Quando se trata de garçons, copeiros e cocheiros, no entanto, há uma diferença considerável; enquanto os cocheiros brancos recebem US$ 50-75, os Negros geralmente não recebem mais de US$ 30-60. Garçons negros de hotel ganham US$ 18-20, enquanto brancos recebem US$ 20-30. Naturalmente, quando um gerente de hotel substitui homens de US$ 20 por homens de US$ 30, ele pode esperar, fora de qualquer questão de cor, um serviço melhor.

No trabalho comum, a competição força a queda dos salários para além de meras razões raciais, embora o Negro seja o que mais sofre; este é especialmente o caso no trabalho de lavanderia. "Contei até sete dúzias de peças naquela lavagem", disse uma mulher negra cansada, "e ela me paga apenas US$ 1,25 por semana por isso". Pessoas que jogam fora US$ 5 por semana em futilidades muitas vezes barganham com uma lavadeira por US$ 0,25. Há, no entanto, exceções notáveis a esses casos, em que bons salários são pagos a pessoas que trabalharam por muito tempo para a mesma família.

Muitas vezes, se um Negro tem a chance de trabalhar em uma loja, seus salários são reduzidos por conta do privilégio. Isso dá ao preconceito do trabalhador uma intensidade adicional. [...]

3) Se um Negro entra em algum ramo de atividade no qual as pessoas não estão acostumadas a vê-lo, ele sofre por suporem que não está apto para o trabalho. Relata-se que uma empresa da rua Chestnut certa vez teve uma vendedora negra, mas os protestos de seus clientes foram tantos que tiveram de despedi-la. Muitos comerciantes hesitam em empregar Negros com medo de perder clientela. Comerciantes negros que tentaram abrir negócios na cidade a princípio encontraram muita dificuldade com esse preconceito. [...] Mesmo entre as próprias pessoas de cor, alguns preconceitos desse tipo são encontrados. Antes, um médico Negro não conseguia uma clientela negra porque eles não estavam acostumados com a novidade; agora, eles têm grande parte de clientes Negros. O comerciante Negro, entretanto, ainda carece da total confiança de seu próprio povo, embora isso esteja crescendo lentamente. É um dos paradoxos dessa questão, ver um povo tão discriminado por vezes aumentar seus infortúnios ao discriminarem a si mesmos. Eles próprios, entretanto, estão começando a reconhecer isso.

4) A principal discriminação contra os Negros nas despesas está na questão dos aluguéis. Não pode haver qualquer dúvida razoável de que os Negros pagam aluguéis excessivos. [...]. Não só existe discriminação geral no aluguel, como também os administradores e proprietários não costumam consertar ou melhorar de bom grado as residências dos Negros. Além disso, os administradores e proprietários em muitas seções da cidade se recusam terminantemente a alugar para Negros sob quaisquer condições. Ambos os tipos de discriminação são facilmente defendidos de um ponto de vista

meramente comercial; a opinião pública na cidade é tal que a presença de uma família de cor, mesmo que respeitável, em um quarteirão afetará seu valor de aluguel ou venda. O aumento do aluguel para os Negros é, portanto, uma espécie de seguro, e a recusa a alugar, um artifício para ganhar dinheiro. A crueldade indefensável está naquelas classes que se recusam a reconhecer o direito de cidadãos Negros respeitáveis a terem casas respeitáveis. Os corretores imobiliários também aumentam o preconceito ao se recusarem a distinguir entre diferentes classes de Negros. Uma família negra tranquila muda-se para uma rua. O agente não encontra grande objeção e permite que a próxima casa vazia vá para qualquer Negro que se candidatar. Essa família pode desonrar e escandalizar a vizinhança e dificultar que famílias decentes encontrem um lar.[14]

Nos últimos 15 anos, entretanto, a opinião pública mudou tanto nesse assunto que podemos esperar muito no futuro. Hoje a população negra está mais espalhada pela cidade do que nunca. Ao mesmo tempo, continua a ser verdade que, em geral, eles devem ocupar as piores casas dos bairros onde vivem. O avanço feito foi uma batalha para a melhor classe de Negros. Um ex-ministro do Haiti mudou-se para a parte noroeste da cidade e seus vizinhos brancos o insultaram, bloquearam suas entradas para ele e tentaram de todas as maneiras fazê-lo se mudar; hoje, ele é homenageado e respeitado em todo o bairro. Ocorreram muitos casos como este; em outros, o resultado foi diferente. Um estimável jovem Negro, recém-casado, mudou-se com a noiva para uma pequena rua. A vizinhança levantou-se em armas e pressionou o inquilino e o proprietário tão implacavelmente que o proprietário alugou a casa, mas obrigou o jovem casal a se mudar dentro de um mês. Um dos bispos da Igreja A. M. E. [African Methodist Episcopal] mudou-se recentemente para a residência episcopal recém-adquirida na avenida Belmont, e seus vizinhos bloquearam as varandas contra sua visão.

5) A principal discriminação contra as crianças negras encontra-se na questão dos estabelecimentos educacionais. O preconceito aqui funciona

---

[14] Sem dúvida, certas classes de negros atraem para si críticas muito merecidas pelo pagamento irregular ou inadimplência do aluguel, e pelo mau cuidado que tomam com a propriedade. Elas não devem, entretanto, ser confundidas com as melhores classes, que dão bons clientes; este é, novamente, espaço para uma diferenciação cuidadosa.

para que as crianças negras frequentem certas escolas para as quais a maioria das crianças negras vai, ou para mantê-las fora de escolas particulares e superiores. [...] Nas transferências de escola, os Negros têm dificuldade em obter arranjos convenientes; apenas há relativamente poucos anos os Negros foram autorizados a concluir o curso nas escolas secundárias e normais sem dificuldade. Antes disso, a Universidade da Pensilvânia não permitia que Negros se sentassem no auditório e ouvissem palestras, muito menos que ali estudassem. Há dois ou três anos, um estudante negro teve de lutar para ingressar em uma faculdade de odontologia da cidade e foi tratado com toda a indignidade. Várias vezes Negros foram convidados a deixar as escolas de estenografia etc., por causa de seus colegas estudantes. Em 1893, uma mulher de cor inscreveu-se para admissão no Temple College, uma instituição religiosa, e foi recusada e aconselhada a ir para outro lugar. A faculdade então ofereceu bolsas de estudo para igrejas, mas não admitia candidatos de igrejas formadas por membros de cor. Dois anos depois, a mesma mulher se candidatou novamente. O corpo docente declarou que não tinha objeções, mas que os alunos teriam; ela persistiu e finalmente foi admitida com evidente relutância. Nem é preciso dizer que a maioria das escolas particulares, escolas de música etc. não admite Negros e, em alguns casos, insultou os candidatos.

*

Essa é a forma tangível de preconceito contra os Negros na Filadélfia. Possivelmente, pode-se comprovar que alguns dos casos particulares citados tiveram circunstâncias atenuantes desconhecidas para o investigador; ao mesmo tempo, muitos não citados estariam no mesmo caso. De qualquer forma, ninguém que estudou diligentemente a situação do Negro na cidade pode duvidar por muito tempo que suas oportunidades são limitadas, e sua ambição circunscrita ao que foi mostrado. Há, claro, inúmeras exceções, mas a massa dos Negros teve tantas oportunidades recusadas e esforços desencorajados para melhorar sua condição que muitos dizem, como um deles: "Eu nunca me candidato — eu sei que é inútil." Ao lado dessas formas tangíveis e mensuráveis, há resultados mais profundos e menos facilmente descritíveis da atitude da população branca em relação aos Negros: certa manifestação de uma aversão real ou presumida, um espírito de ridículo ou de paternalismo, um ódio vingativo em alguns, indiferença absoluta em outros. Tudo isso, é evidente, não faz muita diferença para a massa da raça, mas fere profundamente as melhores classes, as mesmas classes que estão alcançando aquilo que desejamos que a massa alcance. Apesar de tudo isso, a maioria dos Negros esperaria pacientemente o efeito do tempo e do bom senso sobre o preconceito, se hoje ele não os tocasse em questões de vida ou morte; se não ameaçassem seus lares, sua comida, seus filhos, suas esperanças. E o resultado disso está fadado a ser o aumento da criminalidade, da ineficiência e da amargura.

Seria inútil, por certo, afirmar que a maior parte dos crimes dos Negros foi causada por preconceito; as violentas mudanças econômicas e sociais que os últimos 50 anos trouxeram para o Negro americano e a triste história social que precedeu essas mudanças, tudo contribuiu para desestabilizar a moral e perverter os talentos. No entanto, é certo que o preconceito contra os Negros em cidades como a Filadélfia tem sido um grande fator a ajudar e instigar todas as outras causas que impelem uma raça semidesenvolvida à imprudência e ao excesso. Uma grande quantidade de crimes pode ser atribuída, sem dúvida, à discriminação contra meninos e meninas negros em matéria de emprego. Ou, dito de outra forma, o preconceito do Negro custa algo à cidade.

A conexão entre crime e preconceito, por outro lado, não é simples nem direta. O menino a quem é recusada a promoção no cargo de carregador não sai e rouba a carteira de alguém. Por outro lado, os preguiçosos das ruas 12ª e Kater e os bandidos da prisão do condado geralmente não são graduados do ensino médio a quem foi recusado trabalho. As conexões são muito mais sutis e perigosas; é uma atmosfera de rebelião e descontentamento que o mérito não recompensado e a ambição razoável, mas insatisfeita, criam. O ambiente social de desculpas, desespero apático, indulgência descuidada e falta de inspiração para trabalhar são a força crescente que transforma meninos e meninas negros em apostadores de jogos de azar, prostitutas e malandros. Esse ambiente social foi construído lentamente a partir das decepções de homens merecedores e da preguiça dos não despertos. Por quanto tempo uma cidade pode dizer a uma parte de seus cidadãos: "É inútil trabalhar; é infrutífero merecer o bem dos homens; a educação não lhe trará senão decepção e humilhação"? Por quanto tempo uma cidade pode ensinar a seus filhos negros que o caminho para o sucesso é ter um rosto branco? Por quanto tempo uma cidade pode fazer isso e escapar da inevitável punição?

Por mais de 30 anos, a Filadélfia tem dito a seus filhos negros: "Honestidade, eficiência e talento têm pouco a ver com o seu sucesso; se você trabalhar duro, gastar pouco e for bom, pode ganhar seu pão de cada dia nesses tipos de trabalho que confessamos francamente que desprezamos; se você for desonesto e preguiçoso, o Estado fornecerá o seu pão de graça." Assim, a classe de Negros que os preconceitos da cidade distintamente estimulam é a dos criminosos, dos preguiçosos e dos indolentes; para eles, a cidade está repleta de instituições e associações de caridade; para eles, existe socorro e simpatia; para eles, os filadelfienses estão pensando e planejando; mas para o jovem de cor educado e diligente que quer trabalho, e não banalidades, que quer salários, e não esmolas, que apenas quer recompensas, e não sermões — para esses homens de cor, a Filadélfia aparentemente não serve.

O que então esses homens fazem? O que acontece com os graduados das muitas escolas da cidade? A resposta é simples: a maioria dos que valem alguma coisa deixa a cidade, os outros aceitam o que podem para seu sustento. […].

*

Já é mais do que hora de a melhor consciência da Filadélfia despertar para seu dever. Seus cidadãos negros estão aqui para ficar; eles podem ser bons cidadãos ou um fardo para a comunidade. Se quisermos que eles sejam fontes de riqueza e poder, e não de pobreza e fraqueza, eles devem receber empregos de acordo com sua capacidade e ser encorajados a treinar essa habilidade e a aumentar seus talentos na esperança de uma recompensa razoável. Educar meninos e meninas e depois recusar-lhes trabalho é treinar preguiçosos e malandros.

De outro ponto de vista, pode-se fortemente argumentar que a causa do estresse econômico, e consequentemente do crime, foi a recente e imprudente corrida de Negros para as cidades; e que os resultados desagradáveis dessa migração, embora deploráveis, servirão, no entanto, para conter o movimento dos Negros para as cidades e mantê-los no campo, onde suas chances de desenvolvimento econômico seriam maiores. Esse argumento, contudo, perde muito de sua força pelo fato de que é a melhor classe de Negros educados nascidos na Filadélfia que tem a maior dificuldade em obter emprego. O novo imigrante recém-chegado do Sul está muito mais apto a obter um trabalho adequado para ele do que o menino Negro aqui nascido e treinado para o trabalho. No entanto, sem dúvida é verdade que a migração recente aumentou direta e indiretamente o crime e a concorrência. Como esse movimento deve ser verificado? Muito pode ser feito corrigindo representações errôneas quanto às oportunidades da vida na cidade, criadas pela propaganda de agências de empregos e de pessoas descuidadas; uma vigilância mais estrita dos criminosos pode evitar o influxo de elementos indesejáveis. Esses esforços, no entanto, não afetariam a corrente principal da imigração. Atrás dessa corrente está o desejo mundial de subir no mundo, de escapar da estreiteza sufocante das fazendas e da repressão sem lei das pequenas cidades, no Sul. É uma busca por melhores oportunidades de vida e, como tal, deve ser desencorajada e reprimida com grande cuidado e delicadeza, se for o caso.

O verdadeiro movimento de reforma é a elevação dos padrões econômicos e o aumento das oportunidades econômicas no Sul. A mera existência de terras e bom clima, porém sem lei e ordem, sem capital e habilidade, não desenvolverão um país. Quando os Negros no Sul tiverem uma oportunidade maior de trabalhar, de acumular propriedades, de terem seus corpos e vidas protegidos, e de encorajar o orgulho e o respeito próprio em seus filhos, haverá uma diminuição no fluxo de imigrantes para as cidades do Norte. Ao mesmo tempo, se essas cidades praticarem a exclusão econômica contra esses imigrantes a tal ponto que eles sejam forçados a se tornarem indigentes, vagabundos e criminosos, eles dificilmente poderão reclamar das condições no Sul. As cidades do Norte não deveriam, é claro, buscar encorajar e atrair uma mão de obra de baixa qualidade, com baixos padrões de vida e moral. Os padrões de salários e respeitabilidade devem ser mantidos; mas quando um homem atinge esses padrões de habilidade, eficiência e decência, nenhuma questão de cor deveria, em uma comunidade civilizada, impedi-lo de ter a mesma chance de ganhar a vida com seus pares.

5

Marianne Weber, muito além da mulher de Max

Marianne Schnitger, nascida na Alemanha em 1870, casou-se em 1893 com seu primo de segundo grau, o sociólogo Max Weber (1864-1920).[1] Marianne é lembrada quase que exclusivamente pelo fato de ter sido esposa de um dos "pais fundadores" da sociologia e de ter, após a morte de Max, organizado, editado e publicado em livro vários de seus textos fundamentais, até então inéditos ou acessíveis apenas em revistas acadêmicas, como *Economia e sociedade* e os vários volumes sobre sociologia da religião. Além disso, ela escreveu uma monumental biografia de Weber, publicada em 1926.[2] Sem a enorme dedicação que Marianne deu ao legado de seu marido, talvez a obra de Max

---

[1] As fontes principais para as informações biográficas de Marianne Weber foram: o texto introdutório de Guenther Roth, "Marianne Weber and her Circle". In: Marianne Weber, *Max Weber: A Biography* (Londres/Nova York: Routledge, 2017, pp. xv-xi); e o capítulo a ela dedicado no livro de Patricia Madoo Lengermann e Gillian Niebrugge, *The Women Founders: Sociology and Social Theory, 1830-1930* (Long Grove, IL: Waveland Press, 2007, pp. 193-228).

[2] Há uma edição brasileira: *Weber: uma biografia* (Niterói: Casa Jorge, 2003).

Weber não tivesse tido a disseminação e o impacto que merecidamente tiveram.

Muito menos conhecido é que Marianne também foi autora de uma vasta obra sociológica, centrada principalmente no estudo da mulher e de sua posição na sociedade patriarcal. Além disso, ela foi uma importante ativista feminista e tornou-se, em 1919, a primeira mulher alemã eleita para uma assembleia estadual (a do estado de Baden, pelo Deutsche Demokratische Partei, Partido Democrático Alemão).

O principal livro de Marianne foi publicado em 1907, *Ehefrau und Mutter in der Rechtsentwickung. Eine Einführung* (Esposa e mãe no desenvolvimento jurídico: uma introdução), um vigoroso ataque ao patriarcado e uma defesa da igualdade no casamento. Nos anos seguintes, Marianne continuou muito ativa, escrevendo sobre temas sociológicos e atuando como ativista feminista. Em 1919, foi eleita presidente da Bund Deutscher Frauenvereine (Federação das Associações de Mulheres Alemãs). Sua casa também era ponto de encontro da elite intelectual da época. Com a ascensão do nazismo na Alemanha, na década de 1930, contudo, ela teve de manter-se muito discreta. Sobre esses anos, escreveria mais tarde: "Como você conhece o poder do terror? Cada clamor aberto foi expiado por uma morte desesperada e um martírio inútil. Nós nos salvamos apenas pelo silêncio."[3]

Marianne sobreviveu ao nazismo e à guerra, morrendo em 1954. Ela não pôde ter formação universitária formal porque não havia cursado o ensino secundário, condição comum às mulheres alemãs de sua geração. Em 1924, contudo, recebeu um doutorado honorário pela Universidade de Heidelberg, nobilitação então rara para mulheres. A densidade de seu pensamento pode ser plenamente apreciada em um texto que escreveu discutindo a visão de seu amigo Georg Simmel sobre a "cultura feminina", e que não selecionei para esta coletânea principalmente por sua extensão.[4] Seu livro mais popu-

---

[3] Ver Patricia Madoo Lengermann e Gillian Niebrugge, op. cit., p. 200.
[4] Ver "Die Frau und die objektive Kultur" (A mulher e a cultura objetiva). *Logos*, n. 4, 1913, pp. 328-362. O casal Georg e Gertrud Simmel era muito amigo dos Weber. Gertrud (1864-1938) escreveu sobre ética sexual sob o pseudônimo de Marie Luise Enckendorf (*Realität und Gesetzlichkeit im Geschlechtsleben* [Realidade e legalidade na vida sexual] Leipzig: Duncker & Humblot, 1910).

lar foi *Die Frauen und die Liebe* (As mulheres e o amor), de 1935, que vendeu 30 mil exemplares em um ano. Também publicou *Erfülltes Leben* (Vida plena), em 1946, e uma autobiografia, *Lebenserinnerungen* (Memórias de uma vida), em 1948.

O artigo aqui selecionado, "Autoridade e autonomia no casamento", de 1912, permite vislumbrar a qualidade do pensamento de Marianne. Nele podemos ler, nas entrelinhas, um diálogo crítico com a obra do marido: um olhar feminista sobre a perspectiva sociológica de Max e o *bias* masculino que lhe é "naturalmente" subjacente. Talvez Marianne esteja se referindo a Max quando diz que:

> encontramos uma quantidade cada vez maior de homens, sobretudo nas camadas intelectualmente dominantes, que estão dispostos a valorizar a própria esposa como personalidade e a renunciar à aplicação dos privilégios de gênero. Mas hoje ainda são muito poucos que concordam com uma renúncia fundamental aos seus direitos de autoridade diante de todo o gênero feminino. (p. 88)

Autoridade e autonomia no casamento[5]
(1912)

Marianne Weber

Quem quiser entender a fundo e avaliar de forma correta a estrutura interna do casamento, a relação entre os sexos, deveria ao menos lançar um breve olhar sobre a história de seu desenvolvimento, principalmente sobre as ideias norteadoras que a definiram. Até onde podemos enxergar, em todos os povos culturais europeus, no início de toda a história, a mulher era posse do marido. Por meio de compra ou permuta, ele adquiria poder ilimitado de posse sobre ela e seus filhos. Por isso, ele podia dispor livremente sobre a pessoa dela, sendo possível, por exemplo, vendê-la, rejeitá-la, acrescentar concorrentes ao seu convívio a qualquer tempo, enquanto ela não tinha qualquer direito em relação a ele, estando-lhe atrelada de forma duradoura e obrigada à fidelidade e à obediência. Portanto, o único princípio estrutural formal da relação entre homem e mulher num primeiro momento foi simplesmente o direito do mais forte: o *patriarcalismo* primitivo. Como forma jurídica natural, ele existe ainda hoje em diversos povos de pouca cultura.

A união entre homem e mulher só pode ser chamada de *casamento* propriamente dito quando o poder absoluto do homem encontrar barreiras em relação a suas obrigações para com a mulher. Inicialmente, isso ocorre em todos os lugares pelo fato de que a família da mulher não a entrega mais incondicionalmente ao homem, sobretudo não sem antes munir-

---

[5] Marianne Weber. "Autorität und Autonomie in der Ehe". *Logos*, v. 3, 1912, pp. 103-120. Tradução de Claudia Dornbusch.

-se de um dote, que a mulher, como "esposa", tem como vantagem diante da concubina. Sendo assim, ela adquire o direito de *seus* filhos constarem como os "herdeiros legítimos" do homem, antes de todos os outros filhos que ele tiver. Dessa forma, em todos os lugares, a partir da relação de poder natural surgiu a mais antiga forma [*Formung*] consciente das relações entre os sexos: o chamado "casamento legítimo", como garantia de determinadas mulheres e seus filhos diante das pulsões poligâmicas do homem. De resto, o casamento inicialmente manteve por completo as características de uma relação de posse.[6]

Foi essa estrutura original que cada grande época da cultura formou e configurou, e sempre na mesma direção de base. Conforme se intensificava a moralidade, aumentava também o anseio de proteger de alguma forma a mulher da arbitrariedade bárbara do esposo. Por outro lado, porém, em todos os lugares ele mantinha assegurado o domínio sobre ela e os filhos. Apontaram-lhe o patriarcalismo humano, um domínio mais suave da esposa, mas não o reconhecimento dela como companheira.

A criação da monogamia como instituição jurídica foi obra dos gregos e romanos. Ou seja: eles criaram a monogamia *por lei*, proibindo ao homem trazer várias mulheres para casa e só permitindo que lhe fossem concedidos filhos legítimos de uma única mulher, o que não o impediu nem jurídica nem moralmente de possuir fora de casa, sem compromisso, muitas outras mulheres. Também foi feita só para a mulher a exigência da fidelidade conjugal, sob pena de duras punições. Foi só ela quem respondeu pela realização de um ideal social e ético, que também já era admirado e reconhecido pela Antiguidade, mas sem tentar subjugar a natureza sexualmente mais necessitada do homem.

Ao contrário dos gregos e romanos, o judaísmo antigo ainda permitia a poligamia. Mas primeiro envolvia o casamento com uma benção *religiosa*, praticamente de importância histórica mundial. Ela fora revelada aos Profetas da antiga Aliança como a mais antiga instituição e ordem de Deus. Depois

---

[6] Em relação ao histórico desse tratado, ver Marianne Weber, *Ehefrau und Mutter in der Rechtsentwicklung* ([Esposa e mãe no desenvolvimento jurídico], Tübingen: J. C. B. Mohr, 1907).

disso, o próprio Deus consagrou o primeiro casal humano. Mas o próprio Deus também determinou a relação entre os cônjuges. Ele criou uma "ajudante" para o homem e sobre ela lançou as palavras: "O teu desejo será para o teu marido e ele te governará." Com isso, não se sacramentava apenas o casamento, mas o casamento de uma forma específica.

Essa sanção do patriarcalismo teve as consequências mais amplas. Até os nossos tempos, ela determinou a estrutura do casamento cristão, pois a nobre mensagem cristã da igualdade religiosa da mulher já fora distorcida pelo maior apóstolo antes da relação dela com o esposo. O portador da propaganda cristã, Paulo, que buscou transgredir a tradição judaica em todas as outras áreas da vida, em relação à mulher permaneceu fiel a ela. Reportando-se à "Lei", ele selou não apenas a obrigação de fidelidade da mulher, mas também a sua postura geral em relação ao homem, como um ser de segunda categoria: "Pois o homem não se originou da mulher, mas a mulher do homem. Além disso, o homem não foi criado por causa da mulher, mas a mulher por causa do homem." Cristalizado em um dogma, esta concepção até hoje confirmou o seu poder em todos aqueles círculos que creem em revelações definitivas, e ainda para além desses círculos.

Mas, caminhando em outra direção, o cristianismo criou um grande e novo bem cultural: o aprofundamento da exigência da monogamia legal, chegando a uma exigência religioso-moral imprescindível, que agora não se dirigia mais apenas à mulher, mas pela primeira vez na história voltava-se expressamente também para o homem. Por mais que a realização desse ideal só fosse conseguida por uma pequena parte da humanidade, apenas o fato de ter sido estabelecida como objetivo da vontade iria influenciar a relação entre os sexos de forma decisiva. Só agora, quando também o homem fosse lembrado acerca da união com *uma* mulher, é que o casamento conseguiria ser o recipiente para todas as suas forças emotivas. Só agora estava preparado o solo de onde poderiam nascer do elemento da natureza, que era o efêmero amor sexual, as relações *espirituais* mais delicadas e profundas entre homem e mulher, cuja perenidade não seria uma exigência sem sentido.

No entanto, a perfeição do ideal cristão do casamento logo seria abalada pela doutrina da Igreja. Como reação contra a libertinagem sexual do mundo cultural da Antiguidade tardia, o ideal da dominação da vida de pulsões potencializou-se no desprezo de tudo o que era natural, exigindo que fosse sufocado ao máximo. A base natural da união entre homem e mulher agora era banida para a área do pecaminoso, o que no casamento ainda era permitido com restrições, mas também não era digno de bênção. O celibato era considerado o estado perfeito. A Eva, o tipo da mulher terrena de índole carnal, mãe do pecado, a tentação do mal, contrapunha-se agora a Maria virginal como personificação da maternidade sem sensualidade.

O protestantismo, por sua vez, voltou a elevar o casamento como "obra divina", acima do celibato como "obra dos homens", mas manteve o amor carnal com a mácula do que não provinha de Deus, mas como um "prazer mau" vindo do Diabo, para o que Deus faz uma concessão apenas no casamento, pois aqui, como diz Lutero, ele era compensado por todo tipo de falta de prazer e tormento. Buscaram-se novos argumentos na Bíblia para a submissão da mulher. Assim, Lutero cita o pecado de Eva de forma muito enfática como a sua causa histórica: "Onde Eva não tivesse pecado, ela teria governado e reinado junto com Adão como sua ajudante." Mas, agora, o governo é só dele, e ela deve se "curvar" diante dele como diante de seu senhor.

Visto por outro ângulo, contudo, o espírito protestante contribuiu para o aprofundamento do ideal do casamento e para a configuração de sua rotina, mais especificamente por meio das correntes fora das igrejas reformadas oficiais, conhecidas como puritanismo. Evidentemente, o puritanismo trilhou um desvio que não se percebe à primeira vista, pois ele carregava com rigor implacável os ideais ascéticos da vida monástica: rejeição de todos os prazeres da vida, supressão de todos os prazeres sensuais no mundo e no casamento. O Deus de Lutero ainda tinha, assim como o católico, fechado os olhos para o prazer carnal *conjugal*, em um gesto magnânimo de generosidade. O Deus dos puritanos só o permitia com a finalidade de gerar filhos para a multiplicação da glória de Deus.

Por mais que hoje rejeitemos veementemente essa demonização e racionalização das forças vitais elementares, não esqueçamos que foi justamente graças à contenção puritana que por longas épocas se conseguiu disciplinar o homem de forma nunca alcançada, que obtivemos um aprofundamento nunca mais perdido das relações espirituais e morais entre homem e mulher. Só quando a contenção do elementar foi levada a sério também no casamento é que se tornou possível o amálgama espiritual do casal, a intimidade de sua relação anímica como foco central e sentido mais importante do casamento.

O que o casamento podia vir a ser nesses círculos é expresso da melhor forma em uma linguagem de matiz religioso daquela época, utilizada na carta de despedida do quaker W. Penn a sua esposa, que ele escreveu quando deixou a pátria para ir fundar um novo Estado além do oceano:

> Não esqueças que foste o amor de minha juventude e a maior alegria de minha vida, o mais amado e mais digno de meus consolos terrenos. A razão daquele amor consistia mais em tuas qualidades interiores que nas exteriores, apesar de estas últimas serem muitas. Deus sabe, tu sabes, e eu também posso dizer que nossa união foi obra da Providência, e foi a imagem de Deus em nós que mais nos atraiu.

Há mundos de distância entre *esta* concepção da relação entre os sexos e aquela que se manifesta na famosa afirmação de um pensador grego: "Nós temos heteras para nos divertirmos e depois prostitutas compradas para cuidarem do nosso corpo, e, por fim, as esposas, que devem nos presentear com filhos legítimos e que têm a incumbência de organizar todas as tarefas domésticas."

Em meio às comunidades religiosas do Novo Mundo sustentadas pelo espírito puritano, pela primeira vez foi levada a sério a ideia da igualdade religiosa da mulher. Para os quakers, a doutrina bíblica não era considerada a revelação definitiva nem a única possível, mas como algo pertencente às múltiplas formas com que a "luz interior" se manifesta ao homem. Por essa razão, eles podiam deixar cair por terra o dogma da subserviência da mulher conforme a vontade de Deus. "Obedecer a Deus mais que ao homem"; esta frase, que fundamenta como seu direito intocável à *liberdade de consciência* do indivíduo diante de toda e qualquer autoridade terrena, foi ali reconhecida pela primeira vez como direito da esposa em relação ao marido. A liberdade de consciência, que é a mãe de todos os direitos pessoais do indivíduo, também lá estava, junto ao berço dos direitos da mulher.

Submissão por princípio a autoridades tradicionais ou supostas como tais — submissão por princípio só à própria consciência —, a partir de então, estas são as duas formas de comportamento humano oriundas igualmente do sentimento religioso, sendo que entre elas haverá apenas um "ou esta ou aquela".

A ideia de que todo ser humano — justamente por ser humano — tem certos direitos inalienáveis diante de todos os outros e de toda e qualquer autoridade terrena foi direcionada no século XVIII às coisas mundanas: contra o Estado, como exigência de maioridade política e direitos iguais para seus cidadãos; contra a comunidade social, como direito moral do indivíduo a uma determinada esfera de liberdade interna e externa. Essas ideias adquiriram seu sentido mais profundo e sua maior clareza na doutrina ética de liberdade do idealismo alemão, por meio dos nossos grandes pensadores Kant e Fichte. O que disso tudo nos interessa, neste contexto, pode ser resumido em poucas frases. O homem foi determinado como portador da razão de se autodeterminar, isto é, de agir não de acordo com o capricho de suas pulsões, mas de acordo com sua consciência submetida à lei moral. Na condição de portador dessa habilidade para a "*autonomia*", o homem possui sua dignidade específica, que o distingue, como "personalidade", de todos os outros seres, e por isso pode reivindicar ser um "fim em si mesmo". Para a configuração das relações humanas, a consequência disso seria o seguinte princípio simples e inabalável: o fato de que todos devem atentar para a determinação de ser um fim em si mesmo em todo ser humano, e que ninguém deverá ver seu congênere *meramente* como meio para seus fins pessoais.

De fato, dificilmente conseguimos imaginar uma relação humana que, caso queira ser eticamente admissível, desconsidere esse princípio. Além disso, o caminho de seu reconhecimento até uma reconfiguração da relação entre os sexos parece curto, pois, depois disso, também para a mulher a maior finalidade ética de sua existência não poderá ser nada além do desenvolvimento para uma personalidade moralmente autônoma. Nesse sentido, para ela também será *imoral* curvar-se diante de uma vontade alheia contra a sua própria consciência. Nesse sentido, ela também não poderá ser usada como um simples meio para os fins do marido. No entanto, esses ideais também foram vergados no que diz respeito à mulher. Em relação a ela, continuou dominante a tradição, que privilegiava o instinto natural de poder do homem. Mesmo os grandes promulgadores da autonomia não cogitavam mexer no sistema patriarcal. Eles tentaram, por meio de uma jogada astuta da razão, colocar a sua submissão básica em aparente consonância com os novos ideais. Homem e mulher são declarados "originalmente iguais", mas o casamento é entendido como um contrato, pelo qual a mulher se submete ao homem por sua livre vontade. De acordo com a visão de Kant, por exemplo, não há contradição entre a igualdade dos cônjuges e a lei que diz o seguinte sobre o homem em relação à mulher: "E ele deverá ser o teu senhor." A dialética de Fichte até conseguiu deduzir de sua doutrina de liberdade um ideal patriarcal do casamento que, aliás, incluía a total liberdade de divórcio para a mulher.

Mas o que ainda permaneceu proibido para a mulher no âmbito das ideias logo lhe foi imposto no âmbito das realidades. Os novos poderes da vida na época da máquina desmontaram o círculo de suas tarefas de gênero, levaram-na para fora da proteção de casa e, com isso, para longe da área de dominação do marido. A crescente diminuição do trabalho doméstico sob pressão dos poderes técnicos e econômicos obriga uma fração cada vez maior de mulheres a se sustentar por conta própria fora de casa, seja temporariamente ou de forma duradoura. Mas, com isso, também se quebra o anel espiritual que envolvia o encerramento de seu trabalho em casa. Hoje, ela se vê enredada em um mundo de conexões suprapessoais, que lhe exigem novas comprovações de eficácia. Ela se vê diante de uma imensidão de novas formas de agir e de novos problemas de vida, dentre os quais ninguém além dela mesma pode escolher, avaliando.

Essa saída intelectual de casa, bem como a saída econômica, terá que deslocar profundamente a sua posição em meio à nossa comunidade social, bem como a sua relação com o sexo oposto. Afinal, já vivemos em nosso tempo uma reformulação profunda dos costumes e das visões acerca da mulher, uma ampliação das possibilidades de vida e de desenvolvimento a ela concedidas, como nunca antes havia ocorrido. Em algumas áreas da vida ela adquiriu maioridade, em outras, esta ainda lhe é negada. Principalmente para o casamento, em que marido e esposa estão atrelados um ao outro de forma mais direta, ainda vale o *predomínio do homem, protegido por lei*, como princípio formal indispensável. No entanto, encontramos uma quantidade cada vez maior de homens, sobretudo nas camadas intelectualmente dominantes, que estão dispostos a valorizar a própria esposa como personalidade e a renunciar à aplicação dos privilégios de gênero. Mas hoje ainda são muito poucos que concordam com uma renúncia fundamental aos seus direitos de autoridade diante de todo o gênero feminino.

Um documento ilustrativo nesse sentido é a forma jurídica do casamento moderno, que nos foi dada ainda na virada do século pelo parlamento alemão. É bem verdade que o direito civil reconhece de modo fundamental a capacidade jurídica da mulher, tornando-a plenamente responsável em seus atos, tal como os homens. Mas colocam-se barreiras à capacidade conjugal da mulher sempre que o domínio do homem possa estar ameaçado. Dessa forma, o nosso direito matrimonial é uma construção com ornamentos curiosos e rebuscados, que carrega todas as faltas de estilo de um compromisso entre princípios inconciliáveis. Por exemplo: o parágrafo robusto e inflexível referente à obediência, que todas as legislações anteriores conhecem, foi disfarçado de direito de decisão do marido, aparentando polidez, mas que esconde muito mal a sua essência, inalterada. Pois o direito de decisão não vigora apenas no círculo específico dos deveres do marido, mas em *todos* os assuntos referentes à vida em comunidade, ou seja, também no círculo específico dos deveres da dona de casa e da mãe. E ainda: o direito matrimonial hoje reconhece um "poder de genitores", em vez de reconhecer apenas o poder do pai, como antigamente, mas o poder de genitor da mãe só entra em vigor plenamente após a morte do pai, ou se ele estiver impedido de exercê-lo. Contudo, diante do pai, o poder de genitor da mãe é apenas um fragmento. Ela não pode representar os filhos em juízo e em negócios jurídicos, nem administrar seu patrimônio ou dele usufruir. Para contrair matrimônio, os filhos menores de idade precisam apenas da autorização do pai. E principalmente: no círculo de deveres mais importantes dos pais, como o cuidado com os filhos, que compete à mãe ao lado do pai, e em tudo que envolve a sua criação, educação e determinação de moradia, mais uma vez ela é expressamente submissa a ele. Em casos de divergência de opinião, quem decide é o pai. Portanto, ele pode decidir tanto para meninas quanto para meninos em que escola irão estudar, que profissão irão escolher, onde serão educados.

A essa submissão pessoal, o regime de bens definido por lei ainda acrescenta a dependência financeira da mulher, que talvez tenha um significado fundamental menor, mas que no cotidiano do casamento terá uma importância prática proporcionalmente maior. É bem verdade que, nesse aspecto, as novas condições econômicas de vida em que nossa época coloca a mulher têm produzido uma inovação importante na percepção jurídica alemã: o provento autônomo decorrente de trabalho da esposa permanece como seu patrimônio garantido, à sua disposição, enquanto antes ela devia entregá-lo ao marido. Dessa forma, a mulher que trabalha até certo ponto se tornou economicamente independente. Não é o caso da mulher com patrimônio, a não ser que tenha se garantido antes do casamento por um contrato pré-nupcial, pois o regime de bens estipulado por lei coloca o seu patrimônio anterior ao casamento nas mãos do marido, justa — como reconhecem os motivos do Código Civil — e expressamente para garantir a ele sua posição de "dono da casa e cabeça do casamento". Importante dizer também que a massa das mulheres sem patrimônio não está segurada, elas que tiveram de abdicar de um trabalho autônomo remunerado em benefício de sua atividade de mãe e dona de casa, e que com seu trabalho doméstico e eventualmente ainda ajudando na profissão do marido, hoje, ainda, fazem um trabalho indispensável para a família, já pelo aspecto econômico. Mas todas essas mulheres têm o direito de sustento garantido pelo marido; no entanto, esta formulação bastante elástica não lhes concede nem um centavo para dele dispor livremente, e não garante a elas autonomia, por menor que seja, para satisfazer necessidades pessoais. Tanto para a mulher de posses quanto para aquela sem patrimônio, ficará a critério do marido decidir se ela poderá dispor livremente de alguma soma em dinheiro.

As mulheres modernas que almejam os direitos pessoais em seu sentido mais profundo — responsabilidade e autonomia para o seu gênero — protestam contra esses resquícios do sistema patriarcal. Justamente pelo fato de que normalmente a mulher, por suas funções de gênero no casamento, está muito mais presa a essas funções que o homem, tanto física quanto financeiramente, que o legislador deveria ter como primeira tarefa a proteção *dela*. Por isso, as mulheres contrapõem ao princípio da autoridade marital a ideia da *camaradagem dos cônjuges* como princípio formal do casamento, sugerindo o seguinte: 1) eliminação do direito de decisão geral do marido; 2) uma distribuição diferente dos direitos de genitor, de tal modo que, em caso de diferenças de opinião *insolúveis*, o homem decida pelos filhos e a mulher pelas filhas. E elas atuam para que: 3) seja garantida às mulheres de todas as camadas sociais uma esfera de independência pecuniária, por meio de uma precisão ainda maior do dever de manutenção do marido.

Não é este o local para entrarmos em maiores detalhes acerca dessas questões jurídicas. Portanto, retornamos à questão ética de base, que pergunta se a autoridade ou a autonomia devem configurar a relação entre os cônjuges.

Como seria o casamento se, de acordo com a sua forma jurídica, a autoridade *fundamental* do marido regulamentasse *realmente* as relações entre os cônjuges? Sem dúvidas, nesse caso, a família e a casa são área de domínio do marido. Dessa forma, a mulher estará no círculo de atuação que desde sempre lhe foi atribuído como domínio próprio original, como esposa e mãe, e estará constantemente sob tutela. Ademais, em todos os assuntos em que normalmente é a mais versada, ela terá no máximo voz de conselheira, mas não voz decisiva. Por isso, em caso de divergência de opinião dos cônjuges, facilmente se produzirá uma união de fachada da vontade — e com essa finalidade altamente de fachada ainda hoje o princípio autoritário é justificado. Mas será que isso vale as vítimas que custa? Parece óbvio que a constante vergadura da vontade da mulher, sem o seu consentimento interno e sem sua convicção interna, só poderá ser uma submissão fingida, que logo será descartada astutamente pelas costas do marido, ou então provocará uma supressão da capacidade de juízo da mulher, ou seja, um atrofiamento de todo o seu desenvolvimento intelectual. Quem alguma vez conheceu a felicidade de agir de acordo com o dever e segundo sua própria determinação saberá de que forma será impedido o desenvolvimento interior daquelas mulheres cujo querer nunca pode mover as asas livremente sob a pressão da autoridade.

O efeito do sistema patriarcal não pode, como seus advogados modernos querem fazer crer, ficar parado nos assuntos da vida em comunidade. Evidentemente, ele se estende até a esfera da vida pessoal mais íntima da mulher, pois as relações matrimoniais englobam a pessoa toda, e o que um cônjuge faz e sente necessariamente em algum ponto também afeta a vida do outro. O cônjuge de espírito patriarcal por força irá querer tutelar e controlar a vida interior da mulher. Quanto mais rica e independentemente se desenvolver o teor de sua personalidade, mais difícil ficará sua subserviência fundamental. Por isso, um anseio forte de autonomia e desenvolvimento intelectual inevitavelmente causam no homem cioso de sua autoridade um forte mal-estar. Ele não sossega se não souber sempre que também é senhor da vida interior pessoal da mulher. Ele sentirá necessidade de controlar as leituras dela, suas amizades, seus interesses fora de casa. Essa tendência meio inconsciente, que muitas vezes é mera sugestão da tradição, ainda hoje torna suspeito para muitos homens qualquer anseio das mulheres por atividades que ultrapassem os muros da casa. E com razão. Pois, fora de casa, elas, assim como os homens, estarão inseridas em contextos e ordens suprapessoais que as tiram do domínio pessoal. O protesto interno do cônjuge de espírito patriarcal, a quem falta a plena e inocente despreocupação de tempos antigos, então geralmente se reveste da preocupação de que a mulher encurte o seu tempo de vida caseira dedicada à família e a seus filhos — um apelo que, óbvio, raras vezes deixa de ter seu efeito sobre as mulheres sensíveis e conscientes. Sem dúvida alguma, desde sempre até hoje, sacrificou-se uma parte de energia e de agilidade intelectual da mulher, e mesmo uma parte de suas qualidades morais: veracidade, a coragem para a opinião própria, sua educação para o casamento patriarcal e para o próprio casamento em si. Não foi dever religioso dela, e considerada condição prévia da sua felicidade ao longo dos séculos, que ela aprendesse a "se adequar" em obediência muda? E decerto a sensação de felicidade de muitas mulheres foi menos prejudicada por isso do que seu desenvolvimento interior. Isso só poderá mudar quando o homem aprender a abdicar de privilégios fundamentais.

Mas será que a autonomia ética da mulher proíbe qualquer submissão de sua vontade à vontade do homem em geral? Certamente não. Submissão *voluntária*, entrega apresentada como presente livre do amor, é algo diferente de submissão forçada, e a pessoa autorresponsável não cairá em contradição consigo mesma caso se curve por convicção interior à percepção maior, ao juízo mais maduro, à maior perfeição de outra pessoa, sacrificando-se aos objetivos de vida mais elevados, de algo maior. A partir de uma convicção dessas, obviamente também a mulher autônoma poderá tornar a vontade do marido a sua própria, colocando os *seus* desejos e interesses atrás dos *dele*. Mas, quando ocorrer, isso será decidido unicamente diante do tribunal de sua própria consciência, resolvido caso a caso, nunca de antemão e de uma vez por todas, como quer o princípio de autoridade. Toda vez que a mulher sabe que o marido está cometendo um erro — e também o homem "erra enquanto anseia" — e, por isso, ela não puder concordar com ele, em seu íntimo, quem terá de decidir é a sua voz interior no sentido de autonomia; dito de forma religiosa, ela terá de reivindicar o seguinte direito: obedecer mais a Deus que ao homem. Apenas os sacrifícios de amor livres em benefício dos objetivos de vida de alguém maior têm beleza e dignidade; também, se feitos pelo homem em benefício da mulher, não desonram.

Mas se, em vez desse livre "dar-se de presente" a mulher simplesmente, por preguiça ou em nome da paz exterior, ou para agradar ao marido, se submeter às necessidades e às finalidades cotidianas dele contra a sua própria voz interior, ela estará ultrajando sua dignidade humana, pois estará se rebaixando a um ser de segunda ordem. E as consequências de um relacionamento desse tipo entre cônjuges voltam-se também para o homem. A mulher submissa a ele persiste "subordinada" na totalidade de seu ser: meio criança, estranha ao mundo, intelectualmente limitada, fechada no círculo caseiro, com seus interesses cerceados ao puramente pessoal e pequeno. Essa é a trágica ironia do destino: essa mulher, que não desenvolveu plenamente a sua capacidade de juízo moral e suas habilidades intelectuais em nome de se submeter à vontade do marido, interiormente é deixada bem para trás ao longo dos anos pelo homem ambicioso e ativo. Ela cuida dele em seu cotidiano, mas não lhe oferece nenhum tipo de problema, nenhuma motivação para se aperfeiçoar, nenhum estímulo intelectual. A relação com ela não provoca nenhum tipo de esforço por parte dele. Então, muitas vezes percebemos que a tão louvada "dona de casa modelo" continua valorosa para seu marido como mãe de seus filhos e como fonte de satisfação, mas que ele dificilmente pensa em dividir sua vida intelectual elevada com ela. Mesmo os momentos de lazer ele prefere passar sozinho, pois o denso pó cotidiano do tédio recobre as relações e torna cinza o que antes era colorido e brilhante. E quando então, com a crescente necessidade de conforto desaparecer o verdadeiro "cavalheirismo" do cotidiano do casamento, surgirá em camadas algo que pelo momento de vida e talento do casal realmente não seria necessário, que é aquela situação sobre a qual disse Nietzsche: "Ah! essa pobreza da alma a dois, ah! essa sujeira da alma a dois, ah! essa deplorável satisfação a dois! Chamam a isso tudo de casamento, e dizem que seus casamentos foram celebrados no céu."

Ou, ainda, a outra possibilidade: tempo e destino amadurecem a mulher, apesar de sua ligação autoritária. Então, certo dia, sua vontade e seu juízo acabarão por quebrar as barreiras. Mas então ficará muito difícil encontrar a coragem da opinião própria diante do marido até então acostumado à sua submissão, o que irá abalar o equilíbrio matrimonial. Quantas vezes mulheres nobres e valentes não encontraram outra saída entre o mandamento da própria consciência e o mandamento do marido, além de aparentemente se submeterem a ele, mas em segredo contornarem a situação? O homem, então, é confrontado com a vida própria da mulher, que ficara latente por tanto tempo, vendo-a como um elemento estranho, inimigo, perturbador da felicidade conjugal. Desaparece a confiança irrestrita, muitas vezes a vida conjugal é cindida por uma quebra irrecuperável, e isso tudo apenas porque a mulher encontrou o seu self tão tardiamente, porque o homem não aprendeu a valorizar o ser a seu lado como "determinado à autodeterminação", como ele.

As mulheres modernas avaliam o casamento como ele deve ser, isto é, uma parceria de vida criada por afeição de almas e de sentidos, e com a vontade de plena responsabilidade, como o mais alto ideal de comunhão humana, colocada ali como uma estrela-guia irremovível sobre a vida sexual da humanidade cultural. Elas estão dispostas, como as mulheres de todos os tempos, a fazer aqueles sacrifícios que julgam necessários como seres de gênero, e que talvez hoje, para muitas, sejam mais difíceis de fazer do que em outros tempos, porque só o nosso tempo conhece o conflito entre casamento e profissão, entre as tarefas específicas do gênero da mulher e sua pressão interior de ajudar a construir o mundo cultural suprapessoal. Mas elas querem ser chamadas de capazes e serem vistas pelos maridos como suas companheiras de vida que, como eles, se postam diante da face da eternidade, autorresponsáveis e, como eles, que precisam se impor no mundo. Elas exigem a confiança que o gênero feminino aprende a equilibrar entre as tarefas dadas pela natureza e aquelas livremente escolhidas, assim como o gênero masculino aprende a se equilibrar entre seus diferentes deveres e interesses. Elas estão convencidas de que, só quando isso acontece, o casamento pode ser mais do que uma instituição de utilidade social.

Não é tarefa pequena manter o casamento livre das cinzas sufocantes do cotidiano e do hábito, através de todos os estágios de uma vida longa, desde o tempo da paixão juvenil que tudo esquece, passando pelo auge da vida, em que, além do amor, muitos outros poderes lutam pela conquista da alma, até o evanescer dos dias. Mais perigoso que todos os sofrimentos e lutas que o destino nos impõe de fora, mais atemorizante que os problemas que surgem a partir da luta das almas é a infinita corrente dos cotidianos bem alimentados, preguiçosos, sem lutas, em que os cônjuges se possuem um ao outro, sem esforço. Só quando no homem e na mulher o teor da alma, a riqueza da essência interior continuarem em constante crescimento, o fogo sagrado do sentimento delicado e profundo poderá sempre encontrar novo alimento. Só então poderão voltar sempre aquelas horas em que, em meio a todas as coisas profanas, brilhará o tesouro do amor como uma certeza do imperecível na alma humana. Mas disso faz parte, principalmente, que também a mulher continue sendo uma inquiridora e alguém em formação, de modo que possa sempre contribuir com o marido, trazendo tesouros internos adquiridos por conta própria.

6
Manuel Gamio e o preconceito contra os indígenas

Manuel Gamio Martínez (1883-1960) é considerado o fundador da antropologia no México.[1] Seguindo um desejo de seu pai, Gamio ingressou em 1903 no curso de engenharia, mas não se formou. O pai então o enviou para a fazenda que possuía às margens do rio Tonto, nos limites entre os estados de Oaxaca e Veracruz, no então cantão de Zongolica. Lá, Gamio tomou contato com a dura realidade dos indígenas náuatle, cuja língua aprendeu. Em 1906 voltou à Cidade do México para estudar no Museo Nacional de Arqueología, História y Etnología, onde conheceu a arqueóloga americana Zelia Nutall, que o indicou em 1909 para uma bolsa de estudos na Universidade Columbia, em Nova York, sob a orientação de Franz Boas.

---

[1] As principais fontes utilizadas para esta apresentação foram: Miguel León-Portilla, "Manuel Gamio, 1883-1960. Obituary" (*American Anthropologist*, n. 64, 1962, p. 356-366); e os textos introdutórios escritos por Ángeles González Gamio, Miguel León-Portilla e Eduardo Matos Moctezuma para a edição que o Instituto Nacional de Antropología e História do México fez em 2017 de *La población del Valle de Teotihuacán* (pp. 15-44; disponível em: <https://mediateca.inah.gob.mx/repositorio/islandora/object/libro%3A619>).

A influência de Boas sobre Gamio foi marcante. No discurso em homenagem a Boas que fez após sua morte, Gamio menciona a dinâmica dos dois cursos que fez com ele em Columbia.[2] Em ambos havia poucos alunos — num, apenas quatro, noutro, sete. Além disso:

> Os métodos eram originais e diferentes dos usuais no México, porque, mais do que aulas, se tratava de seminários, nos quais Boas se sentava em círculo com os alunos, que discutiam pontos previamente estudados por eles e que ele havia sugerido, ou novos tópicos que surgiam na discussão, que o professor guiava com familiaridade e simplicidade, com profunda sabedoria e habilidade inigualáveis. Durante minha estada na universidade, Boas frequentemente insistia em dois temas, que nunca mais esqueci. No primeiro, negava que existissem superioridades ou inferioridades raciais inatas que determinassem o progresso ou o atraso dos povos, e profeticamente vaticinava que, se tais teorias errôneas não fossem abandonadas, a humanidade seria vítima de sérios conflitos. No segundo ele destacava a poderosa influência que o ambiente exerce não só no desenvolvimento cultural dos homens, mas também no físico, que não se deve exclusivamente à ação da hereditariedade. Por esses postulados, o dr. Boas foi dura e seriamente combatido, mas no final, como vocês sabem, a justiça de seus raciocínios foi unanimemente reconhecida.[3]

Mais adiante, Gamio também registra a postura progressista de Boas:

> Coerente com suas ideias científicas e sua natureza bondosa e humanitária, na vida cotidiana Boas sempre foi um combativo e eloquente defensor dos povos e grupos oprimidos e vítimas de preconceito racial; por isso, ao discutir comigo sobre a Revolução Mexicana, aplaudia sem reservas as suas conquistas que efetivamente haviam beneficiado nossa população desvalida e principalmente a indígena.[4]

---

[2] Ver Manuel Gamio. "Franz Boas en México". *Boletín Bibliográfico de Antropología Americana*, v. VI, n. 1-3, jan.-dez. México: Instituto Panamericano de Geografía e Historia, 1942, pp. 35-42. Os dois trechos citados a seguir foram traduzidos por mim.
[3] Ibidem, pp. 36-37.
[4] Ibidem, p. 41.

Franz Boas teve uma breve porém importante passagem pelo México. Esteve pela primeira vez no país em setembro de 1910, como delegado da Universidade Columbia para as cerimônias de fundação da Universidad Nacional de México (hoje Universidad Nacional Autónoma de México, Unam). Boas foi então nomeado professor extraordinário da Escuela de Altos Estudios. Em seguida, concebeu a ideia de criar a Escuela Internacional de Arqueología y Etnología Americanas, que dirigiu por um ano, e da qual Gamio participou.

De volta ao México, Gamio trabalhou entre 1912 e 1916 na Inspección General de Monumentos Arqueológicos. Nesse meio tempo, participou da exploração do sítio arqueológico San Miguel Amantla, en Azcapotzalco, obra que inaugurou as escavações com método estratigráfico no México. Nesse período, vivia-se ainda a Revolução Mexicana, que se iniciou no final de 1910, porém se estendeu nos anos seguintes numa série de lutas internas. Só em 1917 seria promulgada a Constituição que vigora até hoje. Foi nesse contexto histórico que Gamio publicou, em 1916, o livro que é considerado um marco do nacionalismo mexicano moderno: *Forjando pátria (pro-nacionalismo)*.⁵ Nele, Gamio reuniu um conjunto de textos curtos nos quais defendia a necessidade de se incorporar o patrimônio indígena à construção de uma identidade nacional mexicana.

Em 1917 Gamio tornou-se o primeiro diretor da Dirección de Antropología na Secretaría de Agricultura y Fomento. Nos anos seguintes, coordenou uma grande equipe multidisciplinar que realizou pesquisas na região de Teotihuacán. Essa investigação serviu para que obtivesse seu doutorado

---

⁵ Ver Manuel Gamio. *Forjando patria (pro-nacionalismo)*. Ciudad de México: Librería de Porrúa Hermanos, 1916. Disponível em: <https://archive.org/details/forjandopatriapr00gamiuoft>.

pela Universidade Columbia em 1921. No ano seguinte, os resultados foram consolidados numa monumental publicação em três volumes e 1.624 páginas, além de centenas de ilustrações: *La población del Valle de Teotihuacán*. Essa obra teve grande impacto, tanto no México quanto no exterior. No mesmo ano da publicação, recebeu o prêmio da Exposição Internacional do Centenário da Independência Brasileira, realizada no Rio de Janeiro.

Em 1924, Gamio assumiu o cargo de subsecretário de educação pública. Logo, contudo, denunciou um esquema de corrupção no governo e, para evitar represálias, deixou o país, indo morar em Nova York, passando também algum tempo na Guatemala. Estudou a imigração mexicana para os Estados Unidos, tema sobre o qual publicou *Mexican Immigration to the United States* (Imigração mexicana para os Estados Unidos, 1930) e *The Mexican Immigrant: His Life Story* (O imigrante mexicano: sua história de vida, 1931). De volta ao México, Gamio tornou-se, em 1934, diretor geral de Población Rural, Terrenos Nacionales y Colonización da Secretaria de Fomento. Entre 1938 e 1942, chefiou o Departamento Demográfico da Secretaria de Gobernación, e em 1942 assumiu a direção do Instituto Indigenista Interamericano, posto que ocupou até sua morte.

A formação antropológica que Gamio recebeu de Boas aparece de forma clara em *Forjando patria*. O capítulo 5, aqui traduzido, abre-se com uma alusão a *The Mind of the Primitive Man* (A mente do homem primitivo), publicado em 1911. Neste livro, Boas faz uma crítica contundente e corajosa da ideia de raça — ainda aceita por boa parte da ciência de então e, mais que isso, disseminada no senso comum por meio de preconceitos raciais e transformada em políticas públicas discriminatórias.

Gamio condena os preconceitos históricos e raciais contra os indígenas. Seguindo Boas, atribui a condições sociais e culturais os efeitos de uma suposta inferioridade racial. Afirma em seguida, como missão da antropologia, compreender como pensa o indígena em seus próprios termos, sem partir de juízos prévios a seu respeito. Para esse objetivo, "é preciso forjar para si — ainda que seja temporariamente — uma alma indígena".

Preconceitos sobre a raça indígena e sua história[6]
(1916)

Manuel Gamio

Na interessante obra *A mente do ser humano primitivo* [*The Mind of Primitive Man*] publicada pelo dr. Franz Boas como uma compilação de suas conferências em Harvard e no México, é particularmente digno de atenção o capítulo intitulado "Preconceitos raciais".[7] Nele, o ilustre professor condena os preconceitos com que frequentemente se considera a aptidão intelectual dos vários agrupamentos humanos e comprova que não existe a alegada inferioridade inata que se atribui a alguns desses grupos em relação a outros. Ela é produzida por causas de ordem histórica, biológica, geográfica etc., isto é: causas da educação e do meio, que, ao variarem, fazem desaparecer a inferioridade.

A generalização de ideias tão lógicas é indispensável entre nós, que constituímos um conjunto de agregados sociais etnicamente heterogêneos, cujo progresso não é sincrônico e não se desenvolve em caminhos paralelos, mas divergentes.

---

[6] Manuel Gamio. "Prejuicios sobre la raza indígena y su historia". In: ____. *Forjando Patria (pro-nacionalismo)*. Cidade do México: Librería de Porrúa Hermanos, 1916, pp. 34-42. Tradução de Celso Castro.

[7] Livro publicado originalmente em 1911. Não há um capítulo com o título indicado por Gamio, que deve estar se referindo ao capítulo 13, "The Race Problem in Modern Society". O livro foi traduzido para o português como *A mente do ser humano primitivo* (Petrópolis: Vozes, 2010).

O grande problema que encerra o estudo das famílias indígenas no México e o futuro que as espera foi sempre considerado com preconceitos, empiricamente e superficialmente.

De um lado estão os que conceituam o agregado social indígena como um obstáculo para a marcha do conjunto, como um elemento refratário a toda cultura e destinado a perecer, como um campo estéril onde a semente nunca germinará; afirmações que eles acreditam autorizar, apontando para o inegável estado deplorável em que o índio se debate há quatro séculos.

Os que pregam e realizam obra indigenista enaltecem ilimitadamente as faculdades do índio, consideram-no superior ao europeu por suas aptidões intelectuais e físicas. Dizem que se o índio não vegetasse oprimido, afogado por outras raças, haveria de preponderar e superá-las em cultura: Altamirano, Juárez e outros casos isolados de índios ilustres[8] são exemplos que aduzem para sustentar suas opiniões.

Naturalmente, nem um nem outro está certo. O índio tem a mesma aptidão para o progresso que o branco; não é superior nem inferior a ele. Acontece que certos antecedentes históricos e condições sociais, biológicas, geográficas etc., muito especiais do meio em que vive, o tornaram até hoje inepto para receber e assimilar a cultura de origem europeia. Se o peso avassalador dos antecedentes históricos desaparecer, quando o índio não se lembrar mais dos três séculos de humilhações coloniais e dos 100 anos de humilhações de "independentistas" que pesam sobre ele; se deixarem de considerá-lo, como se faz hoje, zoologicamente inferior ao branco; se melhorarem sua alimentação, suas roupas, sua educação e suas recreações, o índio abraçará a cultura contemporânea como o indivíduo de qualquer outra raça.

Resumindo, pode-se dizer que todos os grupos humanos possuem iguais aptidões intelectuais nas mesmas condições de educação e meio, e que, para impor uma determinada civilização ou cultura a um indivíduo ou grupo, se deve ministrar a educação e o meio inerentes à cultura que se trata de difundir.

É claro que a imposição de uma civilização é muito mais rápida e fácil num indivíduo do que num grupo de indivíduos, porque apenas trasladando

---

[8] Referência ao escritor Ignacio Manuel Altamirano (1834-1893) e a Benito Pablo Juárez García (1806-1872), presidente do México entre 1858 e 1872.

o indivíduo para um ambiente diferente em uma idade adequada o problema geralmente é resolvido. Assim, as crianças indígenas da América Espanhola enviadas para serem educadas na Europa adquirem todos os modos exteriores e a cultura intelectual dos europeus, com os quais se identificariam absolutamente se a ignorância humana não os distanciasse, por efeito da cor de sua pigmentação. Por outro lado, os grupos sociais apresentam grande resistência à mudança de civilização, mesmo no caso de serem transferidos para um novo ambiente, como se pode julgar pelas tribos transumantes que, da Arábia, Turquia, Boêmia e outros lugares, têm se espalhado pelo mundo sem mudar seu tipo físico, seus costumes ou sua língua.

A civilização europeia contemporânea não tem conseguido se infiltrar em nossa população indígena por dois grandes motivos: primeiro, pela resistência natural que essa população opõe à mudança de cultura; segundo, porque desconhecemos os motivos dessa resistência, não sabemos como pensa o índio, ignoramos suas verdadeiras aspirações e o pré-julgamos com nossos critérios, quando deveríamos penetrar profundamente no que é seu para compreendê-lo e fazer com que ele nos compreenda. É preciso forjar para si — ainda que seja temporariamente — uma alma indígena. Assim poderemos trabalhar pelo avanço da classe indígena. Essa tarefa não é para o governante, nem para o pedagogo, nem para o sociólogo; destina-se exclusivamente ao antropólogo e em particular ao etnólogo, cujo apostolado requer não apenas esclarecimento e abnegação, mas principalmente orientações e pontos de vista desprovidos de qualquer preconceito. Isso quanto ao preconceito racial.

Quanto à história das civilizações indígenas do México, anteriores à Conquista, os preconceitos são tão numerosos e grandes que contribuíram para tornar o interessante passado pré-hispânico um relato errôneo, fantástico e inadmissível. Podemos afirmar, em termos gerais, que a história pré-hispânica do México está em formação, porque aquilo que os textos de história nos oferecem sobre ela é inexato, carente de perspectiva histórica, formado e exposto sem metodologia científica.

Mencionemos, como exemplo, as civilizações pré-hispânicas do Vale do México.

Os textos de história nacional as chamam de mil maneiras: Tolteca, Chichimeca, Colhua, Aculhua, Tepaneca, Nauátle etc. Eles discutem a propriedade desses nomes abstratos, descartam alguns, consagram outros e até inventam alguns. Ao final do curso, se você é estudante, ou ao dobrar a última página, se for leitor, sucede não conhecer o passado nacional pré-colombiano, pois resta na mente apenas um enxame de palavras indígenas de foneticismo exótico, cuja retenção é tão trabalhosa quanto inútil. Por outro lado, ignora-se quais e como realmente eram essas civilizações, desconhecem-se seus conceitos religiosos, suas obras de arte, instituições religiosas, civis e militares, suas indústrias etc.

Alguém poderá dizer que alguns textos de história se referem à religião, à arte e aos costumes dos habitantes pré-hispânicos. Mas, julgando a questão com justiça e sinceridade, acreditamos que seria preferível que esses textos não abordassem tais problemas, pois sua leitura engana ainda mais do que aqueles que nada dizem sobre o assunto.

Com efeito, a integração de características culturais que se pretende realizar peca sempre por ser desarmoniosa, anacrônica e heterogênea, pois mistura-se o que pertence a civilizações de diferentes culturas, ou então confundem-se manifestações culturais que desapareceram há dezenas de séculos com aquelas que Cortés encontrou florescentes quando de sua chegada.

Isso se comprova com o que já dissemos sobre as civilizações do Vale do México: a história as enumera abundantemente, dando-lhes mais de 20 denominações; mas, em última análise, não as identifica nem as distingue. Por outro lado, a arqueologia sistemática (neste caso, a estratigrafia geológico-cultural) demonstrou objetivamente (por meio da arquitetura, da cerâmica, da escultura etc.) que no Vale do México houve três grandes civilizações, dentro das quais devem necessariamente refundir-se todas aquelas que a história criou de maneira empírica.

Se são sensíveis as deficiências no trabalho de história que realizamos no México desde a Conquista até hoje, é ainda mais deplorável nosso descaso com a história pré-hispânica, que não formamos, apesar da riqueza de material disponível. Isso, repetimos, é deplorável, uma vez que a história pré-hispânica deveria constituir a base da história colonial e da contemporânea.

7

Jane Addams e o longo caminho da memória da mulher

Jane Addams (1860-1935) recebeu o prêmio Nobel da Paz de 1931,[1] "por seu esforço constante para reviver o ideal de paz e reacender o espírito de paz em sua própria nação e em toda a humanidade".[2] Ela havia criado em 1919 a Women's International League for Peace and Freedom (Liga Internacional das Mulheres pela Paz e Liberdade). Quando morreu, em 1935, era uma das mulheres mais famosas nos Estados Unidos. De certa forma, o prêmio representou uma redenção de sua imagem pública nos Estados Unidos, que havia sido muito criticada durante a Primeira Guerra Mundial (1914-1918).

---

[1] As principais fontes que utilizei para a vida de Jane Addams foram: Mary Jo Deegan, *Jane Addams and the Men of the Chicago School, 1892-1918* (Chicago: University of Chicago Press, 1988) e o capítulo a ela dedicado no livro de Patricia Madoo Lengermann e Gillian Niebrugge, *The Women Founders: Sociology and Social Theory, 1830-1930* (Long Grove, IL: Waveland Press, 2007, pp. 65-104).
[2] Ver The Nobel Prize. Disponível em: <https://www.nobelprize.org/prizes/peace/1931/addams/facts/>. Todas as traduções nesta apresentação são minhas.

Ardente defensora do pacifismo, Jane Addams posicionou-se contra a entrada dos Estados Unidos na guerra, em 1917, motivo pelo qual foi oficialmente considerada uma ameaça ao país e relegada por vários anos ao ostracismo.

Além de pacifista, Jane Addams havia se destacado por sua atuação como reformadora social. Entre 1883 e 1888 ela fez duas longas viagens para a Europa. De volta aos Estados Unidos em 1889, fundou em Chicago a Hull-House, o primeiro *social settlement* ("estabelecimento social") do país, inspirado no Toynbee Hall, fundado em Londres em 1884.

O *settlement movement*, que se disseminou nos anos seguintes, buscava a reforma social. A ideia era que pessoas dos estratos superiores da população residissem nesses estabelecimentos (os "residentes"), localizados em áreas pobres da cidade, e que lá pudessem compartilhar seus conhecimentos com a comunidade local, prestando gratuitamente serviços assistenciais, culturais, recreacionais e educativos, assim contribuindo para a melhoria de suas condições de vida — uma espécie de "filantropia científica". No caso de Hull-House, sua clientela era predominantemente de imigrantes: entre 1890 e 1910, cerca de 12 milhões de imigrantes chegaram aos Estados Unidos, e Chicago, em particular, era uma cidade intensamente multicultural.

Foi essa imagem de Jane Addams como reformadora social que acabou predominando na história. O que ficou "esquecido" por várias décadas foi seu papel pioneiro como socióloga.

O primeiro departamento de sociologia nos Estados Unidos foi criado na Universidade de Chicago, em 1892. Como escrevi no capítulo 4, sobre Du Bois, em 1925 ocorreram o lançamento do livro *The City*, organizado por Robert E. Park e Ernest Burgess, e o encontro anual da American Sociological Society, presidida por Park, que tinha por tema justamente "A Cidade"; juntos, esses eventos configuraram o surgimento do que ficaria conhecido como "Escola" de Sociologia de Chicago. A narrativa tradicional da história da disciplina, contudo, esquece iniciativas anteriores, como o livro pioneiro de sociologia urbana *The Philadelphia Negro*, publicado em 1899 por W. E. B. Du Bois (de quem, aliás, Jane Addams foi amiga) e depois sua atuação como professor e orientador de uma geração de sociólogos negros na Universidade de Atlanta.

Outro "esquecimento" historiográfico da tradição sociológica refere-se a Jane Addams e outras pessoas a ela ligadas. O mais surpreendente é que a produção sociológica desse grupo ocorreu também em Chicago e teve uma intensa interação com personagens (praticamente todos homens) que depois se consagrariam como a primeira geração da Escola de Sociologia de Chicago. Felizmente, contudo, nas últimas décadas surgiram importantes trabalhos que tratam da contribuição de Jane Addams e suas colaboradoras para as ciências sociais, naquilo que constituiu como verdadeira "Escola de Sociologia de Chicago das Mulheres", e que floresceu entre 1890 e 1920.[3]

A certidão de nascimento dessa outra "Escola" foi a publicação, em 1895, de *Hull-House Maps and Papers: A Presentation of Nationalities and Wages in a Congested District of Chicago, Together with Comments and Essays on Problems Growing Out of the Social Conditions* (Mapas e documentos da Hull-House: uma apresentação de nacionalidades e salários em um distrito congestionado de Chicago, acrescido de comentários e ensaios sobre problemas decorrentes das condições sociais).[4] Assinada por um coletivo — "Residentes de Hull-House" —, o livro tinha 10 capítulos, dos quais oito eram escritos por mulheres.

---

[3] Um marco nessa "redescoberta" da obra de Jane Addams e suas colaboradoras para a tradição sociológica é o livro de Mary Jo Deegan, de 1988 (op. cit.).
[4] Ver Jane Addams. *Hull-House Maps and Papers...* Nova York: Thomas V. Crowell & Co, 1895.

A perspectiva sociológica do grupo, todavia, era diferente daquela que se tornaria hegemônica na disciplina. Jane Addams discordava de uma orientação predominantemente acadêmica da sociologia, defendendo sua utilização de forma "aplicada", na luta por reformas sociais. No prefácio de *Hull-House Maps and Papers*, por exemplo, ela escreveu que as energias das autoras e autores do livro haviam se "direcionado principalmente para o trabalho construtivo", e não para a "investigação sociológica".[5] Jane Addams, contudo, foi membro da American Sociological Association desde sua fundação, em 1895, e contribuiu com vários artigos para a revista da associação, o *American Journal of Sociology*. Ao todo, ela escreveu onze livros. Depois de sua morte, entretanto, o que era antes visto como sociologia dividiu-se em dois mundos, segundo uma linha basicamente de gênero: o da "sociologia científica" ficou predominantemente para os homens, e o do "serviço social", predominantemente para as mulheres.

Em *The Long Road of Women's Memory* (O longo caminho da memória das mulheres), de 1916, Jane Addams analisa o funcionamento da mente das mulheres, especialmente das idosas, a partir de sua experiência em Hull-House. Ela vê as mulheres usando a memória de duas formas distintas, porém complementares: para interpretar e apaziguar a vida individual (como no capítulo sobre o "Bebê Diabo" aqui incluído) e como uma agência seletiva na reorganização social. Não são usos da memória mutuamente exclusivos e, por vezes, podem dar suporte um ao outro. Acima de tudo, ela vê a memória dessas mulheres como uma forma de "realinhar a si mesma com as forças impessoais mais amplas que moldaram suas vidas, e nesse realinhamento elas podem preparar o caminho para a mudança social".[6]

---

[5] Ibid., pp. vii-viii.
[6] Jane Addams. *The Long Road of Woman's Memory*. Nova York: The Macmillan Company, 1916, pp. xi-xiii.

Memórias de mulheres: transmitindo o passado, como ilustrado pela história do Bebê Diabo[7]
(1916)

Jane Addams

Assim como seria difícil para qualquer um de nós especificar o verão em que deixou de viver aquela vida, tão ardente na infância e na primeira juventude, quando todos os acontecimentos reais moravam no futuro, deve ser difícil para os idosos dizer em que período eles começaram a considerar o presente sobretudo como uma continuidade do passado. No entanto, não há dúvida de que tais mudanças e reversões instintivas ocorrem a muitos idosos que, sob o controle da memória, vivem muito mais no passado do que no efêmero presente.

Sendo assim, é uma sorte que esses idosos sejam capazes de transformar, de maneira sutil, suas próprias experiências desagradáveis ao rever os caminhos que percorreram, de forma que até a vida mais miserável pareça aceitável. Isso pode ocorrer graças a um instinto de autopreservação, que freia a amargura devastadora que os acometeria caso se lembrassem repetidamente dos detalhes sórdidos de eventos há muito tempo passados. É até possível que as pessoas que não foram capazes de inibir tal amargura tenham morrido mais cedo, pois, como um senhor lembrou-me recentemente, "a preocupação pode matar o gato".

Essa função permanente e elementar da memória foi claramente demonstrada em Hull-House durante um período de várias semanas, quando foi

---
[7] Jane Addams. *The Long Road of Woman's Memory*. Nova York: The Macmillan Company, 1916, cap. 1. Tradução de Camilla Caetano La Pasta. Revisão técnica e notas de Celso Castro.

relatado que estávamos abrigando, em nosso estabelecimento, um chamado "Bebê Diabo".

O conhecimento de sua existência explodiu sobre os residentes de Hull-House no dia em que três mulheres italianas, ao adentrarem animadamente pela porta, exigiram que ele lhes fosse mostrado. Nenhuma recusa foi capaz de convencê-las de que ele não estava ali, pois elas sabiam exatamente como era o Bebê Diabo, com seus cascos fendidos, suas orelhas pontudas e seu rabinho; além disso, ele já falava desde que nasceu e era chocantemente profano.

As três mulheres foram apenas as primeiras de uma verdadeira multidão. Durante seis semanas, fluxos de visitantes vieram de todas as partes da cidade e dos subúrbios para ver o mítico bebê. Chegavam durante o dia inteiro e até tão tarde da noite que as atividades regulares do estabelecimento quase colapsaram.

A versão italiana da lenda, com uma centena de variações, contava sobre uma devota menina italiana casada com um ateu. Seu marido, em um ataque de fúria, teria arrancado um quadro sagrado da parede do quarto dizendo que preferia ter um demônio em casa a tal objeto, e por isso o demônio encarnou em seu filho que estava prestes a nascer. Assim que o Bebê Diabo nasceu, ele teria corrido pela mesa sacudindo o dedo em profunda reprovação ao pai, que finalmente o pegou e, tremendo de medo, o trouxe até Hull-House. Quando os residentes do estabelecimento, querendo salvar a alma do bebê apesar de sua aparência chocante, o levaram à igreja para o batismo, descobriram que a manta estava vazia e que o Bebê Diabo, fugindo da água benta, corria na ponta dos pés por trás dos bancos da igreja.

A versão judaica da lenda do Bebê Diabo, também com suas variações, dizia que o pai de seis filhas havia dito antes do nascimento do sétimo filho que ele preferia ter um demônio na família do que outra menina, e com isso o Bebê Diabo prontamente apareceu.

Exceto por um carro vermelho que ocasionalmente aparece na história e um charuto que, em algumas versões, o filho recém-nascido teria arrancado dos lábios de seu pai, essa história poderia ter sido inventada em qualquer momento dos últimos mil anos.

Embora os visitantes do Bebê Diabo incluíssem pessoas de todos os graus de prosperidade e educação — mesmo médicos e enfermeiras treinadas que nos garantiram acerca de seu interesse científico —, a história demonstrou repetidamente o poder de um conto muito antigo entre milhares de homens e mulheres na sociedade moderna que estão vivendo em seu próprio canto do mundo, com sua visão restrita, sua inteligência limitada por correntes de ferro feitas de hábitos silenciosos. Para essas pessoas primitivas, a metáfora aparentemente ainda é a própria "matéria-prima da vida", ou melhor, nenhuma outra forma de questionamento os alcança; a imensa tonelada de escritos recentes não existe para elas. De acordo com seus hábitos simples, a suposta presença do Bebê Diabo não chegou aos jornais até a quinta semana do seu aparecimento em Hull-House, depois de milhares de pessoas já terem sido informadas de seu paradeiro pelo antigo método de disseminação de notícias boca a boca.

Durante seis semanas, enquanto andava pelo estabelecimento, eu ouvia uma voz ao telefone repetindo pela centésima vez no dia: "Não, esse bebê não existe"; "Não, nunca o tivemos aqui"; "Não, não é possível vê-lo por 50 centavos"; "Não o mandamos para lugar algum, porque nunca o tivemos aqui"; "Não estou dizendo que a sua cunhada mentiu, mas deve haver algum engano"; "Não adianta vir uma excursão partindo de Milwaukee, pois não há nenhum Bebê Diabo em Hull-House"; "Não podemos dar descontos porque não estamos exibindo nada" e assim por diante. Ao me aproximar da porta da frente, eu conseguia captar fragmentos de discussões às vezes amargas: "Por que vocês permitem que tantas pessoas acreditem, se ele não está aqui?"; "Pegamos três conduções para vir até aqui e temos tanto direito de vê-lo quanto qualquer outra pessoa"; "Esse é um lugar bem grande, claro que vocês conseguiriam escondê-lo com facilidade"; "Por que vocês estão dizendo isso? Vão aumentar o preço do ingresso?".

Sem dúvida estávamos diante de um caso de "contágio pela emoção", como dizem os psicólogos, acrescido daquela "sociabilidade estética" que impele qualquer um de nós a arrastar todos os membros da casa para a janela quando uma procissão passa pela rua ou um arco-íris aparece no céu. O Bebê Diabo, claro, valia mais que muitas procissões e arco-íris, e devo confessar que, à medida que esse show deprimente continuava dia após dia, eu me revoltava bastante contra essa manifestação tão enfadonha de um traço humano que admiro. Havia uma exceção, no entanto: sempre que escutava as vozes agudas e ansiosas das mulheres mais velhas, eu ficava irresistivelmente interessada e deixava o que quer que estivesse fazendo para ouvi-las. Ao descer as escadas, antes mesmo de conseguir ouvir o que elas diziam, sopravam em meus ouvidos, em suas velhas vozes solenes e portentosas admoestações: "Queres rejeitar o passado/ Grande, de profundas advertências?"[8]

Essa história tão antiga e ao mesmo tempo tão contemporânea era um assunto muito sério e genuíno entre as velhas senhoras, e elas se aglomeraram em Hull-House vindas de todas as direções. Algumas eu conhecia há muitos anos, outras nunca havia visto, e algumas eu supunha já estarem mortas há muito tempo. Mas elas estavam todas vivas e inquietas. Algo na história ou em seu desenrolar misterioso havia despertado uma daquelas forças ativas na natureza humana que não recebe ordens, apenas insiste em dá-las. Entramos abruptamente em contato com uma qualidade humana viva e autoafirmativa!

Durante essas semanas de agitação, foram as mulheres idosas que pareciam realmente ter se destacado, e talvez o resultado mais significativo do incidente tenha sido a reação da história sobre elas. A história agitou suas mentes e suas memórias como se fosse mágica, afrouxou suas línguas e revelou a vida secreta e os pensamentos daquelas senhoras, até então inarticuladas. Elas estão acostumadas a sentarem-se em casa e a ouvirem os membros mais jovens da família falarem de assuntos totalmente alheios às suas próprias experiências, às vezes numa linguagem que elas não entendem e, na melhor das hipóteses, usando frases rápidas que elas não conseguem acompanhar. "Mais da metade das vezes não sei do que eles estão falando" é uma reclamação recorrente. É evidente que a história do Bebê Diabo colocou em suas mãos o tipo de material com o qual estavam acostumadas a lidar. Havia muito tempo elas usavam tais contos em seus esforços incessantes de disciplinar a família, como quando assustavam seus primeiros filhos até um silêncio reverente contando histórias sobre bichos-papões que rondavam na escuridão.

---

[8] "Wilt thou reject the past/ Big with deep warnings?": trecho do poema "Paracelsus", de Robert Browning (1812-1889), publicado originalmente em 1835 (*Poems*. Boston: Ticknor and Fields, 1863, v. I, p. 150).

Essas senhoras viviam ali um momento de triunfo, como se finalmente tivessem sido recompensadas e entrado em uma área de sanções e castigos que entendiam bem. Seus muitos anos de vida lhes ensinaram que recriminar filhos e netos adultos é absolutamente inútil, que punições são impossíveis e que ensinamentos domésticos são mais bem transmitidos por lendas e metáforas.

Enquanto as velhas senhoras falavam com a nova fluência que a história do Bebê Diabo havia nelas liberado, recorrendo às suas antigas memórias e me persuadindo de sua credibilidade, a história parecia condensar cada vez mais aquela sabedoria mística que fica guardada no coração das pessoas pelas diversas experiências desapercebidas.

Talvez minhas inúmeras conversas com essas visitantes mais velhas tenham cristalizado pensamentos e impressões que venho tendo ao longo dos anos, ou a própria história pode ter acendido uma chama, por assim dizer, cuja luz iluminou algumas das minhas memórias mais sombrias da velhice negligenciada e desconfortável, de velhas camponesas que mergulharam de forma implacável nas profundezas da natureza humana em si mesmas e nos outros. Muitas das idosas que vieram ver o Bebê Diabo enfrentaram experiências trágicas; os poderes da brutalidade e do horror se fizeram presentes com toda força em suas vidas, e por anos elas conviveram de perto com desastres e com a morte. Essas velhas senhoras não se esquivavam da miséria da vida por um idealismo frágil, pois já haviam passado há muito tempo da fase do faz de conta. Elas reconheciam sem hesitar as experiências mais hediondas: "Meu rosto tem essa torção estranha há quase 60 anos; eu tinha 10 anos quando ele ficou desse jeito, foi na noite em que vi meu pai matar minha mãe a facadas." "Sim, eu tive 14 filhos; apenas dois se tornaram homens adultos e ambos foram mortos na mesma explosão. Nunca tive certeza de se trouxeram para casa os corpos certos." No entanto, mesmo as tristezas mais horríveis que as idosas relatavam pareciam ter diminuído para a emoção pálida do arrependimento ineficaz, após a memória ter trabalhado durante muito tempo sobre elas. Essas idosas pareciam, inexplicavelmente, não ter nenhuma amargura ou qualquer ressentimento diante da vida; ou melhor, pareciam estar tão completamente desprovidas de vida como se a tivessem perdido há muito tempo.

Nenhuma delas culpava os filhos desobedientes ou os netos desatentos, porque aparentemente tudo o que é mesquinho e temporário escorregara para longe de sua velhice austera. Os incêndios foram apagados; ressentimentos, ódios e mesmo tristezas acalentadas tornaram-se realmente sem sentido.

Talvez essas mulheres, por não esperarem nada mais da vida e por terem, portanto, parado de lutar, tenham alcançado, senão a completa renúncia, pelo menos aquela pacata resistência que permite curar as feridas do espírito. Por meio do hábito da condescendência, elas ofereciam um vislumbre fugaz de translúcida sabedoria, tantas vezes atribuída aos idosos, mas tão difícil de retratar. É sem dúvida alguma o que Michelangelo tinha em mente quando pintou as velhas sibilas;[9] aquilo a que se referia Dante ao dizer "aqueles que aprenderam com a vida"; e o velho menestrel que transformou em canção uma memória que era mais a da história e da tradição do que a sua própria.

Em contraste com os demais visitantes do Bebê Diabo, que falavam apenas as tateantes palavras de sabedoria de que eram capazes, havia as mulheres idosas que, embora já tivessem se reconciliado com tanta miséria, estavam ali suportando ainda mais: "Poderiam dizer que é uma vergonha ter seu filho batendo em você por causa de um pouco de dinheiro que você ganhou fazendo faxina — o seu marido bater em você é diferente —, mas não tenho coragem de culpar o menino por fazer o que ele viu durante a vida toda. O pai dele enlouquecia sempre que bebia e me bateu até o dia de sua morte. A feiura nasceu no menino como as marcas do Diabo nasceram na pobre criança que está aí no andar de cima."

Algumas dessas velhas senhoras lutaram por longos e cansativos anos com a pobreza e com a criação de muitos filhos, sabiam o que era serem humilhadas e espancadas por seus maridos, negligenciadas e ignoradas por seus filhos prósperos e sobrecarregadas por terem de cuidar dos imbecis e dos incompetentes. Elas realmente tinham "escrito profundamente todos os seus dias com cuidado".[10]

---

[9] Sibilas: profetisas gregas, tradicionalmente representadas como mulheres velhas. Foram pintadas por Michelangelo no teto da Capela Sistina.

[10] No original: "Deep-written all their days with care". Trata-se de uma passagem de *Medeia*, de Eurípides. Jane Addams usa a tradução de Gilbert Murray. O coro diz, numa passagem: "*But they within whose garden fair/ That gentle plant hath blown, they go/ Deep-written*

Uma das velhas senhoras veio de um asilo, tendo ouvido falar do Bebê Diabo "por intermédio de uma moça da Polk Street que visitava um velho amigo que tem uma cama em nossa ala". Não foi fácil para uma senhora internada, aleijada e sem um tostão dar essa escapada. Ela pedira a "um jovem atendente em um bar do outro lado da rua" para lhe emprestar 10 centavos, oferecendo como garantia o fato de ser uma velha conhecida em Hull-House, a quem não se poderia recusar empréstimo tão insignificante. Ela falou maravilhas da bondade do jovem, pois não conseguia um centavo para tomar uma bebida havia seis meses, e ele e o condutor do bonde ainda tiveram de carregá-la. Ela estava naturalmente muito satisfeita com o feito de sua escapada. Sabemos que os homens estão sempre saindo por aí no verão e pegando a estrada, vivendo como vagabundos, de forma que mulher alguma se rebaixaria a fazer igual; mas sair de bonde sendo uma senhora, com dinheiro para pagar a própria passagem, isso era outra coisa — embora ela estivesse de fato exaurida pelo esforço. Dito isso, estava claro que ela se julgaria bem recompensada se desse uma olhada no Bebê Diabo, e por não apenas os internos de sua própria ala, mas também aqueles em todas as outras alas do asilo terem de "sentar-se para ouvi-la" quando ela voltasse; a história os animaria um pouco, e ela ventilou a hipótese de que teria que contar a eles sobre o bebê pelo menos uma dúzia de vezes por dia.

Enquanto ela divagava alegremente, nós fraquejamos e adiamos a notícia de que não havia nenhum Bebê Diabo, primeiro para que ela pudesse tomar uma xícara de chá e descansar, e depois por puro desejo de evitar mais um golpe naquele pobre e velho corpo que já havia recebido tantos outros golpes durante uma vida longa e difícil.

Pelo que me lembro daquelas semanas surreais, foi na presença dessa senhora que desejei pela primeira vez poder manipular o conforto alheio

---

all their days with care –/ To rear the children, to make fast/ Their hold, to win them wealth; and then/ Much darkness, if the seed at last/ Bear fruit in good or evil men!" (Oxford: Oxford University Press, 1912, p. 63). A tradução feita por Mário da Gama Kury do mesmo trecho no original grego é: "Mas sofrem de cuidados infindáveis/ aqueles cujos lares as crianças/ adornam numa doce floração;/ querem criar os filhos bem, deixar-lhes/ meios de subsistência, mas não sabem/ se apesar dos cuidados hão de ser bons ou perversos" (*O melhor do teatro grego: Prometeu acorrentado, Medéia, As nuvens*. Rio de Janeiro: Zahar, 2013).

usando o simples artifício de não afirmar categoricamente que o Bebê Diabo nunca esteve em Hull-House.

Nossa visitante lembrou com grande orgulho que sua avó era vidente; que sua mãe tinha ouvido a Banshee três vezes e que ela mesma a tinha ouvido uma vez.[11] Tudo isso lhe dava certa autoridade em relação ao Bebê Diabo, e suspeitei que ela nutria a esperança secreta de que, quando botasse os olhos nele, seus dons herdados pudessem revelar o significado daquela estranha maldição. No mínimo, o Bebê serviria como prova de que sua longa fé familiar nesses assuntos era justificada. Suas mãos deformadas repousando sobre o colo tremiam de ansiedade.

Talvez por ainda estar sofrendo com a lembrança da enorme decepção que causamos de forma não intencional à nossa visitante do asilo, no dia seguinte me peguei quase concordando com sua sincera aceitação do passado como algo muito mais importante do que o mero presente; pelo menos durante meia hora o passado parecia dotado, também para mim, de uma vida mais profunda e mais ardente.

Essa declaração se conecta com a de outra mulher idosa, acamada havia muitos anos e firme em suas convicções, que se recusou obstinadamente a acreditar que não havia um Bebê Diabo em Hull-House, a menos que "ela mesma", isto é, eu, lhe dissesse isso. Graças à sua irritação crescente com os demais visitantes, que iam até ela para relatar que "eles dizem que [o Bebê Diabo] não está lá", julguei prudente visitá-la logo, antes que ela morresse de raiva. Enquanto eu caminhava pela rua e subia a escadinha externa da entrada dos fundos e o corredor escuro para o segundo andar, onde ela estava deitada em uma cama desarrumada, fui tomada por uma verdadeira tentação de dar-lhe uma descrição completa do Bebê Diabo. A essa altura eu o conhecia com muita precisão (pois com uma centena de variações para escolher eu poderia criar um bebê monstruoso quase digno de seu nome), e ainda deixaria de enfatizar o fato de que ele nunca havia estado realmente em Hull-House.

Percebi que minha mente reunia apressadamente argumentos para não perturbar sua crença na história que claramente lhe trouxera um interesse

---

[11] Banshee: entidade da mitologia celta, considerada mensageira da morte de um membro da família, geralmente lançando mão de gritos ou lamentos noturnos.

vívido que há muito tempo lhe era negado. Ela morava sozinha com seu jovem neto, que ia trabalhar todas as manhãs às sete horas. Exceto pelas curtas visitas feitas pela enfermeira e por vizinhos gentis, seus longos dias eram monótonos e tranquilos. Mas a história de um Bebê Diabo, com sua existência oficialmente comprovada, por assim dizer, a transformaria em um ímã que atrairia os vizinhos de todas as regiões e a alçaria mais uma vez até o nível de importância social que ela tivera 24 anos antes, quando a conheci. Naquela época, ela era proprietária da mais próspera loja de artigos usados em uma rua cheia de lojas desse tipo; seu marido indolente e beberrão e seus filhos alegres e bem-humorados faziam exatamente o que ela lhes ordenava. No entanto, isso era parte do passado, pois "por causa da bebida", em suas próprias palavras, "o velho, os meninos e a empresa haviam desaparecido" e não havia "mais ninguém, exceto o pequeno Tom, eu e mais nada para vivermos".

Lembro-me de como ela me contava bem histórias quando uma vez tentei coletar folclore para o sr. Yeats, a fim de provar que uma camponesa irlandesa não perdia sua fé em pequenas criaturas míticas nem seu conhecimento do gaélico simplesmente porque vivia numa cidade grande. Naquela época, ela me contou uma história maravilhosa sobre um manto vermelho vestido por uma mulher idosa em uma cova recém-cavada. A história do Bebê Diabo lhe daria um material digno de seus poderes, mas é claro que para isso ela precisava ser capaz de acreditar nele com todo o coração. No melhor dos casos, esta senhora viveria apenas mais alguns meses, argumentei comigo mesma. Por que não lhe proporcionar esse interesse vívido e, por meio dele, despertar antigas lembranças de um folclore acumulado ao longo dos anos, com seu poder mágico de transfigurar e eclipsar o ambiente sórdido e insatisfatório em que a vida realmente acontece? Eu me convenci solenemente de que a imaginação da velhice precisa ser alimentada, e que na verdade reivindica isso de forma tão imperiosa quanto a imaginação da infância, que nos diz: "Eu quero um conto de fadas, mas não gosto quando você já começa dizendo que não é verdade." Impaciente, me vi questionando os educadores que não nos deram nenhuma instrução pedagógica sobre como lidar com a velhice, embora nos dessem muita informação sobre o uso de contos de fadas com crianças.

O quartinho estava cheio de coleções de objetos e bugigangas usuais que compõem o tesouro de uma velha, acrescido, neste caso, por vários artigos que sua loja de objetos de segunda mão, por mais próspera que fosse, não conseguiu vender. No meio dessa confusão pitoresca, mais do que em qualquer outro lugar de Chicago, um grupo urbanizado de pequenas criaturinhas mágicas poderia morar; elas certamente lá encontrariam a atmosfera tradicional exigida, uma fé maravilhada e uma reverência imaculada.

Podemos dizer que uma velha senhora ansiosa e que tivera despertado ao máximo sua capacidade de acreditar e de se maravilhar foi o solo perfeitamente fértil para plantar a semente do pensamento do Bebê Diabo. Se o objetivo da minha missão fosse ler durante uma hora para uma mulher doente, isso teria sido contabilizado para mim como retidão filantrópica. Se a leitura escolhida tivesse tirado a mente daquela senhora de seus desconfortos corporais e pensamentos perturbadores de modo que ela os esquecesse por um momento fugaz, eu ficaria muito satisfeita com o sucesso de meu esforço. Mas ali estava eu, com uma história na ponta da língua, estupidamente hesitando em validá-la, embora as palavras já estivessem em meus lábios. Eu ainda debatia o caso comigo mesma quando parei na soleira de seu quarto e captei o brilho indomável de seus olhos, me desafiando a negar a existência do Bebê Diabo. Seu corpo flácido respondia tanto à excitação que, naquele momento, ela parecia alerta em seu desafio e indiscutivelmente ameaçadora.

Mas, como geralmente acontece com as almas fracas, a determinação escapou de minhas mãos. Minha própria hesitação foi suficiente, pois o portador de notícias sobre o mundo mágico nunca fica hesitante na soleira de uma porta. Lentamente, o brilho se extinguiu em seus velhos olhos observadores, os ombros eretos cederam e caíram para a frente, e vi muito claramente a pobre senhora aceitar mais uma decepção em uma vida que já transbordava delas. Ela foi brutalmente atirada de volta para todas as limitações de sua experiência pessoal e de seu contexto, e aquela vida maior que tinha antecipado com tanta animação foi dela afastada como se lhe batessem uma porta na cara.

Nunca mais reencontrei aquela tentação em particular, embora esta senhora não fosse mais digna de pena do que os outros visitantes idosos que o Bebê Diabo trouxera para Hull-House. No entanto, talvez como resultado dessa experiência, fui gradualmente perdendo a impressão de que as mulheres idosas ansiavam por uma segunda chance na vida para revivê-la de forma mais plena e sábia, e me reconciliei com o fato de que, na realidade, muitas delas tinham poucas oportunidades de meditação ou de descanso corporal, mas precisavam continuar trabalhando com as mãos cansadas, apesar da fadiga ou da fraqueza do coração.

O vívido interesse de tantas mulheres idosas pela história do Bebê Diabo pode ter servido de testemunho inconsciente, embora poderoso, de que experiências trágicas gradualmente se revestem de tais armadilhas, de forma que a agonia possa ter algum uso num mundo onde se aprende da forma mais difícil. Prova também que as lutas e os sofrimentos de homens e mulheres há muito tempo mortos, bem como suas emoções que não estão mais conectadas com a carne e com o sangue, são transmutadas em sabedoria por meio de lendas. Os jovens são forçados a dar ouvidos aos alertas presentes nessas histórias, embora na maioria das vezes seja tão fácil para eles desconsiderar as palavras dos idosos.

Era evidente que as senhoras que vieram visitar o Bebê Diabo acreditavam que a história lhes asseguraria legitimidade em suas casas, e, à medida que se preparavam nos mínimos detalhes para isso, seus rostos envelhecidos brilhavam com uma satisfação tímida. Suas feições, desgastadas e marcadas por uma vida dura, como efígies construídas no chão de uma velha igreja que escurecem e são maltratadas por calçados ásperos, tornavam-se comoventes e solenes. No meio de sua dupla perplexidade, causada tanto pelo fato de que a geração mais jovem estava trilhando caminhos tão estranhos, quanto pelo fato de que ninguém mais iria ouvi-las, cintilava por um momento a última esperança de uma vida decepcionante, de que ela pudesse pelo menos servir como um aviso, ao mesmo tempo que fornecesse material para uma narrativa emocionante.

Algumas vezes, ao conversar com uma mulher que se descrevia como "apenas um fio de cabelo entre aqui e o lado de lá", percebi que a velhice tem sua própria atitude para com a renúncia mística do mundo. A impaciência dessas mulheres com tudo o que não é essencial, o desejo de se livrarem dos laços prejudiciais e do excesso de suavidade me lembrou a última jornada impetuosa de Tolstói, e agradeci mais uma vez a esse gênio por deixar claros tais impulsos incompreensíveis da confusa vida humana.¹²

Vez por outra, no meio de uma conversa, uma dessas velhas e comoventes senhoras expressava calmamente seu anseio pela morte, como se fosse a satisfação natural de um desejo íntimo, com uma sinceridade e com uma expectativa tão genuínas que eu me sentia envergonhada em sua presença, por "agarrar-me a esta coisa estranha que brilha à luz do sol e estar doente de amor por ela".¹³ Tais sentimentos eram, em sua essência, transitórios, mas há um resultado da visita hipotética do Bebê Diabo a Hull-House que, acredito, permanecerá: a compreensão do poder de seleção e de reconciliação que são inerentes à memória. As mulheres idosas, que muito têm para agravar e pouco para amenizar os desconfortos físicos habitualmente causados pela velhice, exibiam uma serenidade emocional tão vasta e tão reconfortante que sempre me vi refletindo sobre o quão rapidamente as emoções fugazes e mesquinhas que agora parecem tão importantes para nós podem ser assim transmutadas. Elas me fizeram refletir sobre até que ponto podemos esperar que as inconsistências e perplexidades da vida sejam trazidas para essa memória apaziguadora, com o seu poder último de aumentar o que há de beleza e significância e reduzir, quando não eliminar, quaisquer ressentimentos.

---

[12] Numa noite de outubro de 1910, o famoso escritor russo Liev Tolstói, então com 82 anos e muito doente, fugiu de sua casa, tomando rumo desconhecido, acompanhado por seu médico. Morreu 10 dias depois, longe de casa.

[13] Passagem da peça *Hipólito*, de Eurípides, tal como traduzida por Gilbert Murray: "*we cling to this strange thing that shines in the sunlight, and are sick with love for it*" (*Euripides and his Age*. Londres: Williams & Norgate, 1913, p. 193).

8
Lucie Varga, etnógrafa da ascensão do nazismo

*"Muito perto de nós, um mundo acabou.
Um novo mundo surge, com fenômenos até então desconhecidos."*

Assim começa o impressionante artigo de Lucie Varga, escrito em 1936 e publicado em 1937, sobre a gênese e ascensão do nacional-socialismo, nome oficial do nazismo alemão. Hoje temos a "bola de cristal" da história — ou seja, conhecemos o futuro, sabemos como o nazismo terminou, num regime totalitário e genocida. Na época em que Lucie escreveu o artigo, porém, o fato de pessoas das mais diferentes classes e condições sociais aderirem de corpo e alma a uma ideologia nacionalista de extrema direita causava espanto e era de difícil interpretação. Escrito por uma jovem de 32 anos, e apenas três anos após a ascensão de Hitler ao poder, o texto de Lucie é ao mesmo tempo uma densa etnografia do movimento nazista e uma exemplar obra de "história do tempo presente".

Lucie Varga nasceu em 1904 na cidade de Baden, próxima a Viena, capital da Áustria, numa família de judeus de origem húngara já assimilados à cultura alemã-austríaca.[1] Estudou na Universidade de Viena, na qual, em 1931, terminou sua tese de doutorado em história, *Das Schlagwort vom "finsteren Mittelalter"* (O bordão da "obscura Idade Média"), sobre a expressão "Idade das Trevas". Seu orientador foi Alphons Dopsch, que tinha ligações com o famoso historiador francês Marc Bloch.

Em 1932, Lucie divorciou-se do primeiro marido, Joseph Varga, com quem teve sua única filha, Berta. Por essa época, ela se engajara nos movimentos antifascista e feminista. Casou-se de novo com Franz Borkenau, filósofo e historiador vienense, também judeu, considerado um dos primeiros intelectuais a elaborar o conceito de "totalitarismo". No final de 1933, provavelmente em decorrência do crescente antissemitismo na Áustria, os dois mudaram-se para Paris. Borkenau logo seguiria sozinho para Londres, onde assistiu aos seminários do antropólogo polonês Bronisław Malinowski.

Em Paris, Lucie conheceu Lucien Febvre, que, junto com Marc Bloch, havia fundado em 1929 a revista *Annales*, marco da "Nova História" francesa, da qual os dois são considerados "pais fundadores". Febvre contratou Lucie como sua assistente em 1934. A intensa associação intelectual entre os dois transformou-se também numa relação amorosa, ambas encerradas em 1937. No ano seguinte ocorreu o Anschluss, a anexação da Áustria por parte da Alemanha. A família de Lucie teve então de deixar a Áustria e ir para a Hungria, o que suspendeu o apoio financeiro que ela recebia. Para sobreviver, Lucie trabalhou sucessivamente como vendedora, operária de fábrica e tradutora, porém sem interromper suas pesquisas e publicações, principalmente em história da religião, sobre os cátaros. Naturalizou-se francesa após casar-se pela terceira vez em 1939. Com a eclosão da Segunda Guerra Mundial e a derrota da França diante da Alemanha em 1940, mudou-

---

[1] Para as informações biográficas, utilizei principalmente: o artigo de Peter Schottler, "Lucie Varga: A Central European Refugee in the Circle of the French 'Annales', 1934-1941". *History Workshop Journal*, n. 33, 1992, pp. 100-120; e o capítulo de Ronald Stade, "'In the Immediate Vicinity a World Has Come to an End'. Lucie Varga as an Ethnographer of National Socialism: A Retrospective Essay" (in: Richard Handler (org.). *Excluded Ancestors, Inventible Traditions: Essays Toward a More Inclusive History of Anthropology*. Madison, WI: University of Wisconsin Press, 2000, pp. 265-283). No Brasil, temos o texto de Jougi Guimarães Yamashita, "Lucie Varga: a "desconhecida" historiadora dos Annales" (*Café História*, 3-7-2017; disponível em: <https://www.cafehistoria.com.br/lucie-varga-e-os-annales/>).

-se com a filha para Toulouse. Com a saúde debilitada pelo diabetes, morreu em abril de 1941, aos 36 anos.

O artigo de Lucie aqui incluído, sobre a gênese do nazismo, foi publicado nos *Annales*. Sobre o mesmo tema ela já havia publicado no ano anterior, na mesma revista, "Dans une vallée du Vorarlberg: d'avant-hier a aujourd'hui" (Em um vale de Vorarlberg: de anteontem a hoje),[2] artigo no qual descreve a vida na região antes e depois da chegada da ideologia nazista. Era o resultado de uma original etnografia de sua própria sociedade, que realizou inspirada em sugestões que lhe foram dadas por Malinowski.[3]

Apesar de ter colaborado intensamente com os *Annales* entre 1934 e 1937, Lucie Varga "sumiu" da historiografia sobre a revista e sobre a "Nova História", permanecendo praticamente desconhecida até ser "descoberta" pelo historiador alemão Peter Schottler em livro publicado em 1991.[4] A explicação para esse injusto "desaparecimento" certamente passa pela conjunção de vários elementos biográficos de Lucie — mulher, judia, imigrante, feminista e antifascista.[5] A excepcional qualidade de sua obra, contudo, sobreviveu e pode ser aqui plenamente apreciada. Sua análise "em tempo real" do desenvolvimento de uma ideologia totalitarista, ao mesmo tempo que exemplar como história do tempo presente e também história das mentalidades, continua hoje, lamentavelmente, importante para compreender o mesmo fenômeno em nossa contemporaneidade.

---

[2] *Annales d'Histoire Économique et Sociale*, t. 8, n. 37, 31-1-1936, pp. 1-20.
[3] Para a visão de Malinowski sobre o nazismo, ver o artigo de Dan Stone, "Nazism as Modern Magic: Bronislaw Malinowski's Political Anthropology" (*History and Anthropology*, v. 14, n. 3, 2003, pp. 203-218).
[4] Peter Schottler. *Lucie Varga. Les autorités invisibles: une historienne autrichienne aux 'Annales'*. Paris: Le Cerf, 1991. Coleção Bibliothèque Franco-Allemande.
[5] Ver o artigo de Natalie Zemon Davis: "Women and the World of the 'Annales'" (*History Workshop*, n. 33, Spring 1992, pp. 121-137).

A gênese do nacional-socialismo: notas de análise social[6]
(1937)

Lucie Varga

Muito perto de nós, um mundo acabou. Um novo mundo surge, com fenômenos até então desconhecidos. Para compreendê-lo, não temos tudo? O historiador não pode observar a história ao vivo, enquanto ela acontece? E obter inúmeros e fiéis documentos? E ir a campo, se quiser, para investigar, entrevistar, melhor ainda: morar no próprio país que está estudando, para compreendê-lo em seus hábitos de pensamento, no mecanismo de suas reações? Quantas dificuldades, porém, para interpretar bem o presente! E, por exemplo, quantas variedades de explicação que nada explicam sobre a Alemanha nacional-socialista! É que muitas vezes somos prisioneiros de metáforas antigas ou preconceitos teóricos. E as chaves antigas não funcionam bem nas novas fechaduras.

I

Em primeiro lugar, aqui está a chave marxista: a história é feita do choque de classes com interesses econômicos contraditórios. Mas, então? Deveríamos

---

[6] Lucie Varga. "La génèse du national-socialisme: notes d'analyse sociale". *Annales d'Histoire Économique et Sociale*, v. 9, n. 48, 1937, p. 529-546. Tradução de Pedrita Mynssen. Revisão técnica e notas de Celso Castro, exceto as indicadas como originais da autora [N. A.]. Agradeço a ajuda de Oliver Stuenkel e Maud Chirio com algumas expressões em alemão ou francês.

ver o nacional-socialismo apenas como uma "pegadinha", um estratagema de guerra, um artifício fabricado pelos capitalistas e as potências reacionárias, dos industriais e dos banqueiros aos grandes latifundiários? Concepção um pouco grosseira, admitimos. Mais nuançada, esta outra: foi a pequena burguesia que se responsabilizou pelas ideias nacional-socialistas, para se alavancar entre as classes em posse do Estado e para conquistar seu lugar autônomo entre elas. Simplismo novamente, no entanto. Então nós complicamos: os promotores do nacional-socialismo foram "desclassificados de todas as classes": artesãos arruinados, intelectuais sem futuro, soldados repentinamente privados de seus privilégios, pequenos funcionários confinados em suas pequenas funções etc. Que seja, mas continuamos na ortodoxia ao admitir que os desclassificados, os sem classes, poderiam fazer uma revolução — uma dessas revoluções que, dizemos, além disso, só pode ser o ato de uma classe, e por si sós eles são capazes de reorganizar uma sociedade de alto a baixo? Além disso, os desclassificados, os detritos sociais em plena atonia, quem poderia obter uma unidade de ação?

As chaves não marxistas nos servirão melhor? Além da teoria muito fácil da "psicose em massa", temos pouco a relatar aqui, exceto um artigo de Toynbee: "O Estado, esta religião moderna."[7] O nacional-socialismo, uma forma de "religião moderna", sim; mas que imprecisão e obscuridade na fórmula! Uma religião? Como aconteceram as conversões? Uma religião? Mas em que base histórica?

Por outro lado, alguns historiadores liberais tentaram explicar o nacional-socialismo apenas por meio da história: o programa do nacional-socialismo não era novo, mas um tecido de velhas ideias coletadas por toda parte. E traçar para nós, sobre esta história, uma magnífica árvore de Jessé das ideias nazistas.[8] Apesar de tantos ancestrais ideológicos, buscados e proclamados pelos próprios nacional-socialistas, o nacional-socialismo continua a ser algo novo, fundamentalmente novo e que decerto não pode ser adotado nem por programa, nem por jogo de "ideias" apenas. Hitler e seus homens realmente

---

[7] Ver Arnold Toynbee. [*Survey of*] *International Affairs*. [Oxford/Londres: Oxford University Press/Humphrey Milford,] 1935. [N. A.]

[8] Árvore de Jessé: motivo artístico frequente na arte cristã medieval, representando uma árvore genealógica de Jesus Cristo a partir de Jessé, pai do rei David.

se importavam com Nietzsche, ou Pareto, ou mesmo Chamberlain quando eles começaram seu combate? Qual papel a tradição histórica desempenhou na ascensão do nacional-socialismo — e era uma tradição de ideias?

*

Nem as "classes" nem as "ideias" nos fornecem explicações suficientes, o que fazer? Deixemos a sociologia teórica; consideremos os fatos, não os gerais e abstratos, mas os individuais e concretos: diante de nossos olhos, temos toda uma série de dossiês relativos aos primeiros convertidos ao nacional--socialismo, anos 1922-1932; vamos abri-los.

Aqui está o engenheiro de uma grande empresa, vindo de uma família provinciana, *deutschnational* [de nacionalidade alemã], criado na fé de que o mundo capitalista era bom, justo, e quem não tivesse sucesso nele não valeria nada. Boa situação de 1923 a 1927, depois a crise: demissão, desemprego, recusa atrás de recusa. Aonde ir? Ao socialismo, ao comunismo? Nunca. Tradição familiar; orgulho de classe; solidariedade persistente com as "pessoas de bem", os ricos apropriadamente vestidos. E nenhuma memória "de esquerda" — enquanto qualquer conversão é explicada, em parte, por uma transposição de memórias. Uma noite, uma reunião nazista. Nosso homem entra pela porta: um choque. Eles denunciaram o culpado, o autor responsável por todos os males do qual sofreu — o ser em que se encarnava esse destino cego pelo qual, como tantos outros, sentiu-se esmagado sem poder identificá-lo. Esse ser era o Judeu.

Que alívio repentino! "Você pensa que está lutando contra forças misteriosas, secretas e elusivas. E você se desespera: como resistir ao que não pode ser nomeado? Recomponha-se! O inimigo tem nome, nós o entregaremos; assim, o inexplicável será explicado, e o impalpável, materializado. Aquele que chupa o sangue alemão, aquele que impede o mundo de ser belo e bom, é o Judeu! Vamos expulsá-lo da Alemanha, nossa vitória será sua vitória!". A alegria de ter novamente um diabo para amaldiçoar... Aliviado, libertado, conquistado, o nosso homem não pensa em nada: "Hitler e os seus nos trarão a salvação!" Ele diz: "Se alguém pode nos dar a salvação, é ele, e eu vou ajudá-lo." O Partido forneceu-lhe camaradas. O Partido deu-lhe algo para não morrer de fome. Hoje ele é engenheiro-chefe de uma fábrica de máquinas na Renânia. No entanto, seu irmão, voltando do front e chamado por acaso para a Holanda, lá permaneceu: advogado, consultor financeiro de vários grandes bancos de Amsterdã, ele despreza o nacional-socialismo como a invenção doentia de desesperados...

*

Outra confissão: "Quantas vezes corri pelas ruas, indefeso, torturado, sem companheiros!" Os marxistas me odiavam. Meu pai era um pequeno nobre arruinado. Eu tinha sido "o senhor barão", agora não era nada mais do que um caixeiro-viajante. A vida havia perdido o sentido para mim. Os dois centavos que ganhei — porque ainda sabia amarrar a gravata —, gastei em prazeres, em jazz, ou em viver um dia em um palácio, com saudade... Uma noite, para rir, entrei em uma assembleia. Quando eu saí, estava tomado. Eles eram nacional-socialistas, e eis que de suas bocas haviam saído todas as palavras que eu tinha ouvido meu pai dizer muito antes: dever, responsabilidade, disciplina. Diante dos meus olhos, de repente, a visão de uma Alemanha vitoriosa — a Alemanha no dia seguinte ao de Sedan[9] — e eu, como meus ancestrais, respondendo ao chamado da bandeira que tremulava, do tambor que rufava, da corneta que soava... A comunidade nazista ainda não era muito grande. Mas lá pisávamos o solo da "nossa" Alemanha.

E, de novo, uma série (série, palavra horrível referindo-se a pessoas, mas o quê?, é disso mesmo que se trata) —, então, uma série de monografias biográficas: as de veteranos, os pequenos Schlageter voltando do front e se descobrindo incapazes de reajustar-se à vida burguesa.[10] Eles sofreram muito com a guerra — e seu sacrifício foi ignorado. Eles tinham gostado muito

---

[9] Batalha de Sedan: travada em 1º de setembro de 1870 na Guerra Franco-Prussiana, próxima à cidade francesa de Sedan, que terminou com uma decisiva vitória dos alemães.
[10] Referência a Albert Leo Schlageter (1894-1923), soldado alemão que, inconformado com a derrota de seu país ao final da Primeira Guerra Mundial, integrou-se a um dos grupos paramilitares de extrema direita chamados Freikorps ["Corpos Livres"]. Acabou preso e executado pelos franceses, tornando-se um mártir para parte da população alemã, em especial para o regime nazista.

da guerra — eles a tinham em seu sangue e em sua pele, e foram ordenados a renunciar a ela, a só pensar nela com humildade, com a consciência pesada? Muitos entraram nos Freikorps: Rossbach, Oberlandt, a brigada de Ehrardt.[11] Nesse ínterim, fingiram procurar uma situação, mas sem sinceridade. Quando, em 1921, os grupos insurgentes poloneses apareceram na Silésia, os "camaradas do Freikorps Oberlandt" foram vistos largando tudo, a um simples sinal, para se reagrupar. Eles pularam no trem como estavam, alguns estudantes de Heidelberg com seus *Mütze* [bonés] na cabeça...

Não idealizemos: a aventura pode exigir mais heroísmo, porém, certamente, menos coragem do que uma vida burguesa normal em tempos difíceis. Além disso, os Freikorps acabaram por se dissolver. Em 1923 seu tempo acabou. Eles sobreviveram na forma de ligas, algumas muito poderosas. Assumiram uma atitude muito especial: militaristas, antissocialistas e também antiburgueses; atitude que eles não sabiam traduzir em fórmulas ou programas claros, mas que se baseava em uma experiência relativamente limitada, a experiência da guerra e o desejo de prolongá-la em "atividades". Outro motivo de fraqueza: essas ligas, sem um programa, limitavam-se a vínculos puramente pessoais entre chefe e membros. Hitler e a SA[12] estavam lá para sucedê-los quando os chefes das ligas ou dos partidos começaram a duvidar de sua missão.

*

Havia também os muito jovens, os Horst Wessel,[13] os Maiakovski,[14] os que ainda estavam na escola: os impacientes que queriam pular as etapas para

---

[11] Lucie Varga usa a expressão francesa *corps francs*, literalmente "corpos livres"; mas como ela se refere aos Freikorps (vide nota anterior), preferi utilizar aqui, e em outras passagens do texto, o termo em alemão.

[12] SA (abreviação de Sturmabteilung, geralmente traduzido como "Seção de Assalto"): o braço paramilitar do Partido Nazista, que desempenhou um papel importante na ascensão de Hitler ao poder.

[13] Horst Ludwig Wessel (1907-1930): líder da SA em Berlim, foi transformado em mártir nazista após ter sido morto por membros do Partido Comunista da Alemanha. O hino oficial da SA, cuja letra era de sua autoria, tornou-se, depois de sua morte, o hino oficial do Partido Nazista.

[14] Vladimir Maiakovski (1893-1930): conhecido como "o poeta da Revolução Soviética".

"chegar lá"; mas o futuro, cada vez mais, estava bloqueado diante deles. Havia aqueles a quem falava-se de sacrifício, de símbolos pelos quais se devia morrer, de chefe a seguir, de uniforme a vestir e que os consagraria, por assim dizer, os distinguiria da multidão, faria deles os homens de suas fardas, impessoais como padres. Eles estavam se tornando iniciados. Abrimos um campo de ação para eles. Fim das horas difíceis de uma puberdade interminável; foram admitidos numa realidade feroz, num jogo que já não era mais "para rir"... Esporte e política, prazer e dever, aventura e cálculo: de toda essa mistura emergiu uma sedução demoníaca para esses homens. Desclassificados, é claro, muitos deles, ou candidatos ao rebaixamento de classe; muitos, mas não todos, porque ao lado deles estava o juiz provincial, filho de uma linha interminável de magistrados que tinham uma boa situação que ninguém poderia prever que algum dia iria perder. Lá estava o funcionário público, de uma linhagem de funcionários públicos, bem sentado em seu gabinete. Lá estavam o professor primário e o *Oberlehrer* [professor superior], e o gerente da fábrica e o engenheiro, membros não da primeira, mas da segunda hora, e que não foram nem reduzidos à pobreza (aspecto econômico) nem rejeitados (aspecto social). Mas a desvalorização [da moeda] havia consumido suas economias. A situação familiar deles estava desmoronando. O avô pode ter pensado em comprar um terreno ou uma casa, em colocar seus filhos na universidade, em dar às suas filhas um bom dote. O pai só tinha podido deixar para o filho o ensino secundário e um dote medíocre para as filhas. O filho? O que ele poderia tecer para o futuro de seus filhos? Uma ameaça difusa pairava sobre ele. Quem os protegeria? Deveriam ser lançados em um mundo desconhecido que outros estavam preparando para eles à sua revelia, sem qualquer possibilidade de ação pessoal?

Havia, enfim, os pequenos comerciantes e, por trás deles, ainda mais vasta, a província, ou seja, uma parte daqueles que se sentiam excluídos da cultura das grandes cidades, dos centros, que se sentiam ameaçados em suas tradições, seus hábitos, seus costumes — ameaçados tanto pela grande empresa quanto pelas novas ideias antiautoritárias da capital. Ameaça econômica e, mais ainda, ameaça social.

*

Falaremos, de bom grado, em choque "econômico e social". Tentemos esclarecer, à luz desses fatos, se é econômico ou social. Se temos todas essas biografias diante de nossos olhos, não poderíamos dizer: mais rápido que a miséria econômica, que, muitas vezes, só leva a um estreitamento, a uma retração de vidas sob uma base precária, é a perda da "honra social" que se transpõe para uma experiência psíquica?

"Honra social": noção bem conhecida de todos os etnógrafos por seu papel e seus efeitos poderosos entre os primitivos. Devemos lembrar o costume de *bootledge*,[15] das duas tribos que, para se superarem em presentes, acabam por consumar sua ruína?[16] Mas, em nossas sociedades, o sentimento de "honra social"[17] está ausente? A angústia de perder a posição, o sentimento de não mais se destacar, de não poder contar com a manutenção de seu lugar, o rancor e o ressentimento de ser demais, um excedente, e de se ver cada vez mais dispensado e rejeitado, eis o que alimenta o ódio e desperta o rancor. Por que, em nossas construções históricas, nunca levamos em conta essa noção? Na verdade, o que importa é muito menos a situação econômica em si do que a situação social. Entendo, além disso, que, em uma sociedade burguesa (e *somente* em uma sociedade burguesa), essa situação social decorre da situação econômica propriamente dita. Mas, no primeiro plano de consciência, o que se projeta é o desejo, a necessidade, a raiva de salvaguardar uma seleção social, uma influência social, uma posição social que não pode ser expressa nem em números nem em moeda. Em qualquer revolução profunda, em toda revolução que gera uma nova atitude perante a vida, os extremistas mais violentos não pertencem às classes em ascensão, mas sim às classes em declínio.[18]

---

[15] Bootledge: tráfico ilegal de bebidas alcoólicas nos Estados Unidos, durante a Lei Seca (1920-1933).

[16] Provavelmente uma referência ao *potlatch*, ritual indígena da costa oeste do Canadá e dos Estados Unidos que envolve uma disputa entre pessoas ou grupos através da doação em larga escala de bens materiais, chegando mesmo à sua destruição, numa competição cerimonial por poder, prestígio e *status*.

[17] Os próprios nazistas fazem disso uma palavra de propaganda, *der Durchbruch der sozialen Ehre* ["o avanço na honra social"]. [N. A.]

[18] Veja a história das Reformas do século XVI, seja na Alemanha, na Suíça, do calvinismo ou do protestantismo. É verdade para os camponeses de 1525 e para os cavaleiros em revolta, como para os emigrantes do *Mayflower*... [nome do navio que, em 1620, transportou os

Esses desclassificados, esses ameaçados formam uma classe? Não. Nem mesmo um grupo de homens conscientemente ligados entre si. Só nós podemos discernir neles a comunidade das antipatias. Só nós podemos dizer: ao reler as biografias dos primeiros nazistas, podemos perceber sua característica, comum a todos: a sensação de perder o chão, a angústia, o desespero pré-revolucionário que encontramos tanto na véspera da Reforma quanto na véspera do nacional-socialismo. Ainda é apenas uma minoria de homens que mensurou esse tipo de desespero no qual o historiador das religiões há muito sabe que se deve buscar a primeira condição de qualquer conversão, de qualquer nova religião. Um grupo de homens em desespero dinâmico, para quem a vida na velha estrutura, na velha escala de valores, perdeu todo o sentido. No fundo do desespero e da solidão, a miragem de uma idade de ouro, o desejo de um paraíso perdido. Esse desespero existe em tempos de dissolução e transformação, está por trás de qualquer convulsão social que afeta não apenas um grupo da sociedade, mas que postula uma reorganização social completa.

*

Para o grande número de desesperados se oferecem muitos meios de salvação. Uma competição entre religiões é estabelecida. E que quantidade, na Alemanha pré-hitleriana, de "Bunde", de "Vereine" ["associações" e "clubes"] e de seitas propriamente ditas, com reminiscências vagamente budistas ou cristãs, de descendência frederícia ou bismarckiana — sem contar, nos partidos extremistas, o enxame de grupos e subgrupos, todos sonhando em impor à Alemanha — depois à humanidade — a sua Verdade! É, portanto, absurdo fazer uma pergunta: em uma competição desse tipo, qual é, dentre todas as religiões vivas e antagônicas, aquela que vence?

A mais "alta", a melhor? Mas, moral e intelectualmente, as religiões do primeiro século eram realmente inferiores ao cristianismo? Wesel, Bucer, Zwingli, doutrinariamente falando, estavam se rendendo a Lutero? O futuro

---

chamados Peregrinos da Inglaterra para o Novo Mundo]. As classes em declínio, além disso, tinham apenas uma atitude: se revoltar, é verdade; mas também há que se apegar, e petrificá--lo, ao culto teimoso e feroz de velhos símbolos, antigas tradições, ritos mortos. [N. A.]

não pertence à "melhor" doutrina, pertence à mais carregada de dinamismo social, à mais bem equipada para "organizar" uma sociedade que se desintegra; deixe-nos especificar: é a mais eficiente em termos de energia. Cada revolução é um estreitamento, um recuo e um aperto. Compare a civilização cristã dos primeiros séculos com a civilização antiga; compare a nudez da Reforma Protestante do século XVI com a magnificência, a exuberância da catedral católica; compare a pobreza do nazismo com as riquezas intelectuais da era liberal na Alemanha.

Revolução? Elimine tudo o que não seja imediatamente útil para o combate e a vitória. Revolução: simplificar e, por toda parte, o dualismo: amigo-inimigo; camarada de combate-adversário de combate; força ou fraqueza, você ou eu, caçador ou caça... Para além disso, uma fé cega, uma fé fanática no chefe e na doutrina, uma doação total para todos os sacrifícios, uma doação sem reservas de tudo o que somos e o que temos... Para a pessoa desesperada que se sente um pouco mais baixa a cada dia — que salva-vidas e que razão de ser! Controlar a crise: isso exigia um esforço prodigioso e "qualidades" especiais, aquelas que, imediatamente, o nacional-socialismo cerca de um culto profundamente religioso: a atividade, o espírito de ofensiva, a força e a habilidade, a coragem física e a brutalidade impiedosa — o heroísmo. Ao mar com o resto: a erudição, a ciência, a intelectualidade em todas as suas formas, o espírito de distinção, a sutileza e a prudência, identificada com o espírito burguês. Daqueles que queriam transformá-la, a Alemanha da crise exigia uma tensão, uma espécie de coragem no esforço cotidiano que se ia perdendo um pouco mais a cada dia e que, por si só, poderia desencadear novamente as piores agressões, bem como uma ligação total, absoluta e constante com o chefe. Foi isso que o nacional-socialismo conseguiu forjar, com sua fé cega numa doutrina de simplificação infantil do universo, a embriaguez do sacrifício do indivíduo por fins que estavam além dele e de sua escatologia, ao mesmo tempo terrestre e metafísica.

*

Como já dissemos, o rebaixamento e a inquietude social produzem os desesperados e preparam os convertidos. Originalmente, apenas um punhado de homens, um pequeno núcleo de convertidos, de fanáticos. Um grupo de homens que, antes de sua conversão, encontravam-se em diferentes meios sociais, com diferentes condições econômicas. Ligados agora, depois da conversão, pela experiência do desespero que se revelou comum, pela experiência comum das novas possibilidades entrevistas. Átomos sociais antes da comunidade, agora veículos revolucionários. *Erlebnisgruppen* poderíamos chamá-los em alemão, um termo intraduzível em francês.[19] Em todos os *Erlebnisgruppen*, trata-se de fenômenos psicológicos que o historiador das religiões nos revelou: qualquer conversão religiosa ou política passa pelas mesmas etapas psicológicas, sem ser uma questão de religião propriamente dita. Mas, na véspera, há a sensação de vazio, de desespero mais ou menos agudo, dos primeiros encontros, da chave do mundo encontrada: doação de si mesmo, abandono a novas doutrinas que persuadam os preparados para além de toda lógica, símbolo, mitos e livro santo. Os *Erlebnisgruppen* diferem entre si na intensidade de sua experiência e no conteúdo de suas respostas, mas, se suas doutrinas são fortes o suficiente, eles conseguem criar um tipo de homem modelado, inclusive no aspecto físico, à sua maneira de ver a vida.

II

De que dependem as respostas dadas às convulsões econômicas, às pressões sociais? Elas são livres e indefinidas? Ou, se não como um programa e doutrina especiais, pelo menos, mais profundamente, como atitude social, não são elas ditadas, determinadas pela história nacional? Não, as teses do nacional-socialismo não foram forjadas nas ideias filosóficas do século XIX; mas o nacional-socialismo nos parece incompreensível se não levarmos em consideração a história do século XIX. Quais são os fatos históricos a serem lembrados para explicar seu advento?

---

[19] *Erlebnisgruppen*: literalmente, "grupos de aventura" ou "grupos de experiência". Atualmente, o termo é utilizado para descrever passeios organizados para jovens, geralmente na natureza, e para fomentar a socialização.

Primeiro, a posição relativamente frágil da burguesia alemã no corpo social alemão. Ela nunca teve seu grande estatuto. Nem seu 1789. Como "Terceiro Estado", ela nunca teve a vitória. Antes de 1848, sem dúvida revolução, mas toda "ideológica" e de "puro espírito". Marx a descreveu em 1846 nos seguintes termos:

> De acordo com informações fornecidas por filósofos alemães (ideólogos), a Alemanha passou por uma transformação sem paralelo nos últimos anos. A desintegração do sistema religioso que começa com Strauss evoluiu para uma fermentação universal na qual todos os poderes do "passado" foram atacados... Foi uma revolução diante da qual a Revolução Francesa teria sido apenas um jogo de criança, uma luta mundial diante da qual as lutas dos Diodoro parecem mesquinhas.[20] Princípios se pressionavam, os laços do pensamento se chocaram com incrível rapidez e, de 1842 a 1845, a Alemanha mudou mais do que em três séculos comuns.[21]

Na verdade, as tentativas de libertação política e econômica fracassaram miseravelmente. Uma revolução abortada não se recuperaria? Para a Alemanha, o fato foi decisivo; resultou em uma das características fundamentais da vida social na Alemanha: um dualismo social que persiste até os dias atuais. Uma burguesia, porém mantida na sombra por uma Corte. A hierarquia social no século XIX era baseada em valores diferentes daqueles que contavam na Europa Ocidental. No primeiro escalão de honra social, o nobre, o oficial, depois o funcionário público; apenas bem depois o industrial, o financista, o comerciante. Nesse clima, o que faltava à maior parte da burguesia alemã — exceto para alguns chefes — era uma forte autoconfiança. Para a burguesia industrial, comercial e média, a fábrica, a empresa comercial e o banco não conferiam prestígio nem glamour se não estivessem entre os

---

[20] Diodoro Sículo: historiador grego do século I a.C., escreveu uma história universal em 40 livros.
[21] Karl Marx, *Deutsche Ideologie* [A ideologia alemã], t. V, edição do Instituto Marx-Engels, p. 7. [N. A.] [Marx e Engels, nessa passagem escrita em 1845, são irônicos em relação aos "jovens hegelianos", filósofos como David Friedrich Strauss, Max Stirner, Bruno Bauer e Ludwig Feuerbach, para os quais uma grande revolução estaria ocorrendo na Alemanha — mas, para Marx e Engels, ela ocorria apenas no terreno do pensamento puro, e não na realidade.]

primeiros. O contato com a matéria, o dinheiro, as economias transmitiram-lhe, pelo contrário, não sei qual sentimento de vergonha. O filho ou neto, se ele subiu acima do nível social de seus ancestrais, foi entrando no Exército ou abraçando uma carreira "acadêmica": o espírito, purificado; a universidade era seu templo, os *Herren Professoren* [senhores professores], seus sacerdotes; os alunos, seus iniciados. Uma clivagem secreta dividia a Alemanha — para agrupá-la: *Gebildete* [educado] de um lado, *Ungebildete* [sem educação], do outro: termos intraduzíveis, porque os dois termos franceses correspondentes, "culto-não culto", não ressoam profundamente; é uma cultura intelectual formalista manifestada pelo título de *Herr Doktor* [senhor doutor] conferido pelas universidades; *Gebildete-Ungebildete*, iniciados ou reprovados: veredicto moral e social, pronunciado pela burguesia sobre a burguesia. Continuação dos valores burgueses em uma Alemanha onde muitos outros eram predominantes.

*

A *Bildung*[22] na Alemanha tem uma longa história que seria interessante escrever. É uma tradução, um aspecto do protestantismo alemão, na medida em que o progresso industrial corresponde ao puritanismo inglês. Além disso, no século XVIII, tinha mais uma grande função a cumprir: a Alemanha, fragmentada em pequenos estados, era uma nação apenas pela *Bildung*, que, sozinha, parecia uniforme. A Alemanha era apenas *Kulturnation* [nação cultural]. Na miséria política e contra a miséria política surgiu um reino espiritual. No início do século XIX, a *Bildung* ocorrera, como acabamos de ver, de uma vitória da burguesia.

Mas a fragilidade da burguesia alemã não pode ser explicada apenas por sua revolução fracassada. Ela também tem outras causas. Acima de tudo, a velocidade, até mesmo a magnitude, de sua prodigiosa ascensão material durante o último quarto do século XIX. Ela não só alcançou as burguesias da Inglaterra e da França: ela as ultrapassou. E a que ritmo, de repente acelerado!

---

[22] *Bildung*: palavra que não tem tradução exata em português, mas que pode aqui ser entendida como "formação", no sentido de "cultivo" do indivíduo.

Em 1800, uma Alemanha quase medieval: 78% da população vivendo no campo; 80% trabalhando na agricultura; apenas 17 cidades com mais de 10 mil habitantes. Nas cidades, as corporações; no campo, a *Erbuntertänigkeit*,[23] prendendo o camponês ao solo, e uma economia em grande parte autônoma. Uma proliferação de pequenos estados que se cercavam todos de uma barreira de impostos e taxas com sistemas de pesos e medidas específicos para cada um deles. No entanto, em 1834, 18 deles se aliaram na *Zollverein*.[24] Em 1821, ocorre o fim da *Erbuntertänigkeit* e a abolição, em quase todos os lugares, das corporações. Em 1835, a primeira linha ferroviária é inaugurada entre Leipzig e Dresden; em 1845, o comprimento dos trilhos atingiu 2.300 km, 6 mil em 1850, 20 mil em 1871 — e 56 mil em 1905. O desenvolvimento da navegação segue também em ritmo acelerado. E a indústria? Em 1800, ela ainda trabalhava sem maquinário moderno — e, sozinha, a indústria do algodão, sob o impulso napoleônico em 1812, sofria um impulso repentino. Em 1837, as máquinas a vapor forneciam uma força de 7 mil c.v.; depois de 1850, o vapor fez sua entrada triunfal. Em 1840, a produção de ferro na Alemanha vinha somente atrás da de Inglaterra, França e Bélgica; em 1900, ela tomou a liderança de todos os países europeus. Após 1871 e a afluência de seu ouro, a grande indústria metalúrgica e a indústria de corantes se estabeleciam. Enfim, foi nessa época que a exportação, o "Made in Germany", foi criada.

Esse rápido crescimento econômico, industrial e técnico em tal escala requer adaptações sociais rápidas, uma reorganização integral e profunda da vida, na qual, necessariamente, há falta de estabilidade. Desintegração repentina de antigas tradições e convenções; migração em massa e apressada para as cidades; pequena burguesia provinciana que se torna grande; a indústria média que, vinda do campo, instala-se na cidade: tantas convulsões sociais. Resultado: o enfraquecimento do "espírito burguês" em um país com um rico passado histórico, onde não havia muitos sobreviventes de estratos sociais que haviam florescido antes, e jamais vencidos desde então. Um enfraquecimento que surge do próprio sucesso, que resulta da mudança

---

[23] *Erbuntertänigkeit*: subserviência hereditária, uma forma especial de dependência econômica e pessoal do camponês em relação ao senhorio, semelhante à servidão.
[24] *Zollverein*: aliança aduaneira dos estados alemães, que teve como meta a liberdade alfandegária.

quase milagrosa da indústria alemã para o primeiro plano da cena mundial: não podemos nos transferir para outro plano econômico e social sem que as velhas tradições, em que vivemos, se danifiquem.

Na verdade, a burguesia alemã, cujo esforço criativo foi tão prodigioso, não soube implantar sua ideologia em seu país. E esse esforço deixou círculos sociais resistentes à sua influência — círculos com um prestígio social e uma autoridade política superiores à sua, círculos nos quais não era o burguês da capital, mas o oficial, o senhor, que representavam o ideal social. Esses círculos reacionários tiveram, no período anterior a março de 1848, no "Vormärz",[25] seus principais teóricos: Haller, Adam Müller, Stahl, Radovitz. Depois de 1848, a reação teve seus oponentes conservadores como Paul de Lagarde. Na política prática, eles eram, em parte, muito poderosos. Não era um meio social sem uma força vital. De suas fileiras veio um Bismarck. Eles tinham seu próprio clima de ideias. E, muitas vezes, passando pelos anais do século XIX alemão, folheando memórias, biografias e jornais, nos deparamos com o nacional-socialismo! Encontramos as mesmas palavras e fórmulas de propaganda: estou pensando no tom de partidos antissemitas como o Preussische Volksverein[26] por volta de 1860, e os outros que foram formados nos anos de 1873 a 1893; estou pensando no Soziale Reichspartei [Partido Social do Reich], que já em 1880 professava o antissemitismo racial, organizava congressos e publicava brochuras e folhetos. Mais ou menos na mesma época, o pregador da Corte, Adolf Stöcker, e Von Hammerstein, deputado do Parlamento, com seu órgão Kreuzzeitung, reuniam em torno de si elementos anticapitalistas ou antes antimecânicos, vindos em particular da nobreza e do clero rural: elementos hostis ao liberalismo econômico e temerosos da gigantesca industrialização da Alemanha. Uma grande parte dos camponeses o seguiu, sobretudo em Hesse; eles também, desde cerca de 1890, conheciam as armadilhas do dinheiro e abominavam seus credores "impiedosos" com ódio implacável. Também o seguiram alguns dos artesãos "retardatários", preocupados com a abolição, em 1869, dos últimos vestígios

---

[25] Vormärz: período que vai da derrota de Napoleão e o estabelecimento da Confederação Alemã, em 1815, até as Revoluções de Março de 1848.
[26] Preussische Volksverein: Associação do Povo Prussiano, organização conservadora e antiliberal da Prússia na década de 1860.

da organização corporativa medieval; seguiram-no funcionários públicos e estudantes, todos sonhando com uma organização social evoluída, todos confundindo capitalismo e judaísmo na mesma desaprovação. Stöcker[27] já conhecia a arte, tão bem praticada pelos oradores nazistas, de elevar a temperatura de uma sala de reuniões fazendo-lhe perguntas ressonantes sobre os judeus. Traduzo: "Dizem que jogamos as pessoas umas contra as outras, mas quem continua provocando? Quem?" E o público, a uma só voz: "Os judeus!" O orador continua: "Quem, durante o Kulturkampf,[28] continuou colocando lenha na fogueira?" O público: "Os judeus!" "Quem incitou as conferências de pastores contra a nossa Igreja, contra todos aqueles que se atrevem a reivindicar uma Alemanha cristã?" A sala, batendo com os pés no chão: "Os judeus, os judeus!" Daí lutas, daí tumultos. Mas Stöcker — além de um político com convicções honestas e talento organizador — atacou Bleichröder, o banqueiro judeu da Corte: o imperador então pôs fim a essas campanhas turbulentas; Stöcker caiu em desgraça (1892); no entanto, a luta continuou, em segredo, mais astuta e vingativa.

*

Sob esse dualismo feudal, sob esse estranho império de ideias pré-capitalistas, nesse país onde a indústria estava tão desenvolvida, a própria burguesia parecia disposta, sempre, a acolher as ideias antiburguesas da época. Na virada do século, ela não trouxera um legado perigoso? E ela não tinha se aliado, em 1813, a ideias inadequadas para fazer uma revolução burguesa? Toda essa paixão turbulenta e todo o sentimentalismo medíocre — este culto panteísta da Natureza, da Juventude, do Sentimento, da Onda, do Elã, como se manifesta no Wartburgfest,[29] como se incorpora mais tarde, em 1832, no

---

[27] Adolf Stoecker (1835-1909): político alemão conservador, promotor do antissemitismo e fundador do Partido Social Cristão Alemão.
[28] Kulturkampf: literalmente "luta pela cultura", conflito que ocorreu de 1872 a 1878 entre o governo do Reino da Prússia liderado por Otto von Bismarck e a Igreja Católica Romana liderada pelo papa Pio IX.
[29] Wartburgfest: festival de espírito nacionalista realizado em 1817 por estudantes universitários no castelo de Wartburg, que serviu de refúgio a Lutero.

Hambacher Fest,[30] toda esta luta contra Napoleão e sua obra, contra a Razão tiranizadora — não foi um legado funesto? E quantos pregadores de uma atitude antiburguesa em relação à vida nas próprias fileiras da burguesia? Destes, quase desconhecidos na França, com uma notoriedade retumbante na Alemanha, citemos apenas Langbehn e seu *Rembrandt als Erzieher* (1887).[31] Rembrandt, para o autor, é o típico representante da Baixa Alemanha. E a Baixa Alemanha é delicadeza de coração, sentimento correto, franqueza, alegria; rusticidade, sem dúvida, mas também robustez; e Langbehn, para pregar a sobriedade, para fazer campanha contra o café e o concerto, despejava em seu livro, no entanto, as ondas turvas de um misticismo racial apoiado por uma craniologia arianista. No todo, com muitas doutrinas antidemocráticas, declamações contra os filisteus, reverências aos nobres.

E, sem dúvida, esse filho de professor primário, esse fracasso, em si mesmo não tem importância; importa apenas sua influência. Mas, e Nietzsche? Nietzsche, o cantor da vida heroica, da vida sem a segurança do dia seguinte, sempre agressiva e tensa — não foi Nietzsche, o antifilisteu, que se tornou, no limiar do século XX, o apóstolo da juventude intelectual em revolta contra a escola, contra a família, contra a autoridade? E não deveríamos mencionar aqui as próprias associações dessa juventude, as ligas de "aves migratórias" nas quais se agrupavam os fugitivos da escola, os insurgentes do lar? Um programa público, ponto final. Mas de profundas antipatias sociais. E rancores que geram programas antiescolares. Associaram-se no culto da simplicidade perdida e da consciência inocente. Além disso, uma arte folclórica, a ressurreição das *Volkslied* [canções populares] e do *Laute* [alaúde], o desprezo pelas artificialidades da toalete e pelo refinamento do vestuário. E, claro, nenhuma unidade nesse movimento; divisões, frações, nuanças. Mas o número geral é impressionante: em 1913, em seu auge, as ligas juvenis federadas podiam ter 40 mil membros.[32] Inclusive membros

---

[30] Hambacher Fest: festival realizado em 1832 no castelo de Hambach, demandando a união nacional.

[31] "Rembrandt como professor": livro de orientação nacionalista de Julius Langbehn (1851-1907).

[32] Ver F. Jungmann, *Autorität und Sexualmoral in der freiburgerlichen Jugendbewegung dans Autorität und Familie (Studien aus dem Institut fü Sozialforschung)* [Autoridade e moralidade sexual no movimento de Freiburg, com autoridade e família (estudo do Instituto de Pesquisas Sociais)]. Paris, 1937, p. 669. [N. A.]

da juventude acadêmica pertencentes à nobreza e à classe média alta que, concluídos os estudos, ingressariam na alta administração ou ocupariam as profissões liberais. Mesmo esses privilegiados, em seus "Corpos" e durante seus anos de estudo, afetavam em todos os sentidos uma atitude antiburguesa e antifilisteia, retomada pelas tradições dos "Corpos" revolucionários da época do Romantismo. Esses "Corpos" (a *Burschenschaft* [fraternidade estudantil] os imitava em outros lugares) constituíam, como sabemos, uma escola de disciplina e um instituto de treinamento eficiente, ao lado das universidades, e que exaltavam outros valores.

Como era tênue, de modo geral na Alemanha a tradição democrática e liberal, a tradição burguesa propriamente dita! O que ela pesava diante desta outra, em que se poderia basear o nacional-socialismo: uma dupla tradição — de antiliberalismo, por um lado, com franqueza reacionária e conservadora, com nostalgia francamente pré-capitalista — e de antiburguesismo, por outro, induzindo o próprio burguês a devaneios "antimáquina": no campo das letras, eles se expressam por explosões de neorromantismo — e, no campo da filosofia, pelas "escolas" da *Lebens-philosophie*, "filosofia da vida".

III

Tentemos agora fazer a imagem mais próxima possível da realidade da Alemanha social de hoje, três anos após o advento do nacional-socialismo. Para tal, devemos nos fazer duas ou três perguntas, mas perguntas cruciais. De acordo com quais princípios se agrupam os descontentes e os satisfeitos? Aqueles que, economicamente falando, ganham e lucram mais são os mais contentes? E podemos identificar os refratários aos membros de uma determinada classe ou categoria?

Aqui novamente nos encontramos, na verdade, diante de uma série de *Erlebnisgruppen*, com os quais o nacional-socialismo joga com infinita habilidade para tirar-lhes o máximo possível. Resta um núcleo dos primeiros fanáticos, da primeira geração. Estes puros dentre os puros, o nacional-socialismo os honra considerando-os membros de uma espécie de ordem religiosa. Ele lhes deu cargos, não muito importantes, na administração; ao mesmo tempo, eles têm uma patente muito elevada na SA. Mas lá se encontram grupos de oposição: grupos de antigos combatentes da era heroica, que temem perder sua influência social e, novamente, sua honra social. Ameaça-os o 30 de junho de 1934, a instituição do serviço militar de dois anos, o aumento crescente do Exército regular. Ameaça-os, acima de tudo, a palavra do Führer: "A Revolução está liquidada!" O quê!? O tempo deles então passou, a hora deles, os "agressores", os belicistas, os promotores do movimento? Teria chegado a hora de organizações, de técnicos, de especialistas, de engenheiros, da polícia etc.? Bem, não! Admitir que os inimigos internos estão dominados e a luta acabou? Não! Pôr um ponto final na experiência de combate e de agressão com "mãos livres"? — Não! Teimosos, ferozes, obstinados, os resmungões da velha guarda repetem seu *slogan*: "A revolução continua"...

No entanto, o núcleo dos primeiros fanáticos, o nacional-socialismo busca conscienciosamente fortalecê-lo, aumentá-lo, perpetuá-lo reservando para ele, na medida do possível, os cargos de juízes, diretores e editores de jornais, professores e auditores, servidores públicos seniores em geral. A espinha dorsal dos funcionários do Estado é, portanto, a espinha dorsal do regime, uma espécie de "ordem alemã" que, lentamente, deve se tornar o Estado; toda a educação nacional-socialista na escola e mais ainda fora da escola, na Juventude Hitlerista, tem apenas um objetivo: criar fanáticos, cem por cento devotados, apenas formados e treinados para serem fanáticos nacional-socialistas. A racionalização do fanatismo e sua estabilização tornaram-se artes políticas modelares.

Não se imagine, aliás, que fora do governo propriamente dito esses homens ganhem muito. Eles são pagos sobretudo com honrarias. É a convicção de estarem no centro, no próprio coração da nação que os sustenta, os enche de orgulho e os enche de satisfação. Ao lado, temos aqueles do segundo círculo — aqueles que o nacional-socialismo atraiu mais do que despertou, aqueles a quem o regime confia todas as tarefas organizacionais, grandes ou pequenas. Os especialistas (*Fachleute* [profissionais]), os "técnicos" em geral — aliás, de primeira ordem, operam com todo o entusiasmo amoroso de verdadeiros diletantes. Homens novos em sua maioria, bem familiarizados com seu trabalho, eles mantêm uma engenhosidade de autodidatas: essas pessoas engenhosas, de olhos bem abertos para a realidade, facilmente intoxicadas por cifras e números, reproduzem o tipo intelectual do engenheiro americano. Encontramo-los em todos os lugares, em escritórios, no assentamento rural (*Siedlungsgesellachalten*), no *Reichsnährstand*, no *Arbeitsfront*, no *Reichakulturkarnmer*, no *Arbeitsdienst* e em outros lugares.[33] Nacional-socialistas afáveis, claro, mas sobretudo técnicos mestres de sua técnica, especialistas mestres de sua especialidade no domínio que lhes é confiado, são, dentro desses limites, fanáticos por "servir", apegados ao dever material, ávidos de querer vencer, obstinados em resolver teimosamente o problema que resiste. Para o resto, para as doutrinas, veja Rosenberg e Göebbels: a cada um, seu trabalho. A terra é limpa, os colonos se estabelecem, as autoestradas se multiplicam, o desemprego diminui, os fornos são acesos; então, está tudo bem, a Alemanha está funcionando, a Alemanha está progredindo, é isso que é preciso. E aqueles que a princípio vegetaram, como taxistas ou garçons, aprendizes na fábrica ou manobristas na fazenda — eles, a Alemanha soube distingui-los, colocá-los em seu verdadeiro lugar: assim acabou o dejeto humano pré-Hitler; portanto, a Alemanha nacionalista é a verdadeira Alemanha democrática; não é à toa: não existe ditadura que não extinga castas e não liberte certos grupos. E, sob qualquer tirania, "servidores fiéis" podem fazer carreira independentemente de seu berço e de suas tradições sociais. Tais são os "confidentes" pessoais do tirano da Antiguidade; tais são, hoje, os membros aprovados do partido nos regimes fascistas.

Em seguida, vêm os nazistas passivos. A massa. Aqueles que, desde seu nascimento, são apanhados nas engrenagens de uma admirável máquina distribuidora de maná — máquina que nunca os abandonará até o dia de sua morte. Eles se casam? O partido totalitário lhes dá créditos de casamento. Eles têm filhos? Eles recebem *Kinderbeihilfe* ["auxílio-filhos"]. Eles viajam? À sua disposição, cupons e preços reduzidos, excursões combinadas, jogos, esportes, espetáculos de todos os tipos. Nós os treinamos. Nós os apoiamos. Nós os seguimos. Nós lhes damos trabalho. Com isso, não há nenhum seguro social na Alemanha que não seja propaganda, nenhum seguro social que

---

[33] Organismos públicos referentes, respectivamente, a: agricultura, trabalho, cultura e serviço voluntário.

não implique um controle... Mas abrir mão de tantas vantagens vitais (os refratários, é claro, não têm nada), isso exige heroísmo...

*

O heroísmo... um pequeno grupo de homens na Alemanha o implanta. Eles são homens de fé divina e espírito religioso.

Em primeiro lugar, e acima de tudo, católicos fervorosos. Não os tratemos como "classe". Eles vêm de todas as regiões católicas da Alemanha, de padres rurais e seus rebanhos de camponeses a professores universitários e grandes eruditos. Ao lado, protestantes que se incomodam com a impiedade dos governantes, com o escárnio das coisas sagradas, com o neopaganismo dos nazistas, seu culto anticristão da juventude, da beleza física, do corpo do homem. Nem todos podem se unir de corpo e alma ao regime, como o próprio bispo do Reich. Eles se opõem violentamente à abolição da organização sindical, presbiteriana, e não querem um *Fuhrerprinzip* em suas comunidades.[34] Saídos das fileiras dos *Deutschenthoisten* ["entusiastas alemães"] antes de se alinharem ao poder, eles formaram a *Bekenntniskirche* [Igreja confessional] que, recusando qualquer pacto com o diabo e seu governo, buscam sua salvação em um biblicismo estreito e rigoroso. Também eles já têm seus mártires: tantos pastores presos ou destituídos — vários emigrados, de grande fama: Karl Barth, Fritz Liepete. Para todos, para todos os membros de muitas seitas espalhadas pela Alemanha, o problema é o mesmo: opor à religião política totalitária do nacional-socialismo uma religião totalitária divina.[35] Daí o renascimento de um fervor religioso que se poderia pensar há muito extinto.

Ao lado desses homens de fé, os antigos liberais. Eles não foram mortos. Eles não foram forçados a emigrar. Às vezes, até mesmo, eles permaneceram no mesmo lugar, nas posições que ocupavam "antes". Mas a vida a que estão condenados — a comparação está nos lábios de todos, assim que ganhamos

---

[34] Fuhrerprinzip: literalmente "Princípio do Líder", sistema hierárquico de líderes que foi o fundamento jurídico do sistema político nacional-socialista.
[35] Cf., sobre este assunto, Lucie Varga. "La recherche historique et l'opposition catholique en Allemagne." *Revue de Synthèse*, t. XIII, fase 1, fev. 1937. [N. A.]

sua confiança — é uma vida de caracol em sua concha, ou, se preferir, de cadáver antes da hora. Velhos mestres totalmente esquecidos ("Ei, ele não morreu?"), antigas celebridades que são um zero à esquerda, miseráveis derrotados para quem tudo e todos, todos os dias e todas as noites demonstram que seu tempo acabou, que são do passado, da era desaparecida, colapsada, enterrada — da era do liberalismo democrático burguês.

Igualmente isolados, os "aproveitadores" e doadores descontentes do nacional-socialismo, os *junkers*[36] e os grandes industriais. O *junker* recebeu o crédito que lhe foi oferecido. Não devemos isso à sua dignidade? Mas ele suporta com impaciência o controle desse crédito, as prescrições draconianas que lhe são impostas quanto ao cultivo e à criação, a perda de seu prestígio senhorial e a diminuição de seu prestígio social. Classificado como "reacionário", ele tem menos influência e menos estima no Estado do que antigamente, na época da República de Weimar. E fica, além do mais, com o coração partido ao ver seus filhos se levantarem contra ele e suas ideias e, conquistados pela propaganda educativa dos nazistas, juntarem-se ao movimento, entregando-se de corpo e alma…

A mesma coisa no mundo industrial. As fábricas operam graças ao crédito do Estado. Mas esse crédito deve igualmente ser pago. Controle preciso, exato e minucioso — insuportável. A cada dia, uma rede de leis une um pouco mais essas pessoas. E tudo lhes é ditado, prescrito, ordenado: o que devem comprar de matéria-prima, como devem fazer os trabalhadores trabalharem, quanto devem lhes pagar, a que preço devem vender (ver o recente conflito com a indústria química) e que lucro podem reter para si — no máximo 6%, e devem depositar o resto obrigatoriamente no Golddiskontbank,[37] à disposição do Estado. Se eles não andam em linha reta, são destituídos.

Os *junkers* e a grande indústria: falta o terceiro dos doadores de fundos, o *Reichswehr* [as Forças Armadas]. Um aliado prudente do regime, claro, mas evidentemente um corpo à parte. Aliado cheio de reservas e desdenhoso desses autodidatas em questões militares. Sim, democratizamos a profissão

---

[36] Título honorífico dado à elite latifundiária.
[37] Golddiskontbank: banco estatal fundado em 1924 para promover a indústria de exportação alemã, através do financiamento da importação de matérias-primas.

de soldado, democratizamos o uniforme. O uniforme, para um oficial, era também um sinal de sua casta, de sua superioridade, de sua distinção... A camisa marrom, o uniforme nacional-socialista, tem outra função. Não simboliza distinções sociais em relação ao nascimento, à educação etc.; pelo contrário, apaga-os. E se ela distingue, ou melhor, se ela também distinguia, em seu tempo, era em outro nível.

Ainda há insatisfeitos entre os camponeses, cuja vida inteira foi mudada pelo novo regime, pela estrita organização da venda de produtos, por toda uma legislação de cujas interpretações se ocupam 1.500 tribunais na Alemanha: descontentes que rugem baixo, mas, esperando, procuram administrar da melhor forma possível o novo mundo que foi criado para eles. Enfim, insatisfeitos entre os trabalhadores. Eles têm empregos, é verdade — mas os salários são tão miseráveis. Ter um emprego de novo, é difícil imaginar o milagre que foi para eles, há tanto tempo condenados ao desemprego. Que choque, porém, é a realidade! Eles dificilmente têm o suficiente para garantir uma existência miserável. Um bom metalúrgico ganha cerca de 30 RM por semana — e só trabalha três em cada quatro semanas. Na Opel, um estofador ganha 60 pf. por hora, um recepcionista, 80 pf. Mais economias atrás deles. Aqueles que possuíam economias geralmente as colocavam nas cooperativas de consumo (*Konsumvereine*), e agora as perderam, pois as *Vereines* foram estranguladas pelo regime. Comida é cara. O gás aumenta. Seus salários estão sobrecarregados com vários impostos. Alguns iluminados, comunistas em sua maioria, arriscam suas vidas impulsivamente; as massas vegetam e pensam apenas em subsistir da melhor maneira possível, em unir-se aos sindicatos e à proteção dos trabalhadores, por um lado, e ao desemprego, por outro.

Vamos resumir. Crise? Explicação vaga: ela explica tudo e nada. A crise é um fato geral, um fato internacional; não é um fato especificamente alemão. O que é específico são as várias respostas dadas à crise: respostas em relações estreitas, e necessárias, com as tradições profundas de cada país. O nacional-socialismo: a resposta alemã à crise, claro. Intimamente relacionado à história alemã, que em um ponto parecia se fundir com a da Europa Ocidental — e que, desde então, mostrou-se voltada para uma direção diferente.

O nacional-socialismo era mais do que uma mudança de nome em benefício de uma classe. Nem os doadores de fundos foram socialmente recompensados, nem os agentes do movimento eram membros de uma classe agindo como tal. Originalmente, indivíduos desesperados e ameaçados, fundamentalmente hostis à República de Weimar, imbuídos de ódio desdenhoso contra o liberalismo e a democracia, hostis ao movimento capitalista moderno, repletos de nostalgias pré-capitalistas. O apelo ao sentimento de uma propaganda habilidosa despertou ecos poderosos em seus corações. E foi somente após sua conversão ao nacional-socialismo que essas pessoas isoladas formaram um grupo — um grupo de ataque revolucionário e esclarecido.

Depois de 1933, os sonhos pré-capitalistas tiveram que ser liquidados. Tratava-se, agora, não de um retrocesso, mas de recolocar a Alemanha em seu lugar, na escala econômica internacional, por um esforço de produção, de economia dirigida, de racionalização e de excessiva centralização. Chega de "socialismo" no nacional-socialismo. Seus propagadores, os irmãos Strasser, foram eliminados. Um foi assassinado, o outro vive exilado em Praga.[38] E o velho rancor contra o "burguesismo" é ele próprio posto a serviço de um Estado cada vez mais mecanizado e industrializado: continuamos a apelar para o herói, para o "*heldischen Menschen*" [pessoa heroica], contra o burguês, o "*Raffer*" [avarento] e o "*Bürger*" [endinheirado][39] do passado. Habilidade suprema: para resolver os problemas econômicos e administrativos inevitavelmente colocados pela conduta de um Estado moderno, o nacional-socialismo, portanto, usa descaradamente muitas antipatias que datam de muito tempo atrás, na Alemanha, contra o liberalismo e a democracia.

---

[38] Irmãos Gregor e Otto Strasser: líderes de uma vertente do Partido Nazista que se opôs às ideias e práticas mais extremistas de Hitler, propondo uma espécie de anticapitalismo socialista, ainda que de caráter nacionalista. Gregor foi assassinado em 1934, durante o episódio que ficou conhecido como a "Noite das Facas Longas".

[39] Bürger: hoje a palavra significa "cidadão", mas antigamente referia-se aos moradores das cidades, geralmente mais ricos e influentes do que os camponeses e trabalhadores braçais, porém mais pobres e menos influentes que os nobres.

9

Mirra Komarovsky, pioneira dos estudos de gênero

Em 1946 um pequeno e despretensioso artigo publicado na principal revista de sociologia norte-americana analisava "a natureza de certos papéis sexuais incompatíveis entre si, impostos por nossa sociedade às mulheres universitárias". A autora era Mirra Komarovsky, uma socióloga de 41 anos, que se baseara em dados coletados entre suas alunas. Em linguagem clara e direta, porém não panfletária, ela mostrava como essas jovens viviam um conflito entre os papéis sexuais (*sexual roles*) prescritos por valores associados a um modelo tradicional, "feminino" (dedicado à maternidade e aos cuidados com o lar) e outro "moderno" (orientado para uma vida profissional).

Além de ser uma das primeiras vezes em que se utilizava a noção de "papéis sexuais", o artigo incluía vários trechos de depoimentos pessoais, nos quais as estudantes descreviam seus dramas e alguns dos artifícios que usavam em suas interações com rapazes. Por exemplo, a de "fingir-se de burra" (*play dumb*) em algumas circunstâncias, ou de "perder de propósito" em algumas disputas, para não parecerem mais inteligentes ou capazes do que eles.

O artigo, aqui reproduzido, causou sensação: 50 mil cópias avulsas foram vendidas e ele foi posteriormente republicado em várias coletâneas. A autora obviamente tocara numa questão crucial para a sociedade americana de então, em rápida transformação. Junto com sua contemporânea, a antropóloga Margaret Mead, Mirra foi pioneira em definir o *status* das mulheres como um problema social e defender que sua superação não dependia apenas de rearranjos nas relações pessoais: era preciso que ocorresse uma reorganização dos valores dominantes na sociedade em geral. O artigo também representaria um marco nas ciências sociais americanas, inaugurando um campo de pesquisa — o dos estudos de gênero — que cresceria muito nas décadas seguintes.

Posteriormente, Mirra consideraria o texto pouco sofisticado em termos metodológicos, em comparação com outros que publicou. Porém, como ela mesmo reconheceu, "não há a menor dúvida de que fui atraída para este campo de pesquisa pelo estresse e pelas ambivalências que eu estava experimentando como mulher profissional".[1] Ou seja, ela própria viveu, pessoalmente, as contradições relacionadas às tensões e ambivalências no desempenho dos diferentes papéis sexuais que agora transformava em objeto de estudo.

*

Mirra Komarovsky nasceu em 1905 em Baku, às margens do mar Cáspio, hoje capital do Azerbaijão, numa família de judeus de classe média alta, de origem russa.[2] Em 1922, já vivendo sob a União Soviética, sua família emigrou para os Estados Unidos. Pouco depois, ela se mudou para Nova York, indo estudar no Barnard College, uma famosa faculdade privada apenas para mulheres, ligada à Universidade Columbia, que então se recusava a receber mulheres como estudantes. Em

---

[1] Ver Mirra Komarovsky. "Women Then and Now: A Journey of Detachment and Engagement". *Women's Studies Quarterly*, v. 10, n. 2, verão 1982, pp. 5-9. A frase está na p. 9.
[2] As principais fontes utilizadas para as informações biográficas foram: o artigo de Shulamit Reinharz, "Finding a Sociological Voice: The Work of Mirra Komarovsky" (*Sociological Inquiry*, v. 59, n. 4, nov. 1989, pp. 374-395); e o pequeno texto autobiográfico acima citado (Komarovski, 1982). Seu arquivo pessoal está no Barnard College. O inventário está disponível em: <https://collections.barnard.edu/public/repositories/2/resources/239>.

Barnard, Mirra teve aulas com os antropólogos Franz Boas e Ruth Benedict e com o sociólogo William Ogburn. Nessa mesma década estudaram em Barnard a futura antropóloga Margaret Mead e Dorothy Swaine Thomas. Esta última se tornaria depois a primeira mulher a assumir a presidência da American Sociological Association.

Em 1926, Mirra concluiu sua graduação e casou-se. Dois anos depois, separou-se para buscar uma carreira profissional, conseguindo um emprego de assistente de pesquisa no Yale Institute for Human Relations. Naturalizou-se americana em 1931 e voltou para Nova York, trabalhando como assistente de pesquisa em Columbia, o que resultou em seu primeiro livro, publicado em 1934, em coautoria com George Lundber e Mary Alice McInerny: *Leisure, a Suburban Study* (Lazer, um estudo suburbano).

Em Columbia, Mirra cursou a pós-graduação, ao mesmo tempo que trabalhava como assistente de pesquisa no International Institute for Social Research e, a partir de 1934, em Barnard, inicialmente como *instructor*, posição docente não permanente. Sua tese de doutorado, orientada por Paul Lazarsfeld, foi publicada em 1940: *The Unemployed Man and His Family* (O homem desempregado e sua família). Na tese, ela mostrou como as famílias sustentadas por mulheres saíram-se melhor durante a Grande Depressão do que aquelas que tinham homens como principais provedores.

Em 1940, Mirra casou-se novamente, com o empresário Marcus A. Heyman, 15 anos mais velho que ela. Os dois não tiveram filhos e mantiveram, segundo ela, uma relação muito igualitária e harmoniosa, que durou até 1970, quando ele morreu.[3]

Enquanto cursava sua pós-graduação, Mirra dedicou-se, no Departamento de Sociologia do Barnard College, à docência e à pesquisa sobre temas como casamento, família e gênero. Teve uma extensa produção intelectual. Em 1953, para combater o que chamou de neoantifeminismo, publicou *Women in the Modern World* (As mulheres no mundo moderno); em 1964, *Blue-Collar Marriage* (Casamento entre trabalhadores), em colaboração com a antropóloga Jane H. Philips; em 1976, *Dilemmas of Masculinity* (Dilemas da masculinidade); e, em 1985, *Women in College: Shaping*

---

[3] Ver obituário de Marcus no *The New York Times*, 10-8-1970, p. 29.

New Feminine Identities (Mulheres na faculdade: moldando novas identidades femininas).

Mirra continuou no Barnard College por praticamente toda a sua carreira profissional, que foi bem-sucedida. Em 1970, aos 65 anos, foi compulsoriamente aposentada, mas continuou muito ativa. No mesmo ano tornou-se vice-presidente e depois, de 1972 a 1973, foi a segunda mulher a ocupar a presidência da American Sociological Association desde sua fundação, em 1905. Mirra recebeu várias honrarias e continuou em franca atividade acadêmica nos anos seguintes. Foi *special lecturer* em Columbia (1974-1977) e professora visitante na New School for Social Research (1975-1978). Entre 1976 e 1980 foi uma das editoras do *Journal of Marriage and the Family*. Em 1977 ganhou um prêmio da American Sociological Association. Em 1978, oito anos após sua aposentadoria, voltou a Barnard para coordenar o programa de estudos sobre mulheres, e em 1979 tornou-se professora emérita, passando a oferecer anualmente, até 1992, um curso sobre "Gênero e sociedade". Morreu em 1999, aos 93 anos.

*

Em 1950, no artigo "Functional Analysis of Sex Roles" (Análise funcional dos papéis sexuais), Mirra resumiu em três os objetivos de seu projeto intelectual: revelar o significado funcional dos papéis sexuais, identificar contradições culturais e analisar as possibilidades de mudança.[4]

---

[4] Mirra Komarovsky fará depois balanços desse projeto teórico em publicações como "Presidential Address: Some Problems in Role Analysis" (*American Sociological Review*, v. 38, n. 6, dez. 1973, pp. 649-662) e "The New Feminist Scholarship: Some Precursors and Polemics" (*Journal of Marriage and Family*, v. 50, n. 3, 1988, pp. 585-593.)

Em sua produção acadêmica, Mirra rejeitou explicações deterministas de natureza biológica ou psicológica e defendeu uma explicação *sociológica* centrada nos papéis sociais — os valores que os sustentam, bem como seu desempenho —, apontando especificamente as suas inconsistências. Além disso, não restringiu seu campo de estudos às mulheres e aos valores "femininos", mas defendeu sua necessária extensão para incluir também os homens e os valores "masculinos".

Uma das características centrais de toda sua obra é a ênfase no estudo das *mudanças sociais* e das *contradições* em relação aos papéis sociais. A família é vista por ela como um palco de tensões e conflitos, e não apenas de estabilidade. Isso a afastou dos trabalhos, até então mais comuns, focados nas condições de manutenção de uma "ordem", "estabilidade" ou "equilíbrio" social — como, por exemplo, na perspectiva funcionalista de Talcott Parsons. Mirra revelou como a tensão entre diferentes estereótipos sociais (e os valores nos quais estão ancorados) afeta a vida dos indivíduos. Como mulher profissional, ela mesma estava bem situada para perceber os problemas estruturais que geravam essa tensão entre papéis conflitantes, no plano da ação individual.

Contradições culturais e papéis sexuais[5]
(1946)

Mirra Komarovsky

RESUMO: Um estudo com mulheres universitárias no último ano da faculdade mostra que elas comumente enfrentam expectativas mutuamente exclusivas de seus papéis sexuais adultos. Em particular, a família de uma moça e seus amigos do sexo masculino são as agências por meio das quais ela se vê diante da inconsistência entre o ideal de dona de casa e o de uma "garota profissional" (*career girl*).[6] Algumas moças vacilam no desempenho desses papéis, conformando-se às pressões dessas mudanças; todas sofrem com a incerteza e a insegurança que são as manifestações pessoais do conflito cultural.

Mudanças profundas nos papéis das mulheres durante o século passado foram acompanhadas por inúmeras contradições e inconsistências. Com nossa cultura em rápida mudança e altamente diferenciada, com a multiplicação de migrações e contatos sociais, o cenário está armado para miríades de combinações de elementos incongruentes. Frequentemente, as normas

---

[5] Mirra Komarovsky. "Cultural Contradictions and Sex Roles". *American Journal of Sociology*, v. 52, n. 3, nov. 1946, pp. 184-189. Tradução de Celso Castro.

[6] A autora, ao usar essa expressão, possivelmente evoca também um filme americano de 1944, *Career girl*, estrelado por Frances Langford. O filme conta a história de uma jovem do interior que vai para Nova York disposta a conquistar os palcos da Broadway. Ao mesmo tempo que obtém sucesso, enfrenta a oposição de seu noivo, que tenta mantê-la longe dos palcos e dedicada aos tradicionais afazeres domésticos. [N. do Org.]

culturais estão funcionalmente inadequadas às situações sociais às quais se aplicam. Assim, elas podem dissuadir um indivíduo de tomar um curso de ação que melhor serviria aos seus próprios interesses e aos da sociedade. Ou, se houver um comportamento contrário à norma, o indivíduo pode sentir-se culpado por violar costumes que não servem mais a nenhum fim socialmente útil. Às vezes, adere-se a papéis definidos culturalmente em face de novas condições, sem uma percepção consciente das discrepâncias envolvidas. As ações recíprocas ditadas pelos papéis podem estar em desacordo com as exigidas pela situação real. Isso pode resultar em um desequilíbrio de privilégios e obrigações,[7] ou em alguma frustração de interesses básicos.

Mais uma vez, problemas surgem porque as mudanças no modo de vida criaram novas situações que ainda não foram definidas pela cultura. Indivíduos assim deixados sem orientação social tendem a agir em termos de motivos egoístas ou "hedonísticos de curto prazo" que às vezes prejudicam seus próprios interesses de longo prazo ou criam conflito com outros. A obrigação exata de uma esposa com emprego remunerado em relação ao sustento da família é uma dessas situações indefinidas.

Finalmente, um terceiro modo de discrepância surge com a existência de definições culturais incompatíveis da mesma situação social, como o choque entre costumes "antiquados" e "radicais", de religião e lei, de normas de instituições econômicas e familiares.

Os problemas levantados por essas discrepâncias são problemas sociais no sentido de que geram conflito mental ou social ou, por outro lado, frustram alguns interesses básicos de grandes segmentos da população.

Este artigo apresenta em detalhes a natureza de certos papéis sexuais incompatíveis entre si, impostos por nossa sociedade às mulheres universitárias. Ele se baseia em dados coletados em 1942 e 1943. As integrantes de um curso de graduação sobre a família foram convidadas, por dois anos sucessivos, a produzir documentos autobiográficos sobre o tema; 73 foram coletados. Além disso, foram realizadas 80 entrevistas, com duração de cerca de uma hora cada, com todas as integrantes de um curso de psicologia social

---

[7] Ver Clifford Kirkpatrick. "The Measurement of Ethical Inconsistency in Marriage". *International Journal of Ethics*, n. XLVI, 1936, p. 444-460.

da mesma instituição, perfazendo um total de 153 documentos que variam de no mínimo cinco a no máximo 30 páginas datilografadas.

A generalização que emerge desses documentos é a existência de sérias contradições entre dois papéis presentes no meio social da mulher universitária. Os objetivos definidos para cada papel são mutuamente exclusivos, e os traços fundamentais de personalidade que cada um evoca são em alguns pontos diametralmente opostos, de modo que o que é ativo para um torna-se passivo para o outro, e a plena realização de um papel ameaça derrotar o outro.

Um desses papéis pode ser denominado papel "feminino". Embora haja uma série de variantes permissivas do papel feminino para mulheres em idade universitária (a "boa esportista", a "moça glamourosa", a "jovem senhora", a "moça doméstica" etc.), elas têm um núcleo comum de atributos que definem as atitudes adequadas para com os homens, a família, o trabalho, o amor etc., e um conjunto de traços de personalidade frequentemente descritos com referência ao papel do sexo masculino, como "não tão dominante ou agressiva quanto os homens" ou " mais emotiva e simpática".

O outro papel, mais recente, é, em certo sentido, nenhum papel *sexual*, porque oblitera parcialmente a diferenciação no sexo. Ele exige da mulher praticamente as mesmas virtudes, os padrões de comportamento e atitudes que se exigem dos homens da mesma idade. Vamos nos referir a ele como o papel "moderno".

Ambos os papéis estão presentes no ambiente social dessas mulheres ao longo de suas vidas. Porém, como o conteúdo preciso de cada papel sexual varia com a idade, assim também a natureza de seus confrontos muda de um estágio para o outro. Na fase etária em discussão, o conflito entre os dois papéis aparentemente gira em torno do trabalho acadêmico, da vida social, dos planos vocacionais, da excelência em campos específicos de atuação e de uma série de traços de personalidade.

Uma manifestação do problema está na inconsistência das metas estabelecidas para a moça por sua família.

Quarenta das informantes, ou 26% do total, expressaram alguma queixa contra suas famílias por não conseguirem confrontá-las com objetivos claros e consistentes. A maioria, 74%, negou ter tido essas experiências. Uma aluna escreve:

Como devo seguir qualquer curso obstinadamente quando, de alguma forma, uma pessoa que respeito certamente dirá: "Você está no caminho errado e está desperdiçando seu tempo"? O tio John telefona todos os domingos de manhã. Sua primeira pergunta é: "Você saiu ontem à noite?" Ele me consideraria uma "chata" se eu ficasse em casa no sábado à noite para terminar um trabalho de conclusão de curso. Meu pai espera que eu tire um A em todas as disciplinas e fica desapontado com um B. Ele diz que tenho muito tempo para a vida social. Minha mãe diz: "Esse A em filosofia é muito bom, querida. Mas, por favor, não vá tão longe a ponto de nenhum homem parecer bom o suficiente para você." E, finalmente, a linha de tia Mary é a das mulheres profissionais: "Prepare-se para alguma profissão. Esta é a única maneira de garantir sua independência e uma vida interessante. Você tem muito tempo para se casar."

Uma aluna do quarto ano escreve:

Recebo cartas da minha mãe pelo menos três vezes por semana. Uma semana, suas cartas dirão: "Lembre-se de que este é seu último ano na faculdade. Subordine tudo aos seus estudos. Você precisa ter um bom histórico para conseguir um emprego." Na semana seguinte, suas cartas estão cheias de notícias de casamento: esta minha amiga se casou; aquela ficou noiva; o casamento da minha jovem prima será na semana que vem. Quando — pergunta minha mãe — eu vou me decidir? Certamente, eu não gostaria de ser a única solteira no meu círculo social. Está na hora, ela sente, de eu pensar um pouco sobre isso.

Uma estudante relembra:

Durante todo o ensino médio, minha família me incentivou a trabalhar duro porque desejavam que eu entrasse em uma faculdade de primeira linha. Ao mesmo tempo, estavam sempre delirando sobre uma colega de escola que morava ao nosso lado. Como ela era linda e meiga, como ela era popular, e que gosto tinha para roupas! Eu também não poderia prestar mais atenção à minha aparência e à vida social? Eles estavam desconsiderando o fato de que aquela minha amiga despreocupada tinha pouco tempo para os trabalhos escolares e tinha sido reprovada em várias matérias. Parecia que minha família esperava que eu me tornasse Ève Curie e Hedy Lamar num só pacote.[8]

Outra comenta:

Minha mãe acha que é muito bom ser inteligente na faculdade, mas apenas se isso não exigir muito esforço. Ela sempre me diz para não ser muito intelectual nos encontros, para ser inteligente de uma maneira leve. Meu pai, por outro lado, quer que eu estude Direito. Ele acha que, se eu me aplicasse, poderia ser uma excelente advogada, e fica me dizendo que estou mais apta para esta profissão do que meu irmão.

Outra escreve:

Um de meus dois irmãos escreveu: "Esconda sua inteligência e seja um pouco burra de vez em quando", enquanto o outro sempre insiste sobre a importância de ter uma formação intelectual rigorosa.

As alunas testemunharam certa perplexidade e confusão causada pelo fracasso da família em suavizar a passagem de um papel para outro, especialmente quando os papéis envolvidos eram contraditórios. Para algumas delas, parecia que haviam acordado uma manhã e encontrado seu mundo de cabeça para baixo: o que até então evocava elogios e recompensas de parentes, de repente agora despertava censura. Uma aluna relembra:

Eu poderia competir com meu irmão mais velho em patinação na neve, em tiro ao alvo, em jogos com bola e muitos outros jogos em que disputávamos. Ele gostava de me ensinar e tinha muito orgulho de minhas realizações. Então, um dia, tudo mudou. Ele deve ter subitamente se conscientizado do fato de que as moças deveriam

---

[8] Ève Curie (1904-2007): filha dos ilustres cientistas franceses Pierre e Marie Curie, foi escritora e pianista; Hedy Lamarr (1914-2000), famosa atriz austríaca que se mudou para Hollywood e que, além do sucesso nas telas, inventou o sistema que serviu de base para os atuais telefones celulares. Ambas eram consideradas muito inteligentes, bonitas, glamourosas e bem-sucedidas. [N. do Org.]

ser femininas. Eu estava caminhando com ele, orgulhosa de poder acompanhar seus longos passos, quando ele se virou para mim aborrecido: "Você não consegue andar como uma dama?" Ainda me lembro de me sentir magoada e perplexa com seu desprezo, quando tinha sido levada a esperar aprovação.

Certa vez, durante seu primeiro ano na faculdade, após um encontro maravilhoso, uma estudante escreveu para seu irmão com grande entusiasmo:

"Que noite maravilhosa na casa da fraternidade! Você ficaria orgulhoso de mim, Johnny! Ganhei todas as partidas de pingue-pongue, exceto uma!" "Pelo amor de Deus", foi sua resposta, "quando você vai crescer? Você não sabe que o menino gosta de pensar que é melhor que a menina? Dê algum trabalho a ele, claro, mas perca alguns saques no final. Você deveria entrar para o Clube de Debates? Certamente, mas não pratique muito contra os meninos." Acredite, fiquei chocada com esta carta, mas então vi que ele estava certo. Para ter sucesso na faculdade é preciso namorar, não se deve ganhar muitas partidas de pingue-pongue. No início, fiquei ressentida com isso. Mas agora estou mais ou menos acostumada e vivo na esperança de um dia encontrar um homem que me seja superior, para que eu possa então viver meu "eu" natural.

São os pais, e não os irmãos mais velhos, que inverteram suas expectativas no seguinte trecho:

Durante todo o ensino fundamental e médio, meus pais me fizeram sentir que ir bem na escola era minha principal responsabilidade. Um bom boletim escolar, uma eleição como representante estudantil, essas eram as notícias das quais mamãe se gabava nas conversas telefônicas com as amigas. Mas recentemente eles de repente ficaram preocupados comigo: não presto atenção suficiente à vida social, uma mulher precisa de *alguma* educação, mas não muita... Eles estão perturbados com minha determinação de ir para a Escola de Serviço Social. Não consigo imaginar por que minhas ambições deveriam surpreendê-los, depois de terem me exposto por quatro anos a alguns dos cientistas sociais mais inspiradores e estimulantes do país. Meus pais têm alguns argumentos muito fortes do seu lado. De que adianta, dizem eles, investir anos no treinamento para uma profissão, apenas para abandoná-la depois de algum tempo? As chances de conhecer homens são mínimas nessa profissão. Além disso, posso ficar tão preocupada com isso a ponto de sacrificar minha vida social. Afinal, os próximos anos são o momento certo para encontrar um companheiro. Mas o desejo de aplicar o que aprendi e o desafio desta profissão é tão forte que irei prosseguir, apesar da oposição da família.

Um trecho final ilustra tanto a transição repentina de papéis quanto a ambiguidade dos padrões:

Estou me especializando em redação em inglês. Este não é um campo totalmente "aprovado" para meninas, então geralmente digo apenas "inglês". Uma especialização em literatura inglesa é bastante apreciada e aprovada pelos garotos. De alguma forma, está agregada a todas as outras artes e até tem um pouco de *glamour*. Mas uma moça que se forma em redação é uma moça com quem se deve ter cautela, porque ela supostamente notará todos os seus erros gramaticais, examinará suas cartas com muita crítica e considerará sua fala e suas conversas coloquiais como muito grosseiras.

Também trabalho para um grande jornal diário como correspondente na prefeitura. Sou muito querida por lá e possivelmente poderei continuar como repórter depois da minha formatura, em fevereiro. Tive vários *spreads* [histórias com mais de 20 ou 25 centímetros de espaço], e isso é considerado muito bom para um correspondente ainda na faculdade. Naturalmente, fiquei exultante e satisfeita com isso e, no que diz respeito à prefeitura, estou começando muito bem uma carreira que é difícil para um homem alcançar, e ainda mais difícil para uma mulher. A reportagem em geral ainda é trabalho de homem, na opinião da maioria das pessoas. Recebo muitos elogios, mas também críticas, e acho confuso e difícil ser elogiada por ser inteligente, trabalhar duro e, então, quando meus esforços prometem ser bem-sucedidos, ser condenada e criticada por ser ambiciosa e pouco feminina.

Eis algumas dessas reações:

Meu pai: "Não gosto desse ambiente de jornal. As pessoas que você está conhecendo estão te deixando menos interessada em casamento do que nunca. Você está ficando educada e intelectualizada demais para ser atraente para os homens."

Minha mãe: "Não gosto da sua atitude em relação às pessoas. O jornal está tornando-a muito analítica e calculista. Acima de tudo, você não deve sacrificar um casamento por sua educação e carreira."

Um tenente com dois anos de faculdade: "Fiquei muito contente ao ouvir sobre suas conquistas no jornal — boa menina!"

Um piloto da Marinha com um ano de faculdade: "Sem dúvida, sou antiquado, mas nunca poderia esperar ou sentir que seria correto a moça desistir de um futuro muito promissor ou interessante para ficar me esperando concluir a faculdade. Mesmo assim, parabéns pelo seu trabalho no jornal. De onde você consegue essa energia maravilhosa? De qualquer forma, eu sei que você ficou emocionada com essa conquista e estou muito feliz por você. Tenho a impressão de que significa o mesmo para você que aquela carta dizendo 'apto para o serviço ativo' significou para mim."

Um metalúrgico formado, agora soldado do Exército: "Foi bom saber de sua conquista no jornal. Tenho certeza de que seu talento será reconhecido e você irá longe. Mas não muito longe, porque eu não acho que você deveria se tornar uma mulher profissional. Você se tornará reprimida e não irá se interessar o suficiente em se divertir, caso se mantenha nessa carreira."

Um tenente com um ano e meio de faculdade: "Todo esse negócio de carreira é um absurdo. Uma mulher pertence à casa e a absolutamente nenhum outro lugar. Minha esposa terá que ficar em casa. Isso deve mantê-la feliz. Os homens são simplesmente superiores em tudo, e as mulheres não têm o direito de esperar competir com eles. Elas devem fazer apenas aquilo que irá manter seus maridos felizes."

Um engenheiro graduado — meu noivo: "Vá em frente e chegue o mais longe que puder em seu campo. Fico feliz que você seja ambiciosa e inteligente, e estou tão ansioso para vê-la tão feliz e bem-sucedida quanto eu. É uma vergonha desperdiçar todo esse cérebro só para varrer a casa e lavar a louça. Acho que uma vida familiar normal e filhos são pequenos sacrifícios a se fazer se a carreira for mantê-la feliz. Mas prefiro vê-la no rádio, porque sou um pouco desconfiado do efeito sobre o nosso casamento do modo de vida que você terá num jornal."

Sessenta e uma informantes, ou 40%, indicaram que ocasionalmente "se fingiam de burras" [*play dumb*] em encontros com rapazes, isto é, escondiam alguma honra acadêmica, fingiam ignorância de algum assunto ou permitiam ao homem a última palavra em uma discussão intelectual. Entre elas estavam mulheres que "perdiam jogos de propósito" e em geral minimizavam certas habilidades em obediência à lei não escrita de que os homens deveriam possuir essas habilidades num grau superior. Ao mesmo tempo, em outras áreas da vida, as pressões sociais estavam sendo exercidas sobre essas mulheres no sentido de "jogar para vencer", para competir com o máximo de suas habilidades por distinção intelectual e honras acadêmicas. Uma estudante escreve:

> Fiquei feliz por me transferir para uma faculdade só para mulheres. Os dois anos na universidade mista produziram uma tensão constante. Eu sou uma boa estudante; minha família espera que eu tire boas notas. Ao mesmo tempo, sou normal o suficiente para querer ser convidada para o baile de sábado à noite. Bem, todos sabiam que naquele campus a reputação de ser um "cérebro" matava a moça socialmente. Sempre tive medo de falar demais na aula ou responder a uma pergunta que os meninos com quem eu saía não conseguiam responder.

Aqui estão algumas observações importantes feitas nas entrevistas:

> Quando uma moça me pergunta quais notas eu tirei no semestre passado, eu respondo: "Não muito boas — apenas um A." Quando um rapaz faz a mesma pergunta, eu digo muito brilhantemente, com uma nota de surpresa: "Imagine, eu tive um A!"

> Estou noiva de um rapaz do Sul que não dá muita bola para o intelecto da mulher. Apesar de mim mesma, eu uso suas teorias porque, quanto menos alguém sabe e faz, mais ele faz por você e acha você "fofa" no assunto. [...] Permito que ele me explique as coisas com muitos detalhes e me trate como uma criança em questões financeiras.

> Uma das técnicas mais legais é soletrar palavras longas incorretamente de vez em quando. Meu namorado parece se divertir muito com isso e responde: "Querida, você realmente não sabe soletrar."

> Quando meu namorado disse que considera o *Bolero* de Ravel a melhor música já escrita, mudei de assunto porque sabia que discutiria com ele.

> Um garoto me aconselhou a não falar sobre minha proficiência em matemática e sobre meus planos de estudar medicina, a menos que eu conhecesse bem o rapaz com que fosse sair.

Meu noivo não fez faculdade. Pretendo terminar a faculdade e dou duro para isso, mas quando converso com ele faço a faculdade parecer uma espécie de diversão.

Certa vez fui velejar com um homem que obviamente gostava tanto do papel de protetor que eu lhe disse que não sabia velejar. Acontece que ele também não. Nos vimos numa situação difícil, e eu estava dividida entre o desejo de assumir o controle do barco e o medo de revelar que havia mentido para ele.

Envergonhava-me que meu "ficante" no colégio tirasse notas piores do que eu. Um menino deveria naturalmente se sair melhor na escola. Eu nunca contava a ele minhas notas, e muitas vezes pedia-lhe para me ajudar com meu dever de casa.

Eu sou melhor em matemática do que meu noivo. Mas apesar de eu deixá-lo explicar política para mim, nunca falamos sobre matemática, embora, sendo uma graduanda em matemática, eu pudesse lhe contar algumas coisas interessantes.

Minha mãe costumava me dizer para deixar de lado o cérebro nos encontros, porque de qualquer maneira os óculos já me fazem parecer muito intelectual.

Certa vez, estive em um campo coletivo de trabalho. As moças faziam o mesmo trabalho que os garotos. Se algumas meninas trabalhavam melhor, os meninos se ressentiam ferozmente. O diretor disse a uma moça muito hábil para diminuir a velocidade, de modo a manter a paz no grupo.

Como fazer o trabalho e ao mesmo tempo permanecer popular era uma tarefa difícil. Se você dava o seu melhor, os meninos se ressentiam da competição; se você agia de modo feminino, eles reclamavam que você era desajeitada.

Nos encontros, sempre sigo a regra: "Não me importo com nada que você queira fazer." Fica monótono, mas os meninos temem as meninas que tomam decisões. Eles acham que essas moças dariam esposas irritantes.

Sou uma líder nata e, quando estou na companhia de meninas, costumo assumir a liderança. É por isso que sou tão ativa nas atividades da faculdade. Sei que os homens temem as mulheres mandonas, e sempre tenho que me vigiar nos encontros para não assumir o papel de "executiva". Uma vez, um menino que ia comigo ao teatro pegou a rua errada. Eu conhecia um atalho, mas fiquei quieta.

Deixo meu noivo tomar a maioria das decisões quando saímos. Isso me irrita, mas ele prefere assim.

Às vezes "faço o papel de boba" nos encontros, mas isso me deixa com um gosto ruim na boca. As emoções são complicadas. Parte de mim gosta de "ultrapassar" o homem desavisado. Mas esse sentimento de superioridade sobre ele está misturado ao sentimento de culpa por minha hipocrisia. Em relação ao "encontro", sinto um certo desprezo porque ele é "levado" pela minha técnica, ou, se gosto do garoto, sinto uma espécie de condescendência maternal. Às vezes eu fico ressentida com ele! Por que ele não é superior a mim em todos os aspectos em que um homem deve se sobressair, de modo que eu possa viver meu "eu" natural? O que estou fazendo aqui com ele, afinal? Caridade?

A parte engraçada é que o homem, eu acho, nem sempre é tão inocente. Ele pode perceber a verdade e ficar inquieto na relação. "Qual a minha posição? Ela está rindo disfarçadamente ou ela quis realmente fazer este elogio? Ela realmente ficou impressionada com esse meu pequeno discurso, ou apenas fingiu não saber nada sobre política?" Uma ou duas vezes senti que a piada era comigo: o menino percebeu minhas artimanhas e sentiu desprezo por mim por me rebaixar a tais truques.

Outro aspecto do problema é o conflito entre a personalidade psicogenética da moça e o papel cultural que lhe é imposto pelo meio.[9] Às vezes, é a moça com interesses e traços de personalidade "masculinos" que se irrita com a pressão para se conformar ao padrão "feminino". Em outras ocasiões, é a família e a faculdade que atribuem à moça relutante o papel "moderno".

Embora historicamente o papel "moderno" seja o mais recente, ontogeneticamente é aquele que é enfatizado mais cedo na educação da jovem

---

[9] Ver Margaret Mead. *Sex and Temperament in Three Primitive Societies*. Nova York: Morrow & Co., 1935.

universitária, se esses 153 documentos forem representativos. A sociedade põe a jovem diante de desafios poderosos e com forte pressão para se sobressair em certas linhas de atuação competitivas, bem como para desenvolver certas técnicas de adaptação muito semelhantes às esperadas de seus irmãos. Mas então, de repente, como parece para essas meninas, o próprio sucesso em enfrentar esses desafios começa a causar ansiedade. São precisamente as mais bem-sucedidas nesse papel que agora são penalizadas.

Não apenas a passagem de uma idade para outra, mas também a mudança para outra região ou tipo de campus podem criar para a menina problemas semelhantes. O conteúdo preciso dos papéis sexuais, ou, dito de outra forma, o grau de sua diferenciação, varia conforme a região em que se mora, o local de nascimento e outras subculturas.

Sempre que os indivíduos apresentam diferenças na resposta a alguma situação social, como fizeram nossas 153 informantes, a questão das causas surge naturalmente. Deve-se lembrar que 40% admitiram algumas dificuldades nas relações pessoais com os homens em decorrência de papéis sexuais conflitantes, mas que 60% disseram que não tinham esses problemas. A inconsistência das expectativas dos pais incomodou 26% das estudantes.

Para dar conta das diferenças individuais, seria necessário outro estudo, envolvendo uma classificação das personalidades em relação aos ambientes sociais peculiares de cada uma. De modo geral, parece que é a moça com uma "personalidade intermediária" [*middle-of-the-road*] que se ajusta de maneira mais adequada ao momento histórico presente. Ela não é a encarnação perfeita de nenhum dos papéis, mas é flexível o bastante para desempenhar os dois. É uma jovem suficientemente inteligente para se sair bem na escola, mas não tão brilhante a ponto de "tirar somente A"; informada e alerta, mas não consumida por uma paixão intelectual; capaz, mas não talentosa em áreas relativamente novas para as mulheres; apta a se sustentar por conta própria e a ganhar a vida, mas não tão bem a ponto de competir com os homens; capaz de desempenhar bem algum trabalho (caso não se case ou, por outro lado, tenha que trabalhar), mas não tão identificada com uma profissão a ponto de precisar dela para ser feliz.

Uma busca por causas menos imediatas de reações individuais nos levaria mais longe, no estudo da gênese das diferenças de personalidade consideradas relevantes para o problema. Uma das pistas certamente será fornecida pela relação da criança com os pais do mesmo sexo e do sexo oposto. Essa relação afeta a concepção de si mesma e a inclinação para um determinado papel sexual.

Os problemas apresentados neste artigo persistirão, na opinião da autora, até que os papéis sexuais das mulheres adultas sejam redefinidos em maior harmonia com o caráter socioeconômico e ideológico da sociedade moderna.[10] Até então, nem a educação formal nem os papéis sexuais não verbalizados da mulher adolescente podem estar isentos de contradições intrínsecas.

---

[10] Ver as excelentes discussões em Talcott Parsons. "Age and Sex in the Social Structure of the United States". *American Sociological Review*, n. VII, 1942, pp. 604-616; no mesmo número: Ralph Linton. "Age and Sex Categories", pp. 589-603; e Leonard S. Cottrell Jr.: "The Adjustment of the Individual to His Age and Sex Roles", pp. 617-620.

10
Masao Maruyama e a estrutura psicológica do fascismo japonês

Nos cursos de ciências sociais e história, os autores e textos que analisam as experiências totalitárias que levaram o mundo à Segunda Guerra Mundial geralmente se resumem aos casos do nazismo alemão e do fascismo italiano. Obras fundamentais como *As origens do totalitarismo*, de Hanna Arendt (1951), são amplamente conhecidas. Contudo, pouca atenção é geralmente dada à experiência japonesa. O Império do Japão, vale lembrar, era uma das três "Potências do Eixo", e mesmo antes da eclosão da guerra na Europa já havia iniciado sua expansão militarista na Ásia, com a invasão da Manchúria em 1931. Espero que o texto aqui publicado ajude a modificar esse quadro.

Masao Maruyama (丸山 眞男) (1914-1996) foi o cientista político japonês mais importante da segunda metade do século XX.[1] Nascido em

---

[1] As informações biográficas são basicamente do verbete do *International Dictionary of Intellectual Historians* (IDIH, disponível em: <http://idih.hab.de/Page-sample-maruyama-pdf.htm>). Para uma comparação entre os trabalhos de Arendt e Maruyama sobre o fenômeno totalitário, ver o artigo de Bernard Stevens. "Arendt and Maruyama: Complementary Approaches to Totalitarianism" (in: Takeshi Morisato (org.). *Critical Perspectives on Japa-*

Osaka, formou-se em direito pela Universidade Imperial de Tóquio em 1937, na qual tornou-se professor em 1940. Durante a guerra foi convocado para servir no Exército Imperial, primeiro na Coreia e, a partir de 1944, em Hiroshima. Estava nesta cidade quando ocorreu a explosão da bomba atômica que precipitou a rendição japonesa. Por causa disso, sempre teve uma saúde frágil e perdeu um pulmão. Após o final da guerra, retomou seu posto de professor e, em 1950, tornou-se o primeiro professor da cadeira de história das ideias políticas da Universidade de Tóquio, posição em que permaneceria até se aposentar, em 1971, por razões de saúde. Maruyama foi professor visitante em várias universidades americanas e europeias, e parte de sua vasta obra foi publicada em inglês, como *Thought and Behavior in Modern Japanese Politics* (Pensamento e comportamento na política japonesa moderna. Oxford University Press, 1963) e *Studies in the Intellectual History of Tokugawa Japan* (Estudos de história intelectual do Período Tokugawa no Japão. Princeton University Press, 1974).

"Teoria e psicologia do ultranacionalismo", publicado em 1946, pouco após o final da guerra, teve enorme impacto no Japão e tornou-se provavelmente o texto de Maruyama mais citado internacionalmente. Nele é feita uma análise ao mesmo tempo histórica, sociológica e psicológica do fascismo japonês, que Maruyama nomeia como "ultranacionalismo". É uma leitura fundamental para a compreensão da estrutura psicológica do totalitarismo militarista japonês, mas útil também para pensar sobre outras experiências semelhantes, inclusive mais recentes.

---

nese Philosophy. Nagoya: Chisokudo Publications & Nanzan Institute for Religion and Culture, 2016, pp. 148-169). Para uma visão global da obra de Maruyama, ver Rikki Kersten, *Democracy in Post-War Japan: Maruyama Masao and the Search for Autonomy* (Londres: Nissan Institute/Routledge, 1996). A dissertação de Nádia Sato, *A formação do fascismo no Japão de 1929 a 1940* (São Paulo: USP, mestrado em História Social, 2012) é útil para uma contextualização histórica. Um tour virtual da biblioteca pessoal de Masao Maruyama está disponível em: <https://maruyamabunko.twcu.ac.jp/shoko/index_en.html>.

Teoria e psicologia do ultranacionalismo[2]
(1946)

Masao Maruyama

I

Qual foi o principal fator ideológico que manteve o povo japonês na escravidão por tanto tempo e que finalmente o levou a embarcar em uma guerra contra o resto do mundo? Os escritores do Ocidente descreveram-no vagamente como "ultranacionalismo" ou "nacionalismo extremo"; mas até agora ninguém examinou o que ele realmente é.

Os estudiosos têm se preocupado principalmente com o contexto social e econômico do ultranacionalismo. Nem no Japão nem no Ocidente eles tentaram fazer qualquer análise fundamental de sua estrutura intelectual ou de sua base psicológica. Há duas razões para isso: em primeiro lugar, o problema é muito simples; em segundo lugar, ele é muito complexo.

---

[2] Este ensaio foi publicado originalmente na revista *Sekai*, em maio de 1946. Foi aqui utilizada a tradução para o inglês feita na coletânea de textos de Maruyama organizada por Ivan Morris, *Thought and Behaviour in Modern Japan* (Oxford: Oxford University Press, 1963, pp. 1-24). Tradução para o português de Tayná Mendes, revisão técnica de Celso Castro. Agradeço a Suemi Higuchi a ajuda com algumas palavras e expressões em japonês. O título original da tradução em inglês é "Theory and Psychology of Ultranationalism", que preferi manter, por ser o mais utilizado. Alguns autores, contudo, dizem que a melhor tradução do título original japonês ("Chokokka shugi no ronri to shinri") seria "Lógica e psicologia do ultranacionalismo" (ver Rikki Kersten. *Democracy in Post-War Japan: Maruyama Masao and the Search for Autonomy*. Londres: Nissan Institute/Routledge, Londres, 1996).

É muito simples porque o ultranacionalismo no Japão não tem estrutura conceitual sólida. Na falta dessa estrutura, ele emerge na forma de *slogans* estridentes, tais como "Os oito cantos do mundo sob um telhado" e "Difundindo a missão do imperador em todos os cantos da Terra" (*Hakko Ichiu, Tengyo Kaiko*); por esta razão, os estudiosos tendem a considerá-la indigna de um exame sério.

Aqui encontramos um contraste impressionante com a situação na Alemanha nazista, que, apesar de todo seu emocionalismo e ilogismo, possuía de fato uma *Weltanschauung* [cosmovisão] ortodoxa e sistemática expressa em livros como *Minha luta* e *O mito do século XX*.[3] No entanto, a ausência, no ultranacionalismo japonês, desse tipo de base autoritária não significa que ele fosse fraco como ideologia. Longe disso: o ultranacionalismo conseguiu espalhar uma rede de muitas camadas, embora invisível, sobre o povo japonês, que ainda hoje não se libertou realmente de seu domínio.

Não foi apenas o sistema externo de coerção que determinou o baixo nível de consciência política que há hoje no Japão. Pelo contrário, o fator-chave é a coerção psicológica difundida, que forçou o comportamento de nosso povo de um determinado modo. Como isso nunca teve uma forma teórica clara, ou um pedigree intelectual único, é muito difícil compreendê-lo em sua totalidade. Devemos, portanto, evitar descartar *slogans* como "Os oito cantos do mundo sob um telhado" como mera demagogia vazia. Esses *slogans* frequentemente são manifestações de uma força subjacente; e, para entender a verdadeira natureza do ultranacionalismo, devemos tatear essas manifestações para descobrir sua lógica subjacente comum.

Decerto não se trata de exumar o passado doloroso de nosso país por algum capricho masoquista. Como diz Ferdinand Lasalle: "A abertura de uma nova era se encontra na aquisição da consciência do que tem sido a realidade da existência." A tarefa pode muito bem ser uma condição essencial para qualquer verdadeira reforma nacional. De fato, não podemos dizer que uma revolução só é digna de seu nome se envolver uma revolução interior ou espiritual?

---

[3] *Mein Kempf*, de Adolf Hitler (1925), e *Der Mythus des zwanzigsten Jahrhunderts*, livro publicado em 1930 por Alfred Rosenberg, um dos principais ideólogos do Partido Nazista. [N. do Org.]

O ensaio que se segue, portanto, não é uma explicação sistemática do ultranacionalismo, mas sim uma tentativa fragmentada de indicar o *locus* e o escopo do problema.

II

O primeiro ponto é determinar por que o nacionalismo em nosso país evoca epítetos como "ultra" e "extremo". O fato de os Estados modernos serem conhecidos como "Estados-nação" sugere que o nacionalismo não é um aspecto fortuito desses países, mas sim seu atributo fundamental. Como então devemos distinguir entre esse tipo de nacionalismo, que é mais ou menos comum a todos os Estados modernos, e a forma "ultra" de nacionalismo?

A distinção que pode vir primeiro à mente é a presença de tendências expansionistas e militaristas. O problema é que, durante o período em que os Estados-nação surgiram pela primeira vez, todos os países que estavam sob regimes absolutistas realizaram guerras de agressão externa; em outras palavras, uma tendência à expansão militar foi um impulso inerente ao nacionalismo muito antes da chamada era do imperialismo no século XIX.

É bem verdade que no Japão o nacionalismo foi guiado por esse impulso em um grau mais forte, e que ele o manifestou de maneira mais clara que em outros países. Mas isso não é apenas uma questão de quantidade. Independentemente de qualquer diferença de grau, há uma diferença qualitativa na força motriz interna que impulsionou o Japão para a expansão no exterior e para a opressão em casa; e foi somente por esta diferença qualitativa que o nacionalismo japonês adquiriu seu aspecto "ultra".

Uma comparação com o nacionalismo europeu nos levará ao âmago da questão. Como Carl Schmidt salientou, uma característica marcante do Estado europeu moderno reside no fato de ele ser *ein neutraler Staat* [um Estado mais neutro]. Isto é, o Estado adota uma posição neutra sobre os valores internos, como o problema do que é verdade e justiça; ele deixa a escolha e o julgamento de todos os valores deste tipo para grupos sociais especiais (por exemplo, para a Igreja) ou para a consciência do indivíduo. A base real da soberania nacional é uma estrutura legal puramente "formal", divorciada de todas as questões de valores internos.

Isso resultou da forma particular como o Estado moderno se desenvolveu a partir das guerras religiosas pós-Reforma, que se arrastaram ao longo dos séculos XVI e XVII. A luta interminável, que girava em torno de matéria de fé e teologia, acabou tendo dois efeitos convergentes. Por um lado, obrigou as seitas religiosas a desistirem da ideia de que poderiam realizar seus princípios no plano político. Por outro lado, confrontou os soberanos absolutos da época com um difícil desafio. Até então, os monarcas da Europa haviam brandido o *slogan* do direito divino dos reis, fornecendo assim sua própria justificativa interna para governar. Confrontados agora com uma oposição severa, eles eram obrigados a encontrar uma nova base para seu governo, ou seja, na função *externa* de preservar a ordem pública.

Assim, firmou-se um compromisso entre os governantes e os governados — um compromisso baseado na distinção entre forma e conteúdo, entre assuntos externos e assuntos internos, entre os domínios do público e do privado. Questões de pensamento, crença e moralidade eram consideradas assuntos privados e, como tal, garantia-se sua qualidade subjetiva, "interna"; enquanto isso, o poder do Estado era constantemente absorvido por um sistema jurídico "externo", que era de natureza técnica.

No Japão pós-Restauração, entretanto, quando o país estava se reconstruindo como Estado moderno, nunca houve esforço algum para reconhecer esses aspectos técnicos e neutros da soberania nacional. Em consequência, o nacionalismo japonês se esforçou constantemente para basear seu controle em valores internos, e não em autoridade derivada de leis externas.

Os visitantes estrangeiros ao Japão durante a primeira metade do século XIX quase sempre observavam que o país estava sob o duplo domínio do micado (Tennō), que era o soberano espiritual, e do *tycoon* (Shōgun), que detinha o poder político real. Após a Restauração, a unidade foi alcançada retirando toda a autoridade do segundo, bem como de outros representantes do controle feudal, e concentrando-a na pessoa do primeiro. Nesse processo, que é descrito de várias maneiras como "unidos em um só espírito" e "moldando o único caminho" (*seirei no kiitsu, seikei itto*), o prestígio e o poder foram reunidos na instituição do imperador. E no Japão não havia força eclesiástica para afirmar a supremacia de qualquer mundo "interno" sobre este novo poder combinado e unitário.

É verdade que no devido tempo surgiu um movimento vigoroso para fazer valer o direito das pessoas. Seus defensores logo se envolveram em uma luta amarga com as autoridades, que em sua resistência às novas teorias tentaram "incutir medo no coração do povo, brandindo o prestígio das Forças Armadas em uma das mãos e o da polícia na outra, acovardando assim a população com o poder do alto".⁴

No entanto, a luta pelos direitos das pessoas não se preocupava principalmente com o direito de julgamento final sobre valores *internos* como a verdade e a moralidade. Tudo o que importava aos lutadores pelos direitos populares era "assegurar o poder do soberano e definir os limites dos direitos do povo".⁵ A maneira frívola como eles consideravam a questão da internalização da moral (um pré-requisito de qualquer verdadeira modernização) é sugerida pela passagem na qual o líder do Partido Liberal, Kōno Hironaka, discute os motivos de sua própria revolução intelectual. O liberalismo de John Stuart Mill foi a influência decisiva; no entanto, Kōno descreve o processo da seguinte forma:

> Eu estava cavalgando quando li este trabalho pela primeira vez ["Sobre a liberdade"]. Em um piscar de olhos, todo o meu modo de pensar foi revolucionado. Até então eu estivera sob a influência dos confucionistas chineses e dos estudiosos clássicos japoneses, e eu estava mesmo inclinado a defender uma política de "expulsão do bárbaro".⁶ Agora, todos esses meus pensamentos anteriores, *exceto os que se preocupavam com a lealdade e a piedade filial*, foram esmagados em pedaços. Ao mesmo tempo, eu sabia que era a liberdade humana e os direitos humanos que eu deveria, doravante, prezar acima de tudo.⁷

O que realmente chama a atenção ao ler essa descrição é quão levianamente um liberal japonês excepcional poderia, desde o início de suas deliberações, "excetuar" os conceitos de lealdade e piedade filial — conceitos que

---

⁴ *Apud* Proposta de Iwakura (*Iwakura Ko Jikki*) do estadista Meiji Iwakura Tomomi (1825-1883). [N. do T. inglês]
⁵ Declaração conjunta do líder Meiji Itagaki Taisuke (1837-1919) e outros. [N. do T. inglês]
⁶ 尊王攘夷 *sonnō-jōi* no original. (N. do Org.)
⁷ Biografia de Kōno Hironaka (Banshū), vol. I [grifos de Maruyama].

devem ser enfrentados de forma direta antes que qualquer progresso possa ser feito ao longo do caminho para garantir a liberdade interna do indivíduo. Kōno não mostra a mínima consciência de que a manutenção dessa moralidade tradicional pode representar um problema para o liberalismo.

A abordagem dos "direitos do povo", representada pelos primeiros liberais desse tipo, estava desde o início ligada a teorias sobre "direitos nacionais"; e era inevitável que no devido tempo fosse submersa por eles. Assim, na luta pelo liberalismo, a questão da consciência do indivíduo nunca se tornou um fator significativo na definição de sua liberdade. Enquanto no Ocidente o poder nacional após a Reforma foi baseado na soberania formal e externa, o Estado japonês nunca chegou a ponto de fazer uma distinção entre as esferas externa e interna e de reconhecer que sua autoridade era válida apenas para a primeira. A esse respeito, é digno de nota que o Rescrito Imperial sobre Educação[8] tenha sido proclamado logo antes da convocação da Primeira Dieta Imperial.[9] Esta foi uma declaração aberta de que o Estado japonês, sendo uma entidade moral, monopolizou o direito de determinar valores.

Não surpreende que o choque entre o cristianismo e a política de educação nacional, que foi tão importante nos círculos intelectuais durante a primeira parte do Período Meiji,[10] tenha tomado a forma de uma controvérsia acalorada sobre o Rescrito Imperial. Significativamente, foi neste período que a palavra *étatisme* [estatismo] passou a ser usada com frequência. A controvérsia submergiu na onda de agitação nacionalista que se espalhou pelo país na época das guerras Sino-Japonesa e Russo-Japonesa.[11] No entanto,

---

[8] Assinado pelo imperador Meiji em 30 de outubro de 1890, foi distribuído a todas as escolas japonesas, juntamente com um retrato do imperador. O documento era lido em voz alta nos eventos mais importantes, e os alunos deviam memorizá-lo. Ele promovia os ideais tradicionais do confucionismo e, segundo analistas, teria contribuído para o desenvolvimento do militarismo durante as décadas de 1930 e 1940. [N. do Org.]

[9] Poder Legislativo bicameral do Japão. [N. do T.]

[10] Período Meiji ou Era Meiji: período de 45 anos do imperador Meiji do Japão, que se estendeu de 3 de fevereiro de 1867 a 30 de julho de 1912. Nessa fase, o Japão passou por uma acelerada modernização, vindo a constituir-se como potência mundial. [N. do T.]

[11] As guerras Sino-Japonesa (1894-1895) e Russo-Japonesa (1904-1905) foram vencidas pelo Japão. [N. do Org.]

o problema subjacente certamente não foi resolvido; somente a relutância dos grupos pró-cristãos em evitar qualquer confronto aberto fez parecer que a questão da livre consciência *versus* autoridade total do Estado realmente tinha sido resolvida.

Assim, até o dia, em 1946, em que a natureza divina do imperador foi formalmente negada em um Rescrito Imperial, não havia, a princípio, nenhuma base no Japão para a liberdade de crença. Como a nação inclui em sua "política nacional" [*kokutai*, 国体] todos os valores internos de verdade, moralidade e beleza, nem a erudição nem as artes poderiam existir apartadas desses valores nacionais. Elas eram, de fato, totalmente dependentes daqueles valores. A dependência, além disso, era menos externa que interna; os *slogans* "Arte para a nação" e "Bolsa de estudos para a nação" não eram simplesmente exigências de que a arte e a bolsa de estudos fossem de valor prático para o país. O ponto essencial era que a decisão final sobre o conteúdo da arte japonesa, da bolsa de estudos etc. — em outras palavras, a definição do que era realmente para o bem do país — era tomada por funcionários cujo dever era prestar um serviço leal a "Sua Majestade o Imperador e ao Governo Imperial".[12]

Uma consequência natural dessa falha em traçar qualquer linha clara de demarcação entre os domínios público e privado foi a grande extensão, no Japão, do escopo da lei. "Essas coisas", escreve Hegel, "que são livres em um sentido interior e que existem dentro do sujeito individual não devem entrar no âmbito da lei."[13] Foi precisamente a santidade de tal esfera interior e subjetiva que a lei japonesa falhou em reconhecer. Pelo contrário, uma vez que a lei terrena no Japão surgiu da "política nacional", que era um valor absoluto, ela baseava sua validade em normas internas ou de conteúdo, e não em normas externas ou formais, e era, portanto, livre para operar em prejuízo daqueles reinos interiores dos quais a lei no Ocidente fora excluída.

Como a qualidade *formal* da ordem nacional não era reconhecida no Japão, era impossível, pela própria natureza das coisas, que existisse qualquer domínio puramente pessoal apartado dessa ordem. Em nosso país os

---

[12] Regulamento para os funcionários do serviço público.
[13] *Rechtsphilosophie* [Princípios da filosofia do direito].

assuntos pessoais nunca poderiam ser aceitos *qua* assuntos pessoais. O autor de *O caminho dos súditos*[14] escreve o seguinte sobre esse ponto:

> O que normalmente chamamos de "vida privada" é, em última análise, o caminho do súdito. Como tal, tem um significado público, na medida em que cada ação chamada privada é realizada pelo súdito como parte de seu humilde esforço para servir ao Trono. [...] Assim, nunca devemos esquecer que mesmo em nossas vidas pessoais estamos unidos ao imperador e devemos ser movidos pelo desejo de servir ao nosso país.

A ideologia refletida nessa passagem não surgiu no Japão como parte da moda totalitária dos anos 1930: ela esteve desde o início imanente à estrutura nacional. Assim, os assuntos privados sempre envolveram algo sombrio e foram considerados semelhantes, ou mesmo equivalentes, ao mal. Isso se aplicava particularmente à obtenção de lucro e ao amor.

Como a qualidade pessoal e interna dos assuntos privados nunca pôde ser reconhecida abertamente, as pessoas tentaram de uma forma ou de outra imbuir esses assuntos de algum significado nacional e, assim, dissipar a aura de sombreamento. Em *E depois*, de Sōseki,[15] Daisuke e sua cunhada têm a seguinte conversa:

> — E que diabos [o Pai] encontrou para repreendê-lo hoje?
> — Essa não é a questão. Ele sempre encontra algo. O que realmente me surpreendeu foi ouvir que o Pai tem servido à nação. Ele me disse que, desde os 18 anos até hoje, ele continuou servindo ao país o melhor que pôde.
> — Suponho que é por isso que ele fez tanto sucesso.
> — Sim, se alguém pode ganhar tanto dinheiro quanto o Pai ao servir a nação, eu não me importaria de servir-lhe, eu mesmo.

---

[14] O *Shinmin no michi* foi um manifesto ideológico produzido pelo Ministério da Educação do Japão em 1941 e distribuído amplamente no país. Enfatizava a natureza divina do imperador e defendia sua "guerra santa", criticando os valores ocidentais e afirmando que a lealdade era uma das virtudes supremas de seus súditos. [N. do Org.]

[15] Natsume Sōseki: pseudônimo do escritor Natsume Kinnosuke (1867-1916). [N. do Org.]

Agora esse pai de Daisuke, que o autor apresenta com tanta ironia, pode ser considerado o típico capitalista japonês. Ele representa "O caminho do sucesso e da prosperidade" [Noma Seiji, editor japonês], e foi precisamente quando o motivo do sucesso uniu forças com o nacionalismo que o Japão moderno foi capaz de embarcar em sua "corrida para o progresso". Mas, ao mesmo tempo, foi essa mesma combinação que levou o Japão à decadência, pois a lógica segundo a qual "assuntos privados" não podem ser moralmente justificados em si mesmos, mas devem ser sempre identificados com assuntos nacionais, tem uma implicação inversa: os interesses privados se infiltram infinitamente nas preocupações nacionais.

III

No Japão, assim, estamos diante de uma situação em que a soberania nacional envolve tanto a autoridade espiritual como o poder político. O padrão segundo o qual as ações da nação são julgadas como certas ou erradas está dentro de si (ou seja, na "política nacional"), e o que a nação faz, seja no interior de suas próprias fronteiras ou além delas, não está sujeito a nenhum código moral que a transcenda.

Essa formulação trará desde logo à mente o tipo de absolutismo hobbesiano. Mas há uma clara diferença. A autoridade a que Hobbes se refere quando escreve "Não é a verdade que faz leis, mas a autoridade" é uma decisão puramente pragmática e não conota nenhum valor que possa ser considerado normativo. No *Leviatã* não há coisas como certo e errado, bom e mau, até que sejam promulgadas por uma decisão do soberano. O próprio soberano cria a norma; ele não coloca em vigor um sistema de verdade e justiça que já existia. O que torna as leis válidas no Estado hobbesiano é exclusivamente o fato *formal* de que elas derivam das ordens do soberano; e esta ênfase na validade formal, longe de envolver qualquer fusão de forma e conteúdo (como encontramos no pensamento japonês sobre o assunto), leva à moderna teoria do positivismo jurídico. Mesmo na Prússia de Frederico, o Grande, na qual a legitimidade (*Legitimität*) acabou se resolvendo em legalidade (*Legalität*), podemos reconhecer uma linha direta de descendência do absolutismo do tipo hobbesiano.

O nacionalismo japonês, por outro lado, nunca esteve preparado para aceitar uma base meramente formal de validade. A razão pela qual as ações da nação não podem ser julgadas por nenhum padrão moral que a supere não é porque o imperador crie normas a partir do zero (como o soberano no *Leviatã* de Hobbes), mas porque os valores absolutos estão encarnados na pessoa do próprio imperador, que é considerado "a eterna culminação do Verdadeiro, do Bom e do Belo para todos os tempos e lugares".[16]

Segundo esse ponto de vista, a virtude só surge quando essa "eterna culminação", que é de fato a essência da "política nacional", começa a se espalhar em ondas desde sua entidade central, o imperador, até o resto do mundo. No *slogan* patriótico "Espalhando a causa justa pelo mundo", a causa justa (ou seja, a virtude) não é considerada algo que poderia existir antes de a nação japonesa agir, nem é algo que se desenvolveu depois. A causa justa e a conduta nacional invariavelmente *coexistem*. Para difundir a causa justa é necessário agir; inversamente, quando a nação age, é *ipso facto* na causa justa.

Assim, característica da lógica nacionalista no Japão é o fato de que o preceito prático "É melhor estar sempre do lado vencedor" deve ser sutilmente misturado com a ideologia "A causa justa triunfa". O Império do Japão passou a ser considerado *per se* "a culminação do Verdadeiro, do Bom e do Belo", e era por sua própria natureza incapaz de fazer o mal; assim, o comportamento mais atroz e os atos mais traiçoeiros, todos eles poderiam ser perdoados.

Esse ponto de vista sobre a retidão automática da conduta da nação também pode ser explicado pela fusão entre ética e poder que ocorreu no Japão. A soberania nacional foi a fonte última da ética e do poder, e constituiu sua unidade intrínseca; sendo esta a situação, a moralidade japonesa nunca passou pelo processo de interiorização que vimos no caso do Ocidente, e consequentemente sempre teve o impulso de se transformar em poder. A moralidade não é invocada a partir das profundezas do indivíduo; pelo contrário, ela tem suas raízes fora do indivíduo e não hesita em se afirmar sob a forma de um enérgico movimento para fora. A "mobilização total do

---

[16] Ver Sadao Araki. *O espírito dos soldados na terra do imperador.* [Sadao Akari (1877-1966) foi um militar japonês ultranacionalista (N. do Org.)]

espírito do povo" durante a guerra foi uma manifestação típica da moralidade japonesa emergindo como ação exterior.

Graças à exteriorização da moralidade no Japão, a "política nacional" nunca poderia ser discutida sem ser imediatamente levada até o nível de um conflito político e envolver os participantes em um choque político. Podemos observar isso no já mencionado conflito do cristianismo contra o Rescrito Imperial sobre Educação; essencialmente o mesmo aconteceu no caso do "xintó como religião primitiva", nas repercussões do discurso de Ozaki Yukio sobre uma república japonesa[17] e no caso Minobe, decorrente de sua "teoria do imperador como um dos órgãos do Estado".[18] Em todos esses casos, os moralistas nacionalistas levaram a cabo seus ataques em nome da "clarificação da política nacional", enunciado que, longe de implicar qualquer autocrítica ou necessidade de explicar a posição de alguém, em geral significava um método de colocar pressão sobre seus inimigos políticos.

Essa identificação da moralidade com o poder significava que a pura moralidade interior (em oposição ao tipo externo) era sempre considerada "impotente" e, portanto, sem valor. Ser impotente significava não ter a força física para mover outras pessoas — um tipo de força, claro, que nem a ética nem os ideais jamais afirmam possuir.

Verifica-se uma tendência, então, de estimar a moralidade não pelo valor de seu conteúdo, mas em termos de seu poder, ou seja, de acordo com o fato de ter ou não um fundamento de poder. Em última análise, isso se deu porque o verdadeiro lócus da moralidade japonesa não estava na consciência do indivíduo, mas nos assuntos da nação. Isso é mais claramente revelado nas relações do Japão com outros países. A passagem seguinte é significativa:

---

[17] Yukio Ozaki (1858-1954): político liberal japonês que serviu no parlamento por 63 anos. Era ministro da Educação em 1898, quando teve de renunciar em consequência do escândalo causado por ter, num discurso, apenas sugerido em tom crítico a hipótese de que, caso o Japão adotasse uma forma republicana de governo, uma Mitsui ou uma Mitsubishi — as grandes empresas japonesas — se tornariam imediatamente candidatas a presidente. [N. do Org.]

[18] Minobe Tatsukichi (1873-1948): importante professor de direito constitucional na Universidade Imperial de Tóquio, estava no parlamento em 1935, quando foi violentamente atacado por ter defendido, em 1912, a teoria de que o imperador seria apenas um, embora o mais alto, dos "órgãos" do Estado. [N. do Org.]

A determinação e a força militar de nosso país tornaram [as principais potências aliadas] incapazes de impor quaisquer sanções. Quando o Japão se retirou da Liga [das Nações, em 1933], a verdadeira natureza [da Liga] foi revelada ao mundo. No outono do mesmo ano, a Alemanha seguiu nosso exemplo e se retirou, e mais tarde a Itália aproveitou a questão abissínia para anunciar sua retirada também, de modo que a Liga se tornou apenas um nome vazio. Assim, desde o outono de 1931, nosso país deu grandes passos na vanguarda das forças que lutam pela renovação mundial.[19]

Dois elementos marcam o tom dessa passagem: o desprezo incondicional pelo fato de que a Liga era impotente para impor sanções; e a admiração implícita pela destreza da Itália em tirar proveito de uma oportunidade. Nem a "verdadeira natureza" da Liga nem o comportamento da Itália fascista foram julgados de acordo com qualquer conjunto intrínseco de valores; os únicos critérios eram o poder real (isto é, material) e a habilidade tática. Vemos aqui outro aspecto da visão dos altos funcionários do Ministério da Educação [*Mombu-sho*], aqueles altos sacerdotes da "educação" japonesa.

Agora, ao mesmo tempo que a moralidade se transformava em poder, o poder era continuamente neutralizado por considerações morais. Os políticos japoneses nunca deram vazão a nenhuma declaração aberta de maquiavelismo, nem nunca (como alguns de seus colegas ocidentais) se vangloriaram de pisar resolutamente na moralidade pequeno-burguesa. Tendo em vista que o poder político no Japão se baseou em entidades morais definitivas, os japoneses nunca foram capazes de reconhecer o aspecto "satânico" da política pelo que ela é.

Aqui encontramos uma diferença acentuada entre as atitudes orientais e ocidentais. O povo alemão, como Thomas Mann assinalou, tem uma sensação latente de que a política é essencialmente uma coisa imoral e violenta; mas é impossível para os japoneses reconhecerem isso com verdadeira convicção. Assim, dois tipos de político raramente são encontrados em nosso país: o político genuinamente idealista, que permanece solidamente fiel à verdade e

---

[19] *O caminho dos súditos*, op. cit., ver nota 14, p. 174.

à justiça, e o tipo de político como César Bórgia,[20] que está destemidamente preparado para pisar em todos os padrões aceitos de moralidade. No Japão não encontramos nem a abordagem humilde e voltada para dentro nem a pura luxúria pelo poder. Tudo é barulhento, mas, ao mesmo tempo, é tudo muito escrupuloso. É precisamente neste sentido que Hideki Tōjō pode ser considerado representativo do político japonês.[21]

Esse fenômeno, que podemos chamar de redução do poder ou sua "nanificação", não se aplica apenas ao poder político, mas caracteriza todo tipo de controle que opera tendo o Estado como cenário. Os maus-tratos aplicados aos prisioneiros aliados durante a Segunda Guerra Mundial são um bom exemplo. (Adiante discutirei as atrocidades cometidas em batalha envolvendo um problema ligeiramente diferente.) Quando se leem os relatórios sobre os espancamentos e outros maus-tratos sofridos pelos prisioneiros de guerra, ficamos impressionados pela forma como quase todos os réus japoneses enfatizaram que haviam trabalhado para melhorar as condições nos campos. É claro que esses homens estavam em julgamento e queriam salvar suas próprias peles, mas eu não acredito que esta seja a história toda. Muitos deles estavam sinceramente convencidos de que faziam o melhor que podiam para melhorar o tratamento dos prisioneiros. No entanto, ao mesmo tempo, batiam neles e chutavam-nos. Atos de benevolência podiam coexistir com atrocidades, e os perpetradores não estavam cientes de qualquer contradição. Aqui se revela o fenômeno no qual moralidade sutilmente se mistura com poder.

Aqueles que já viveram em um quartel japonês não devem ter dificuldade em entender tal estado de coisas. As pessoas que exerceram o poder em estabelecimentos militares encontraram a base psicológica de seu controle não em alguma autoconfiança segura, mas sim em uma identificação com o poder da nação. Quando mais tarde se viram à deriva e voltaram a serem indivíduos solitários, não mais capazes de depender de autoridade supe-

---

[20] César Borgia (1475-1507): estadista italiano, general e comandante das forças políticas do papado de Alexandre VI. Seu lema era "Ou César ou nada". Foi o homem que inspirou *O Príncipe* de Maquiavel. [N. do T.]
[21] Hideki Tōjō (1884-1948): general do Exército imperial japonês, ministro da Guerra (1940-1944) e primeiro-ministro (1941-1944). Após a rendição do Japão em 1945, foi preso, condenado por crimes de guerra e enforcado. [N. do Org.]

rior, quão fracos e deploráveis se mostraram! No julgamento de crimes de guerra, Tsuchiya ficou pálido e Furushima chorou;[22] mas Göring rugiu com gargalhadas.[23] Entre os famosos suspeitos de crimes de guerra na prisão de Sugamo, quantos provavelmente demonstrarão o arrogante descaramento de um Hermann Göring?

Os maus-tratos aos prisioneiros eram comuns tanto na Alemanha como no Japão. No entanto, o tipo japonês de maltrato pertence a um padrão totalmente diferente daqueles a sangue-frio e "objetivos" praticados pelos alemães quando, por exemplo, sacrificavam a vida de milhares de prisioneiros em experiências médicas. Na Alemanha, como no Japão, o Estado foi naturalmente o cenário contra o qual as atrocidades foram perpetradas. No entanto, a atitude em relação às vítimas era diferente. Na Alemanha, a relação entre o perpetrador e sua vítima era como aquela entre um sujeito "livre" e uma coisa (*Sache*). No caso do Japão, ao contrário, o problema da posição relativa estava sempre envolvido: *in fine* [ao final], o perpetrador estava consciente da proximidade comparativa dele e de sua vítima para com o valor supremo, ou seja, para com o imperador.

Esse sentimento do *grau de proximidade* com a entidade ou o valor supremo era imensamente importante no Japão: na verdade, era a força motriz espiritual que impulsionava não apenas os vários complexos de poder singulares (os militares, o *zaibatsu*[24] etc.), mas toda a estrutura nacional. O que determinou o comportamento dos burocratas e dos militares não foi principalmente um sentido de legalidade, mas a consciência de alguma força que era mais elevada que eles; em outras palavras, que estava mais próxima da entidade suprema. De vez que a qualidade formal da ordem nacional não era reconhecida no Japão, era inevitável que o conceito de legalidade fosse pouco

---

[22] Tatsuo Tsuchiya e Chotaro Furushima: guardas de campos de prisioneiros conhecidos pelas atrocidades que cometeram contra os prisioneiros de guerra aliados; após o final da guerra, foram condenados pelo Tribunal de Crimes de Guerra de Yokohama. [N. do Org.]
[23] Hermann Wilhelm Göring ou Goering (1893-1946): um dos principais líderes nazistas. Foi piloto de avião durante a Primeira Guerra Mundial e em 1933 fundou a Gestapo. Em 1935 tornou-se comandante da Luftwaffe, a Força Aérea alemã, mantendo essa posição durante a Segunda Guerra Mundial. Foi preso e julgado pelo Tribunal de Nuremberg. Condenado à morte, suicidou-se na prisão. [N. do Org.]
[24] Conglomerados industriais e/ou financeiros do Império do Japão. [N. do T.]

desenvolvido. A lei não era considerada um corpo geral de regulamentos que coletivamente circunscreviam o governante e o governado, mas apenas uma arma concreta de controle operando na hierarquia de autoridade da qual o imperador era o topo.

Assim, o respeito à lei assumiu principalmente a forma de demandas dirigidas aos que estavam abaixo, ou seja, que estavam mais distantes do topo da hierarquia. A aplicação das complexas regras do Regulamento do Serviço Militar se tornava cada vez mais frouxa à medida que se subia na hierarquia, e cada vez mais severa à medida que se descia. É um fato bem conhecido que as pessoas que mais descaradamente desrespeitaram as disposições do Código de Processo Penal relativas a prisão, detenção, audiências preliminares e afins foram os altos funcionários públicos imperiais. Como o objetivo principal era preservar e fortalecer as redes concretas de controle, os funcionários preocupados com o respeito à lei foram repetidamente aconselhados a não se deixarem enredar por "detalhes menores" nas leis e nos regulamentos.

O padrão de valores, então, que determinava a posição de uma pessoa na sociedade e na nação se baseava menos na função social que na distância relativa do imperador. Nietzsche caracteriza a moralidade aristocrática como "o *pathos* da distância" (*Pathos der Distanz*); para a classe dominante do Japão, a consciência de estar separada do povo "humilde" aumentou na proporção direta com a sensação de estar perto do valor supremo, ou seja, do imperador.

Assim, o orgulho da nobreza residia em ser "o baluarte da Casa Imperial"; e a salvaguarda do Exército e da Marinha era a independência da Prerrogativa do Comando Supremo, "baseada no fato de que as Forças Armadas estão sob a liderança pessoal de Sua Majestade, o imperador".[25] O que determi-

---

[25] A "Prerrogativa do Comando Supremo" (*tōsuiken*) era uma interpretação baseada no Artigo XI da Constituição Meiji de 1889. Esta dizia que "O imperador tem o Supremo Comando". Os militares japoneses interpretaram essa passagem de forma a retirar o controle das Forças Armadas do âmbito do Estado, colocando-as diretamente nas mãos do imperador, visto como alguém acima da Constituição. Com isso, a autoridade civil diminuiu e estabeleceu-se um controle cada vez mais militar sobre o governo e a nação. Ver, a esse respeito: Fukushima Shingo. "The Building of a National Army" (*The Developing Economies*, v. III, n. 4, pp. 516-539, dez. 1965); e Shinobu Seizaburō. "From Party Politics to Military Dictatorship" (disponível em: <https://doi.org/10.1111/j.1746-1049.1967.tb00519.x>). [N. do Org.]

nava a moralidade cotidiana dos governantes japoneses não era nem uma consciência abstrata de legalidade nem um senso interno de certo e errado, nem, novamente, qualquer conceito de servir ao público; era um sentimento de estar próximo à entidade concreta conhecida como o imperador, uma entidade que podia ser percebida diretamente pelos sentidos. Portanto, era natural que essas pessoas viessem a identificar seus próprios interesses com os do imperador, e que automaticamente considerassem seus inimigos violadores dos poderes do soberano. Este tipo de pensamento certamente estava por trás do ódio e do medo que os líderes das facções clânicas [*habatsu*][26] sentiam pelo Movimento dos Direitos Populares. E ele continua a operar ainda hoje entre a classe dominante do Japão.

IV

A identificação da moralidade com o poder e a constante ênfase na proximidade com o imperador têm um efeito importante nas atitudes das pessoas em relação a seus deveres. O orgulho no cumprimento de seus deveres não se baseou tanto em qualquer senso de especialização horizontal (isto é, divisão do trabalho), mas em uma consciência de dependência vertical do valor supremo. Os vários fenômenos patológicos que surgiram desse estado de coisas são perfeitamente exemplificados pelas Forças Armadas japonesas. Todo o aparato educacional do estabelecimento militar foi direcionado para cultivar esse tipo de orgulho "vertical". O objetivo primeiro era identificar as Forças Armadas como o sustentáculo da nação, visto que "os militares são a essência da nação e nela ocupam a posição principal".[27] A sensação de superioridade que os militares tinham em relação aos "provincianos" (como eles descreviam de forma sarcástica os civis) era inequivocamente baseada no conceito de integrar uma força *imperial*.

---

[26] Referência ao fato de que durante a maior parte do período Meiji o governo estava em grande parte nas mãos de feudos específicos que ajudaram a derrubar o xogunato Tokugawa e a restaurar o poder do imperador. [N. do Org.]

[27] Diretiva Educacional das Forças Armadas. [N. do Org.]

Além disso, a consciência de estar sob o controle direto do imperador levou-os a concluir que eram superiores aos outros membros da comunidade, e não apenas em sua posição dentro da hierarquia, mas em todos os valores. Segundo o general Araki, por exemplo, os membros das Forças Armadas muitas vezes adquirem a reputação de serem demasiado honestos, "mas essas críticas revelam, de fato, a grande discrepância entre o nível de moralidade das Forças e o da sociedade como um todo, o que torna difícil para os militares se ajustarem à sociedade tal como ela é agora constituída".[28] Na última guerra, ficou muito claro para o povo japonês que havia uma "grande discrepância" entre a moral militar e a moral geral — mas no sentido oposto ao pretendido pelo general Araki.

As Forças Armadas estavam completamente imbuídas dessa noção de superioridade. Segundo um amigo meu, um patologista que foi recrutado durante a última guerra e que atuou por muitos anos como capitão do corpo médico, os médicos profissionais das Forças Armadas estavam quase todos convencidos de que o nível da ciência médica era muito mais alto no estabelecimento militar do que em qualquer outro lugar nas "províncias", incluindo os centros médicos universitários. Na verdade, a situação era exatamente o contrário.

Esse orgulho egocentrado dos militares não só determinou sua atitude em relação aos "provincianos" como também atuou entre os vários ramos das próprias Forças Armadas. Nas *Principais regras de estratégia*, por exemplo, encontramos a afirmação: "Entre os vários ramos das Forças Armadas a infantaria é o componente principal e constitui o núcleo de sua associação." Quando fui mobilizado para ser convocado como soldado na Coreia, tivemos que recitar esta fórmula diariamente, e ainda posso ouvir a voz de um certo soldado quando gritou: "Você vê? A infantaria é o principal componente das forças de ataque — bem no topo! O 'componente principal das Forças', não é mesmo? Forças não significam apenas o Exército, mas inclui também a Marinha." Não estou sugerindo que até mesmo este homem realmente acreditou no *slogan*; mas uma observação desse tipo, por mais exagerada que seja, certamente revela uma tendência psicológica que impregnou a educação militar.

---

[28] Sadao Araki, op. cit.

Assim, a unidade de combate individual foi inspirada por um senso de superioridade em relação a outras unidades, a companhia em relação a outras companhias, o esquadrão administrativo em relação a outros esquadrões semelhantes; ao mesmo tempo, os oficiais não comissionados insistiam no abismo que os separava da "natureza do soldado", e os oficiais enfatizavam sua superioridade em relação ao "caráter dos oficiais não comissionados". Essa abordagem foi a base da reputação de auto-honradez e paroquialismo que as Forças Armadas adquiriram durante a guerra.

Esse paroquialismo era frenético não só no Exército e na Marinha, mas em toda a estrutura do governo japonês. Com frequência ele tem sido descrito como feudalismo, mas isso é uma simplificação excessiva. O impulso feudalista para defender a própria esfera de interesses particulares teve origem nos esforços de cada unidade para se entranhar em um mundo fechado e autossuficiente. O paroquialismo japonês, entretanto, derivou de um sistema segundo o qual cada elemento da sociedade era julgado de acordo com sua respectiva conexão, em uma linha vertical direta, com a entidade suprema. Isso envolveu um impulso constante para se unir a essa entidade, e o paroquialismo resultante foi de um tipo muito mais ativo e "agressivo" do que aquele associado ao feudalismo. Aqui novamente os militares fornecem um exemplo perfeito: enquanto contavam em cada ponto com a fortaleza proporcionada por sua prerrogativa de comando supremo, eles tentavam (em nome da guerra total) interferir em todos os aspectos da vida nacional.

Estamos então diante de uma situação que pode ser descrita como a rarefação de valor. Toda a ordem nacional é construída como uma cadeia, tendo o imperador como entidade de valor absoluto; e em cada elo da cadeia a intensidade do controle político vertical varia proporcionalmente à distância do imperador. Pode-se esperar que este fosse o solo ideal para o conceito de ditadura, mas na verdade foi difícil para o conceito criar raízes no Japão. A premissa essencial de uma ditadura é a existência de um agente livre e decisório, e isso é precisamente o que faltava em nosso país: do ápice da hierarquia até a base, era praticamente impossível haver um indivíduo verdadeiramente livre e não regulamentado. A sociedade estava tão organizada que cada grupo componente era constantemente regulado por uma autoridade superior, ao mesmo tempo que impunha sua própria autoridade a um grupo abaixo de si.

Muito se tem dito sobre as medidas ditatoriais ou despóticas tomadas pelos militares japoneses durante a guerra; mas devemos evitar confundir despotismo como fato ou resultado social com despotismo como conceito. Este último está invariavelmente relacionado a um sentido de responsabilidade, e nem os militares nem os funcionários civis no Japão possuíam este sentido.

Esse aspecto surge na questão da responsabilidade de iniciar a guerra. Quaisquer que tenham sido as causas do início da guerra em 1939, os líderes da Alemanha nazista estavam certamente conscientes da *decisão* de iniciar as hostilidades. No Japão, porém, a situação era bem diferente: embora tenha sido nosso país que mergulhou o mundo na terrível conflagração no Pacífico, tem sido impossível encontrar qualquer indivíduo ou grupo que esteja consciente de ter dado início à guerra. Qual é o significado do notável estado de coisas de um país que entrou em guerra empurrado para o vórtice por homens que foram, eles próprios, impelidos por alguma força que não compreenderam realmente?

A resposta repousa na natureza da oligarquia japonesa. Era lamentável que o país estivesse sob o domínio oligárquico; o infortúnio foi agravado pelo fato de os governantes não terem consciência de que eram realmente oligarcas ou déspotas. Os indivíduos que compunham os vários ramos da oligarquia não se consideravam reguladores ativos, mas homens que, pelo contrário, estavam sendo regulados por regras criadas em outro lugar. Nenhuma das forças oligárquicas do país pôde jamais se tornar absoluta; em vez disso, todas elas coexistiram — todas elas igualmente dependentes da entidade suprema e todas elas enfatizando sua proximidade comparativa com essa entidade. Esse estado de coisas levou um observador alemão a descrever o Japão como *Das Land der Nebeneinander* [A terra da coexistência], e não há dúvida de que isso impediu o desenvolvimento de um sentido de responsabilidade subjetiva.

Durante a 81ª sessão da Dieta,[29] quando a extensão do poder do primeiro-ministro era considerada pelo Comitê de Legislação Administrativa Especial de Guerra, o primeiro-ministro, general Tōjō, foi indagado pelo sr. Kita Soichiro se tal poder deveria ser considerado uma ditadura. Tōjō respondeu da seguinte forma:

---

[29] A sessão durou de dezembro de 1942 a março de 1943. A fachada do constitucionalismo foi mantida durante todo o período militarista [N. de Ivan Morris].

> As pessoas frequentemente se referem a isso como um governo ditatorial, mas eu gostaria de deixar o assunto claro... O homem chamado Tōjō não é mais do que um único e humilde súdito. Eu sou exatamente o mesmo que você. A única diferença é que me foi dada a responsabilidade de ser primeiro-ministro. Nesta medida, eu sou diferente. Só quando estou exposto à luz de Sua Majestade é que eu brilho. Se não fosse por esta luz, eu não seria melhor que um calhau à beira da estrada. É porque desfruto da confiança de Sua Majestade e ocupo minha posição atual que brilho. Isso me coloca numa categoria completamente diferente daqueles governantes europeus conhecidos como ditadores.[30]

É altamente sugestivo que o primeiro-ministro que proferiu essas palavras tenha tido mais poder do que qualquer um de seus predecessores. A declaração de Tōjō fornece uma revelação franca da psicologia de um súdito japonês timidamente fiel: o que lhe veio imediatamente à mente foi um sentimento orgulhoso de superioridade, baseado no conhecimento de estar perto da autoridade suprema, e uma sensação aguçada de estar sobrecarregado pelo peso espiritual dessa autoridade.

Na ausência de qualquer consciência livre e subjetiva, as ações do indivíduo não são circunscritas pelos ditames da consciência; ao contrário, ele é regulado pela existência de pessoas de uma classe superior, ou seja, que estão mais próximas do valor supremo. O que assume o lugar do despotismo nessa situação é um fenômeno que pode ser descrito como a manutenção do equilíbrio pela transferência da opressão. Exercendo poder arbitrário sobre aqueles que estão abaixo, as pessoas conseguem transferir para baixo a sensação de opressão que vem de cima, preservando assim o equilíbrio do todo.

O fenômeno é um dos mais importantes patrimônios que o Japão moderno recebeu da sociedade feudal. Ele tem sido adequadamente interpretado por Fukuzawa Yukichi como o resultado de "dar demasiada importância ao poder" (*Kenryoku no henchō*), o que, como ele diz, "tem sido a regra nas relações humanas no Japão desde o início". Fukuzawa continua da seguinte forma:

> [Os japoneses] fazem uma distinção clara entre os códigos morais que se aplicam às pessoas acima e às pessoas abaixo [de si], e uma distinção igualmente clara no

---

[30] *Asahi Shimbun*, 6-2-1943.

campo dos direitos e deveres. Como resultado, cada indivíduo é, por um lado, vítima de coerção, enquanto, por outro, exerce coerção sobre seus semelhantes. Ele tanto sofre quanto perpetra a opressão; em uma direção ele cede, em outra ele se vangloria... A alegria de hoje compensa a vergonha de ontem, e assim a insatisfação é igualada... Pedro é roubado para pagar a Paulo.[31]

Isso também faz lembrar a vida militar. Mas, embora a psicologia descrita por Fukuzawa tenha sido mais intensamente expressa no Exército e na Marinha, ela não se limitava a esses quadrantes; estava, de fato, embutida em todos os recantos da ordem nacional japonesa. O que aconteceu na Restauração Meiji foi que, pela união da autoridade com o poder, o papel preponderante da força na sociedade feudal foi sistematicamente incorporado à estrutura do Japão moderno.

Com a emergência de nosso país no cenário mundial, o princípio da "transferência da opressão" foi estendido para o plano internacional. Isso pode ser visto na campanha a favor da invasão da Coreia, que se declara imediatamente após a Restauração,[32] e no subsequente envio de tropas para Formosa. Desde a última parte do Período Tokugawa,[33] o Japão nunca havia deixado de estar consciente da forte e estreita pressão das grandes potências, e, assim que o país foi unificado, usou sua nova força para encenar uma imitação em pequena escala do imperialismo ocidental. Assim como o Japão estava sujeito à pressão das grandes potências, ele também pressionava países ainda mais fracos — um caso claro da psicologia da transferência.

---

[31] Fukuzawa Yukichi. *Outline Theory of Civilization*, vol. V.

[32] Apenas quatro anos após a Restauração, houve uma cisão no governo em decorrência das relações com a Coreia. Um grupo importante, liderado por Saigō Takamori, era favorável ao envio de uma expedição punitiva à península, sob o pretexto de que a Coreia havia recusado a oferta do Japão para estabelecer relações. Após uma feroz controvérsia, o partido da "paz" venceu, e Saigō e alguns de seus apoiadores renunciaram ao governo. Entretanto, dois anos depois (em 1874), o governo enviou uma pequena força a Formosa para lidar com os aborígines que, alegadamente, teriam maltratado marinheiros japoneses. A missão foi um sucesso. [N. de Ivan Morris]

[33] Ditadura militar feudal estabelecida no Japão por Tokugawa Ieyasu (primeiro líder dessa era), governada pelos xoguns (grandes generais) da família Tokugawa no período de 1603 a 1868. [N. do T.]

A esse respeito, é significativo que desde o Período Meiji as demandas por uma política externa dura tenham vindo do povo comum, ou seja, daqueles que estão experimentando a opressão em casa. Mais uma vez, quando examinamos as atrocidades cometidas pelas forças japonesas na China e nas Filipinas, somos confrontados com o infeliz fato de que, quem quer que tenha sido o responsável final, os perpetradores diretos foram os soldados rasos. Homens que em casa eram "meros súditos" e que no quartel eram soldados de segunda classe se encontravam em um novo papel quando chegavam ao exterior: como membros das forças do imperador, estavam ligados ao valor supremo e, portanto, desfrutavam de uma posição de infinita superioridade. Dada a natureza da sociedade japonesa, não admira que as massas, que na vida civil ou militar comum não têm nenhum objeto para o qual possam transferir a opressão, devessem, quando se encontraram nessa posição, ser guiadas por um impulso explosivo para se libertarem de um só golpe da pressão que pairava sobre elas. Seus atos de brutalidade são um triste testemunho do sistema japonês de compensação psicológica.[34]

V

Na psicologia do ultranacionalismo qual é, então, o verdadeiro *status* do imperador? Como ele é o centro de toda autoridade e a fonte de toda virtude, ocupando a posição culminante em uma hierarquia em que cada elemento de baixo para cima se baseia progressivamente nos valores pertencentes a um degrau superior, estaríamos certos ao concluir que só ele gozava de liberdade subjetiva? Uma comparação com os monarcas absolutos do Ocidente fornecerá nossa resposta.

Nos estágios iniciais da história da Europa moderna, o monarca absoluto foi liberado das limitações baseadas na lei natural da Idade Média. Não mais sujeito ao controle de qualquer contrato, estava apto a se elevar de mero protetor da ordem (*Defensor Pacis*) para seu criador (*Creator Pacis*), e assim ele surgiu como o primeiro indivíduo "livre" do período moderno.

---

[34] Os atos de brutalidade cometidos no final da guerra, como resultado da psicologia da derrota e da sede de vingança, pertencem a uma categoria diferente.

O que aconteceu no início da história moderna japonesa (ou seja, na Restauração Meiji) foi de fato muito diferente. A fusão da autoridade espiritual com o poder político foi considerada não como uma inovação no conceito de soberania, mas simplesmente como um retorno aos "antigos tempos da Fundação Jinmu".[35] Embora o imperador fosse considerado a encarnação do valor supremo, ele sempre esteve impedido de criar valores a partir do nada. Sua Majestade foi herdeiro da linha imperial inquebrável por séculos eternos e governou em virtude das injunções finais de seus antepassados. Não se considerava que a Constituição Imperial, concedida ao povo em 1889, tivesse sido criada pelo próprio imperador, ela era um documento que "transmitia a imutável lei segundo a qual a terra foi governada".

Assim, o imperador também foi sobrecarregado com um fardo — no seu caso, uma tradição que derivava do passado infinitamente remoto. Foi somente porque sua existência estava inextricavelmente envolvida na tradição ancestral, de tal forma que ele e seus antepassados imperiais formavam uma unidade, que ele foi considerado a encarnação última de valores internos. A situação pode ser representada por um círculo no qual o imperador é o centro e todo o povo, cuja função é "assistir" ao imperador, está situado a suas respectivas distâncias do centro; nesse diagrama, contudo, o centro não é um ponto único, mas um eixo das ordenadas (a dimensão do tempo) que corre perpendicularmente ao plano do círculo. O fluxo infinito de valor do centro em direção à circunferência é assegurado pelo fato de que o eixo é infinito, tal como expresso na frase familiar: "A prosperidade do trono imperial coincide com o céu e a terra."[36]

Estamos agora em condições de formar uma imagem mais clara e completa do mundo do ponto de vista do ultranacionalismo japonês. No Japão, o padrão de valores é a proximidade relativa com a entidade central; ao estender esta lógica para cobrir o mundo inteiro, os ultranacionalistas engendraram uma política de "fazer com que todas as nações ocupem suas respectivas posições [em relação ao Japão]". O Japão, "o país suserano", colocou cada qual dos outros países numa ordem que se baseava no *status* social. Uma

---

[35] Jinmu-tennō (神武天皇): lendário primeiro imperador do Japão. [N. do Org.]
[36] Rescrito Imperial sobre Educação.

vez que essa ordem fosse assegurada, haveria paz em todo o mundo. Como expressou um escritor ultranacionalista: "O significado da história mundial é que a augusta virtude de Sua Majestade deve brilhar sobre todas as nações do mundo. Isto será indubitavelmente realizado como uma manifestação das virtudes marciais do Império."[37]

Nesse esquema, no qual tudo se baseia na ideia de uma entidade central absoluta, não há espaço para um conceito como o de direito internacional, que seja igualmente vinculante para todas as nações. "Quando a luz da augusta virtude de Sua Majestade vem a iluminar o mundo inteiro de acordo com os caminhos da Terra Divina, não pode existir algo como o direito internacional."[38]

A contemporaneidade do mito da fundação nacional foi exposta pelo professor Yamada Takao: "Se cortarmos o eixo do tempo, os eventos ocorridos há 2.600 anos constituem a camada central… Os acontecimentos no reinado do imperador Jimmu não são, portanto, contos antigos, mas fatos que existem neste exato momento."[39]

Aqui encontramos uma expressão verdadeiramente hábil da lógica ultranacionalista segundo a qual a extensão do eixo das ordenadas (fator tempo) representa ao mesmo tempo uma ampliação do próprio círculo (fator espaço).

O fato de ser "contemporâneo do céu e da terra" garantiu a expansão indefinida do campo no qual o valor supremo era válido e, reciprocamente, a expansão das "virtudes marciais do Império" reforçou a natureza absoluta do valor central. Este processo subiu em espiral desde a época das guerras Sino-Japonesa e Russo-Japonesa, passando pelo Incidente da China e até a Guerra do Pacífico. O dia 15 de agosto de 1945, que colocou um ponto final no imperialismo japonês, foi também o dia em que a "política nacional", que tinha sido a base de toda a estrutura ultranacionalista, perdeu sua qualidade absoluta. Agora, pela primeira vez, os japoneses, que até então tinham sido meros objetos, tornaram-se sujeitos livres, e o destino dessa "política nacional" estava confiado a suas próprias mãos.

---

[37] Tsūji Satō. *Philosophie de la voie impériale*.
[38] *Chūō Kōron* [revista literária japonesa mensal], dez. 1943. Simpósio: Como Devemos Enfrentar o Perigo que nosso País Corre.
[39] Ibid. "A missão do Japão divino e a resolução de seu povo", set. 1943.

Pósfacio

Neste ensaio, concentrei-me na configuração do nacionalismo japonês durante a Guerra do Pacífico, quando ele atingiu sua forma mais extrema; e tentei, da forma mais unificada e consistente possível, identificar dentro da estrutura pós-Restauração de nosso país as diversas forças que governaram o desenvolvimento desse nacionalismo. O resultado é uma abstração derivada de fatos históricos. Assim, evitei deliberadamente discutir as várias etapas do desenvolvimento da ideologia do imperador e a relação entre os elementos constitucionais e absolutistas.

Deixo ao leitor a decisão sobre se o esquema é ou não arbitrário; mas tenho poucas dúvidas de que uma abstração desse tipo pode ser útil para medir o grau em que a ideologia do imperador foi "atomizada" após a guerra, uma questão que discuto em ensaio subsequente.

*

Em 1933, o jornal *Mainichi*, em cooperação com o Ministério da Guerra, produziu um filme chamado *Japão em tempo de emergência*.[40] O filme incluiu um discurso do general Araki, o ministro da Guerra; e um diagrama delineando a estrutura da via imperial foi projetado a título de ilustração. Como descobri mais tarde que o gráfico concordava inteiramente com a teoria sugerida no final deste ensaio, eu o anexo aqui.

```
                    Via Imperial
                       |
(no espaço)            |            (no tempo)
expansibilidade   o que a protege é   perpetuidade
                       |
                       |
                  a missão das
                  Forças Imperiais
```

---

[40] O filme elogia a força militar e espiritual do povo japonês e alerta contra a penetração ocidental na sociedade japonesa. Analisa a história moderna do Japão, incluindo a invasão da China. Ele viria a ser usado nos julgamentos de crimes de guerra após a derrota japonesa. [N. do Org.]

Alguns leitores podem concluir, lendo apenas o ensaio, que tenho negligenciado todo o impulso progressivo e a universalidade no desenvolvimento do Japão desde o Período Meiji e no pensamento nacionalista como uma ideologia. Decerto eu não gostaria de dar a impressão de ter descontado estes aspectos ou de tê-los descartado como casos "pré-modernos" ou "especiais". Em minha palestra intitulada "O Pensamento Japonês no Período Meiji"[41] e em *Kuga Katsunan: o homem e seu pensamento* fiz um esforço, embora bastante inadequado, para discutir esses elementos positivos e prospectivos na sociedade e no pensamento japoneses.

Estou resignado com a crítica de que a abstração neste ensaio é unilateral. Por outro lado, certamente não posso aceitar a opinião (expressa de forma típica pelo professor Tsuda Sōkichi) de que a patologia que delineei ao discutir a estrutura espiritual do sistema do imperador seja meramente um "fenômeno excepcional", produzido pelo frenesi de um "período de emergência". Este não é o lugar para entrar em questão tão complexa, e como resposta a esta linha de objeção, por enquanto vou simplesmente citar a seguinte passagem da *Filosofia da história* de Hegel:

> A corrupção [da Igreja medieval] não foi um fenômeno acidental; não foi um mero abuso de poder e domínio. Um estado corrupto das coisas é muito frequentemente representado como um "abuso"; tem-se como certo que a fundação era boa — o sistema, a instituição em si, sem falhas —, mas que a paixão, o interesse subjetivo, em suma, a vontade arbitrária dos homens fez uso daquilo que em si mesmo era bom para promover seus próprios fins egoístas, e que tudo o que é necessário fazer é remover esses elementos adventícios. Nessa concepção, a instituição escapa da desonra, e o mal que a desfigura parece algo que lhe é estranho. Quando realmente ocorre um abuso acidental de uma coisa boa, ela é limitada a um caso particular. Uma corrupção grande e generalizada, que afeta um corpo de âmbito tão grande e abrangente como uma Igreja, é outra coisa.[42]

---

[41] Apresentado no seminário patrocinado em outubro de 1946 pela Sociedade de Pesquisa Histórica e incluído na *Investigação histórica da sociedade japonesa* (Iwanami Shoten).
[42] Hegel. *Philosophie der Weltgeschichte*, Lasson Ausg., v. II, pp. 871-872.

11

Hilda Kuper e a pesquisa de campo em uma aristocracia africana

Bronisław Malinowski é retratado, na história da antropologia, como o "pai fundador" do método da pesquisa de campo com observação participante. Sua intensa experiência de pesquisa entre 1915 e 1918, realizada nas ilhas Trobriand, situadas na costa oriental da Nova Guiné, resultou em três grandes monografias: *Argonautas do Pacífico Ocidental* (1922), *A vida sexual dos selvagens* (1929) e *Jardins de coral* (1935). Malinowski não foi o primeiro antropólogo a praticar esse método. Foi, porém, bem-sucedido em promovê-lo abertamente, na famosa introdução aos *Argonautas*, à condição de pedra fundamental de uma nova antropologia, feita agora "ao ar livre", e não mais encerrada nas bibliotecas ou nos gabinetes de estudo. O antropólogo formado nessa nova tradição deveria buscar, por meio da interação cotidiana, apreender "o ponto de vista dos nativos" para assim compreender sua "visão de mundo".

As narrativas tradicionais da história da antropologia registram a experiência e a obra de vários de seus alunos, mas de poucas de suas alunas. Entre elas está Hilda Kuper (1911-1992), que, ainda na década de 1930, muito jovem, realizou uma notável pesquisa na Suazilândia para sua tese de doutorado. Chamada antigamente pelos dominadores britânicos de Swaziland, o hoje Kingdom of Eswatini (Reino de Essuatíni, em português, ou Umbuso weSwatini em suázi) é um pequeno país do sul da África, localizado entre a África do Sul e Moçambique, que se tornaria independente apenas em 1968.[1]

---

[1] Foto da p. 194: Hilda Kuper durante viagem pela Suazilândia, provavelmente no final de 1934. À esquerda na foto está o rei Sobhuza II. (UCLA Library Special Collections, HKP, cx. 60, pasta 2.)

Hilda Beemer Kuper nasceu na antiga colônia britânica da Rodésia (hoje Zimbábue), filha de imigrantes judeus europeus, e mudou-se ainda criança para a África do Sul.² Foi contemporânea de outros sul-africanos mais reconhecidos e mencionados na história da antropologia, como Isaac Schapera (1905-2003), Meyer Fortes (1906-1983) e Max Gluckman (1911-

---

² A principal fonte para as informações biográficas que se seguem é o capítulo "Historical Ethnography and Ethnographic Fiction: The South African Writings of Hilda Beemer Kuper", de Andrew Blank, em *Pioneers of the Field: South African Women Anthropologists* (Cambridge: Cambridge University Press, 2016, pp. 189-238). Consultei também o capítulo "Function, History, Biography: Reflections on Fifty Years in the British Anthropological Tradition", que Hilda escreveu para *Functionalism Historicized: Essays on British Social Antropology*, organizado por George W. Stocking Jr. (Madison: The University of Wisconsin Press, 1984, pp. 192-213); e o obituário escrito por Margo Russell no periódico *Africa*, v. 64, n. 1, 1994. Seu arquivo pessoal está na UCLA Library Special Collections (Collection 1343, inventário disponível em <https://oac.cdlib.org/findaid/ark:/13030/tf1b69n737/>). Uma entrevista com seu sobrinho, o também antropólogo Adam Kuper, feita durante uma visita ao PPGAS/Museu Nacional, foi publicada na revista *Mana*, v. 6, n. 1, 2000, pp. 157-173.

1975). Hilda estudou na Universidade de Witwatersrand, em Joanesburgo, na qual foi muito influenciada pelas leituras de Durkheim, em especial sua interpretação dos rituais em *As formas elementares da vida religiosa*. Em seguida, ela prosseguiu seus estudos de antropologia na London School of Economics (LSE), sob a orientação de Malinowski, então no auge de sua influência.

Hilda estava em Joanesburgo em 1934 quando Malinowski foi participar de uma conferência. Na ocasião, conheceram o rei suázi, Sobhuza II (1899-1982), que assistia à palestra.[3] Sobhuza II convidou Malinowski e Hilda para em seguida visitarem seu reino, onde eles permaneceram por duas semanas. Contando com o total apoio do rei, a jovem Hilda, então com 23 anos, decidiu fazer lá sua pesquisa de campo. Numa imersão ao estilo "malinowskiano" que durou dois anos, Hilda aprendeu a língua suázi, que dominou fluentemente a ponto de nela sonhar.

Sua tese de doutorado foi apresentada em 1942 na LSE, com 692 páginas (*Rank among the Swazi of the Protectorate* [Posição na hierarquia social entre os suázi do Protetorado]). Pelas dificuldades impostas pela Segunda Guerra Mundial, contudo, a tese só viria a ser publicada em 1947, dividida em dois livros: *An African Aristocracy: Rank among the Swazi* [Uma aristocracia africana: a posição na hierarquia social entre os suázi] e *The Uniform of Colour: a Study of White-Black Relationships in Swaziland* [O uniforme da cor: um estudo das relações entre brancos e negros na Suazilândia]. Hilda já estava então casada com Leo Kuper, que se tornou um importante sociólogo sul-africano. No início dos anos 1950, o casal mudou-se para a cidade de Durban. Hilda então concentrou seus estudos na grande população de origem indiana residente na região de Natal, e que resultaria no livro *Indian People of Natal* [A população indiana de Natal, 1960].

Críticos do racismo e da segregação na África do Sul, Hilda e Leo estavam entre os fundadores do Partido Liberal naquele país, em 1953. O ativismo político fez com que o casal fosse vítima de pressões por parte do governo do apartheid, regime de segregação racial implantado em 1948.

---

[3] Ngwenyama Sobhuza II: chefe supremo e depois o primeiro rei de Essuatíni. Ele assumiu em 22 de dezembro de 1921, permanecendo como rei por 60 anos, até sua morte, em 1982.

Com o clima de crescente insegurança, o casal resolveu deixar a África do Sul, mudando-se para Los Angeles em 1961. Hilda tornou-se professora de antropologia na Universidade da Califórnia em Los Angeles (UCLA), onde viveu até sua morte.

Mesmo morando nos Estados Unidos, Hilda sempre manteve fortes ligações com o reino suázi, para lá viajando muitas vezes. Em 1970, recebeu pessoalmente do rei a cidadania suázi. Em 1978, publicou a biografia oficial de seu amigo de muitos anos, *King Sobhuza II, Ngwenyama and King of Swaziland* [Rei Sobhuza II, Ngwennyama e rei da Suazilândia]. Quando ele morreu, em 1982, após mais de 60 anos de reinado, Hilda foi uma das poucas pessoas autorizadas a discursarem no enterro.

Além de sua produção antropológica, especialmente suas grandes monografias, Hilda também fez vários experimentos que podemos chamar de "ficção etnográfica". Sua mais importante publicação nesse gênero foi a peça de teatro *A Witch in My Heart: A Play set in Swaziland in the 1930s* (Uma bruxa no meu coração: uma peça ambientada na Suazilândia dos anos 1930), publicada em 1970.

Para além da contribuição que deu ao estudo da antropologia política e dos rituais, um dos pontos fortes do estudo de Hilda é sua atenção às mudanças históricas que ocorreram na Suazilândia, mesmo antes do domínio britânico. Para tal, ela recorreu a mais de 100 entrevistas. Embora marcada pelo funcionalismo de Malinowski e pelo funcional-estruturalismo de Radcliffe-Brown (este, marcadamente durkheiminano), ambos com obras a-históricas, a atenção que Hilda dá aos processos históricos a afasta dessa tradição.

A introdução de seu livro sobre *Uma aristocracia africana*, aqui traduzida, é um exemplo da escrita clara e direta de Hilda Kuper, associada à percepção da importância de compreender como sua posição de antropóloga em campo afeta a pesquisa e seus resultados.

Uma aristocracia africana[4]
(1947)

Hilda Kuper

1. Condições de trabalho e o *status* do investigador

Conheci Sobhuza II, chefe do "povo primitivo" que eu iria estudar, quando participei da New Education Conference na Universidade de Witwatersrand, em julho de 1934. Sobhuza II, *Ingwenyama*[5] (Leão) da nação suázi, havia viajado quase 300 milhas [500 km] da sua casa no Protetorado da Suazilândia para ouvir uma série de palestras em inglês realizadas por educadores e antropólogos mundialmente famosos.

A maior parte dos africanos instruídos, mais particularmente os africanos destribalizados e homens com posição de pouca estatura na vida tribal, desconfia da antropologia. Eles veem nela uma arma para manter os nativos em seu "meio tradicional" (arbitrariamente despojados de ações julgadas "bárbaras" pelos europeus) e para impedi-los, em bases pseudocientíficas — retendo a "alma do povo", sua "mentalidade primitiva" — de assimilar a cultura europeia.

Sobhuza, por outro lado, se interessa pela antropologia. Leu vários livros sobre o assunto, assina revistas antropológicas, gosta de descrições dos costumes de outros povos e orgulha-se dos seus próprios costumes. Um dia, ele

---

[4] Hilda Kuper. *An African Aristocracy: Rank among the Swazi*. Oxford: Oxford University Press, 1947, pp. 1-10. Tradução de Tayná Mendes, revisão técnica de Celso Castro.
[5] *Ingwenyama*: título dado ao governante homem (rei) de Eswatini (antiga Suazilândia, como será referido ao longo do texto). É traduzido como "o Leão". [N. do T.]

explicou: "A antropologia torna possível a comparação e a seleção de linhas de desenvolvimento posterior. A cultura europeia não é toda boa; a nossa é muitas vezes melhor. Devemos ser capazes de escolher como viver, e para isso devemos ver como os outros vivem. Não quero que o meu povo seja uma imitação dos europeus, e sim que seja respeitado pelas suas próprias leis e costumes."

Na sociedade hierarquizada dos suázis, o apoio do *Ingwenyama* é um pré-requisito essencial para a aceitação de qualquer estranho, e sem a sua simpática assistência a investigação antropológica teria sido difícil.

Passei mais de dois anos no Protetorado da Suazilândia. Minha primeira visita, com início em outubro de 1934, durou 16 meses. Regressei em setembro de 1936, para mais oito meses de pesquisa intensiva. Desde então, voltei por curtos períodos para verificar dados, assistir a cerimônias e fazer visitas de amizade. Em Joanesburgo, onde vivo desde que deixei a Suazilândia, trabalhei com vários suázis, alguns recém-chegados do país, outros, antigos habitantes da cidade.

No Protetorado, fiquei em residências de nativos. Minha sede era Lobamba, a capital. À minha disposição estava a casa mais ocidentalizada da aldeia — uma sala de tijolos com uma porta de madeira de cerca de dois metros de altura, janelas de vidro, e uma divisória que a separava em dois ambientes. Nela havia algumas cadeiras de couro — as únicas cadeiras da capital, e utilizadas principalmente para convidados europeus. Até minha chegada, esta cabana especial foi ocupada pelos familiares mais importantes dos *Ingwenyama* nas suas visitas oficiais à capital.

De Lobamba, viajei para vários principados. Na sociedade suázi esperava-se que, exceto quando ia a uma cerimônia na família de um plebeu, eu ficasse na casa do chefe. "Nas casas dos grandes aparecem as leis do nosso povo", Umnyakaza Gwebu explicou-me muitas vezes. "O chefe pode fazer com que veja tudo o que desejar e chamar qualquer pessoa com quem queira falar." A cooperação que recebi dos súditos dependeu em grande parte do caráter dos chefes.

Umnyakaza me foi "dado" por Sobhuza como meu *umfana*. O significado principal de *umfana* é "menino"; no contexto das relações políticas, é um súdito vinculado pela lealdade pessoal. Sua posição é muito diferente da de um criado, para o europeu. O *umfana* torna-se um membro do círculo íntimo de dependentes do soberano, a quem considera como um pai, e é tratado como um filho dele. Umnyakaza, guerreiro da guarda pessoal de Sobhuza, atuou como meu professor, intérprete, cozinheiro e companheiro de viagem. Para além de um vocabulário bastante extenso de suázi e zulu, ele compreendia *sesotho* [língua banto], falava um inglês coloquial e animado, um pouco de *afrikaans* e algumas palavras de português. Inteligente e neurótico, com estados de ânimo que passavam de uma depressão sombria para uma alegria desenfreada, acreditava estar possuído por espíritos e, da última vez que ouvi falar dele, andava a vaguear pelas colinas, passando pelo doloroso processo de treinamento de adivinho. Além de Umnyakaza, que esteve comigo por todo lado e trabalhou para mim em Joanesburgo durante seis meses, Sobhuza selecionou outros assistentes e companheiros para ocasiões especiais.

Apesar da franca amizade com Sobhuza, a atitude dominante em relação a mim, especialmente a atitude dos suázis semieducados, era de medo e desconfiança; receavam que eu fosse uma espiã — uma europeia que tinha caído nas boas graças dos governantes para mais tarde os trair. Eu era *mabalana*, uma escriba; na minha mão direita segurava a mais perigosa de todas as lanças, a caneta, e na mão esquerda um escudo impenetrável, o meu caderno de anotações. Fui apresentada pelo governador da capital ao conselho da nação como uma europeia trazida pelo Leão (Sobhuza). "Temam-na e respeitem-na. Não esqueçam que ela é uma europeia. O rei diz que o seu trabalho é mostrar que não somos animais selvagens, que não vivemos nas montanhas, que temos as nossas leis. Não a incomodem." O apoio de Sobhuza tornou o povo superficialmente amigável, mas foi tarefa difícil ganhar sua confiança. Como uma mulher disse certa vez, com pena: "Nós sempre lhe enganamos em tudo porque você é branca."

Estabeleci contato íntimo com um círculo limitado de pessoas, e as usei como meus principais informantes. O resto da comunidade foram atores nas situações que são as experiências de laboratório do antropólogo: eu escrevia palavras e observava seu comportamento, mas os próprios indivíduos eram de pouca ajuda para discussões detalhadas, já que eu não havia quebrado sua reserva, seu antagonismo e suspeita. Ao selecionar os casos para entrevistas intensivas, eu tinha em mente fatores como nascimento, educação, idade e crença religiosa.

Para obter informações, utilizei as técnicas de observação, genealogias, textos, ensaios para crianças em idade escolar, entrevistas, cartas dos suázis trocadas entre si e comigo, e questionários. Utilizei a ortografia decidida por uma conferência realizada em 1933, exceto para a grafia de nomes próprios que são mais familiares em outras formas, como, por exemplo, Sobhuza em vez de Sobuza.

Foi essencial aprender a língua o mais rápido e minuciosamente possível. A maioria dos suázis sabe pouco ou nenhum inglês; os poucos que o falam fluentemente ainda usam o suázi nas suas casas. Os suázis instruídos preferiram escrever seus textos para mim em zulu (dialeto relacionado com o suázi e utilizado nas escolas) do que em inglês. O inglês é uma língua estrangeira que lida com conceitos estrangeiros, e quando um homem fala inglês seu comportamento e seu modo de pensar parecem mudar. Um professor suázi comentou certa vez: "Só gosto de vender gado quando falo em inglês." O significado desta observação é mais bem apreciado quando se conhece a relutância do suázi médio em separar-se do seu gado. O processo de aprendizagem do suázi foi de grande ajuda para mim, pois ver a luta de uma europeia para aprender a língua parecia dar às pessoas certa satisfação e prazer, ao mesmo tempo que acho que a ensinar a mim lhes dava um sentido de importância. Eles eram tolerantes com os erros, orgulhosos do progresso e expressavam alegria quando não tinham de repetir e explicar constantemente suas afirmações. Só então eles falavam à vontade, e não em uma língua truncada (como o inglês *pidgin*[6] dos europeus), que pensavam ser mais fácil para eu compreender.

Também foi necessário que eu compreendesse outras ferramentas de sua cultura a fim de quebrar a barreira entre pretos e brancos. Aprendi a moer grãos e a fazer cerveja; participei nas danças, nos cantos, no julgamento

---

[6] *Pidgin*: termo utilizado para se referir a línguas acessórias, subsidiárias, usadas em diferentes contextos e situações de intercâmbio cultural. É uma forma de linguagem que facilita a comunicação imediata entre populações heterogêneas. Geralmente surge de forma espontânea, a partir da mistura de duas ou mais línguas, e serve de meio de comunicação entre os falantes dessas línguas. [N. do T.]

de casos e assim por diante. Muitas vezes me identificava com uma seção particular de atores: nas cerimônias de casamento, às vezes eu ia como integrante do grupo da noiva, às vezes do grupo do noivo; às vezes com a sogra, às vezes com as irmãs; nas festas de trabalho eu às vezes sentava e distribuía comida com o anfitrião, às vezes dava duro com os trabalhadores. Quando comecei o trabalho de campo, só me era permitido participar das atividades das mulheres; depois do meu casamento,[7] adquiri um novo *status*, e as esposas consideravam-me igual e tratavam-me como confidente. Como mulher, a esfera da minha participação era restrita, e os meus dados sobre certos tópicos refletiam isso. Assim como cada indivíduo tem apenas um conhecimento circunscrito de sua cultura, cada grupo de *status* tem também seu viés e suas limitações.

A identificação completa com os suázis não era possível e nem, do ponto de vista da obtenção de um quadro completo da vida suázi, desejável ou necessária. No Protetorado, pretos e brancos são estreitamente interdependentes. Para compreender a cultura suázi moderna é necessário estudar situações de cooperação, antagonismo e segregação entre brancos e pretos, e a direção do controle europeu. Os dois grupos de cores são interdependentes, porém distintos em cultura e interesses. Ter-me "tornado nativa" teria arruinado qualquer chance de obter dados da maioria dos europeus.

O antropólogo é inevitavelmente uma influência na vida dos nativos e vice-versa. Por meu intermédio, vários suázis viram pela primeira vez uma máquina de escrever, uma máquina fotográfica, uma lâmpada de querosene, uma banheira desmontável e outros elementos materiais da civilização ocidental. O diretor da escola nacional e eu, a pedido de Sobhuza, levamos cerca de 40 crianças à Exposição Imperial em Joanesburgo (1936), onde elas divisaram com admiração um novo mundo. Para além dos bens introduzidos ou ampliados por mim, eu, como antropóloga, fui utilizada como fonte de conhecimento sobre modos de pensamento e ação europeus. Perguntas feitas aos informantes retornavam com juros. Além disso, eu estava numa posição diferente daquela normalmente ocupada pelos europeus. Não os culpava, não tentava convertê-los nem procurava contratá-los como tra-

---

[7] Hilda casou-se com Leo Kuper em 1936. [N. do Org.]

balhadores. Eu representava um tipo com o qual os suázis raramente estão em contato: o intelectual liberal. A maior honra que os suázis me deram foi quando Sobhuza e os seus conselheiros me pediram para ser diretora da Escola Nacional Suázi, durante a ausência, em serviço ativo, do sr. T. Keen.

Ao entrar em qualquer comunidade, automaticamente se atribui ao recém-chegado um "lugar". Nenhum homem ou mulher pode permanecer em completo isolamento; ele ou ela é forçado a participar até certo ponto da vida à sua volta. Uma comunidade também não pode admitir dentro dos seus limites qualquer membro que atue sem referência aos seus companheiros ou companheiras.

Um desconhecido é catalogado à chegada. Na Suazilândia, a primeira e mais importante qualidade observada é a cor da pele. Todos caem automaticamente no grupo "branco", "preto", ou "colorido", e espera-se que se conformem às atitudes desses grupos. Ao longo do livro, portanto, uso o termo "branco" como sinônimo de europeu; "preto" como de africano, nativo e banto; e "colorido" como euro-africano (o resultado da miscigenação entre africanos e europeus, e também entre pessoas de cor e africanos ou europeus, bem como as uniões dentro dos próprios grupos de "coloridos"). Em segundo lugar, fatores econômicos óbvios, tais como tipo de equipamento, marca de carro e poder de compra, afetam a classificação. Em terceiro lugar, diferentes igrejas neste pequeno "país cristão" criam as suas próprias categorias de crentes e pagãos. Em quarto lugar, nesse Protetorado pouco desenvolvido, as ocupações são limitadas e há simultaneamente um monopólio ciumento dos postos existentes e uma suspeita em relação ao "especialista", em particular àquele cuja vocação não lhes é familiar. Ao antropólogo, da mesma forma que ao funcionário governamental, chefe, comerciante ou qualquer outra pessoa, é atribuída uma posição definida na sociedade que ele investiga. Antropólogos não eram novidade para os europeus na Suazilândia, mas cada antropólogo evocava reações específicas. Finalmente, características tais como nacionalidade, sexo, educação e idade evocam padrões de comportamento bastante estereotipados.

As reações não são uniformes; variam com as diferentes classes da população. Por classe quero dizer, neste livro, um grupo que se distingue dos outros por padrões econômicos e sociais. Os europeus na Suazilândia enquadram-se aproximadamente em três classes: "alta" — altos funcionários do governo, profissionais especializados, grandes comerciantes, prósperos proprietários de terras e administradores das minas; "média" — pequenos comerciantes, administradores de fazendas e os funcionários públicos de baixo escalão; e "baixa" — os "brancos pobres". Os suázis ainda não estão estratificados em classes econômicas, embora haja uma tendência crescente nesse sentido. Na sua própria sociedade eles diferenciam principalmente os nascidos de nobres dos nascidos de plebeus.

Interesses associativos, interesses de um grupo ou grupos organizados para fins específicos também afetam as atitudes em relação ao antropólogo. Funcionários públicos achavam que a pesquisa poderia ajudar a administração. Fazendeiros e administradores de minas desconfiavam que eu desorganizaria as relações de trabalho, e certos missionários viam na minha atividade uma tentativa de reavivar as práticas religiosas tradicionais.

O antropólogo reage conforme seu próprio treinamento e os interesses que tem em relação às pessoas entre as quais ele trabalha. Isto afeta inevitavelmente tanto os fatos que ele seleciona a partir da confusão de dados que registra quanto a interpretação que lhes dá. Sou prejudicada por não poder publicar certos dados: minha amizade com Sobhuza deu-me informações importantes que me obriguei a não revelar. Em segundo lugar, sou impedida de utilizar certos documentos por receio de ser envolvida em casos de difamação. Em terceiro lugar, mostraram-me alguma correspondência oficial, com a condição de que eu não a tornasse pública. Em quarto lugar, e isto é o mais importante, a minha própria perspectiva afetou indubitavelmente a minha interpretação dos fatos. Isso não significa que eu tenha ido à Suazilândia para provar uma tese pré-concebida. O processo de racionalização científica não é tão consciente.

Originalmente eu pretendia escrever uma monografia mais geral. Recolhi inúmeros fatos e encaixei-os em títulos estereotipados — economia, política, religião, magia e assim por diante. Após alguns meses no terreno, o "padrão" da cultura foi surgindo lentamente para mim. Infelizmente, perseverei na coleta de todo o material usual de um relato etnográfico. Mesmo depois de ter deixado a Suazilândia, dediquei alguns meses me esforçando por encaixar esses fatos nos capítulos artificiais de uma monografia-padrão.

Finalmente, decidi escrever sobre o que me parecia ser a orientação essencial da vida suázi — as posições na hierarquia social [*rank*]. Colocou-se então a questão: será que a minha avaliação dos fatos está de acordo com a dos suázis? Discuti o assunto com informantes em Joanesburgo; o problema, quando formulado, era uma abstração intelectual que eles não tinham considerado. Debati situações específicas e formulei questões bem definidas. A interpretação final foi minha, como socióloga. Os meus fatos, espero, não serão contestados; a minha avaliação, talvez. Nenhum ser humano pode ser objetivo na sua interpretação e avaliação dos fatos sociais; a cor, a classe e a crença direcionam o pensamento e a classificação. As doutrinas antropológicas têm demonstrado repetidamente refletir as correntes sociais, pois a antropologia trata de questões cruciais na sociedade, e os próprios antropólogos estão envolvidos nessas questões. Tudo o que o investigador pode fazer é tentar evitar a seleção arbitrária de fatos que ele sabe que podem ser refutados pelos fatos que conscientemente omitiu.

Este livro será alvo de críticas, não apenas por parte dos europeus, mas também por parte dos suázis educados. Os antropólogos, na maioria das partes do mundo, não estão mais descrevendo a vida de povos iletrados, incapazes de falar por si mesmos ou de julgar os livros para os quais eles contribuem com a substância viva.

2. O escopo do livro

Este livro não é uma monografia totalmente abrangente sobre a cultura suázi. O material é coordenado e apresentado a partir da abordagem de classificação quanto à posição social e ao *status* — a avaliação social de indivíduos e grupos. Muitos dos dados que recolhi foram, portanto, considerados irrelevantes, e serão publicados separadamente. Para mais informações sobre os suázis, o leitor é remetido aos livros e artigos citados na bibliografia.

Este volume também não cobre toda a situação de classificação social na Suazilândia moderna. Ele trata exclusivamente da orientação tradicional e, portanto, envolve uma limitação arbitrária. Para completar o quadro, precisamos de uma descrição do domínio europeu, realizado por agentes culturais europeus — administradores, fazendeiros, missionários e comerciantes — e as mudanças de alinhamento que eles causaram na estrutura tradicional. Esta seção foi omitida por razões de espaço, e será publicada independentemente.

A posição na hierarquia social é resultado da mensuração do *status* social. Há uma escala graduada de indivíduos e de grupos sociais em todas as sociedades. Quase todos os fatores concebíveis — riqueza, nascimento, cor, idade, sexo, ocupação, crença, capacidade — podem ser culturalmente selecionados como bases para discriminação. Os fatores variam em força e importância reconhecida; são integrados de modo a formar um sistema coerente caracterizado por uma ênfase dominante. O maior peso pode recair sobre um ou mais fatores, associados a grupos similares ou diversos. Dentro da moldura social, toda ação é inteligível e é avaliada pelas pessoas envolvidas.

Um estudo dos suázis no século XX é em grande medida uma análise dos privilégios da pigmentação da pele e da genealogia, e da forma como eles afetam e são afetados por outros princípios culturais. A posição na hierarquia social controla o comportamento de indivíduos e grupos; determina seus direitos, obrigações e atitudes. Em qualquer situação social, os modos de ação e de pensamento dependem principalmente de serem os atores negros ou brancos, nobres ou plebeus, homens ou mulheres, adultos ou crianças, especialistas ou leigos, casados ou solteiros, ou se enquadrarem em qualquer outra categoria de relações avaliadas pelas pessoas da sociedade. Cada ser humano combina uma série dessas categorias ou de *status* e os coordena psicologicamente da melhor maneira possível. No espaço de poucas horas, um mesmo homem pode agir como pai, filho, chefe, especialista em rituais e juiz. Para cada ocasião o padrão é mais ou menos determinado culturalmente e a resposta é razoavelmente automática, embora às vezes haja obrigações de *status* conflitantes que cada indivíduo resolve, apenas parcialmente, para si mesmo ou si mesma.

O indivíduo médio nunca está consciente da soma total das normas de *status* na sua sociedade nem das suas próprias limitações. Ele tem uma visão distorcida e um conhecimento parcial ditados pela sua participação, e não pela observação do seu meio cultural. Um europeu e um nativo, um rei e um escravo, um homem e uma mulher têm frequentemente pontos de vista diferentes porque cada qual é um estranho no mundo do outro. A existência transitória dos indivíduos geralmente é logo esquecida, e o ritual que é encenado quando de suas mortes os demarca principalmente como tipos de *status* em um esquema cultural contínuo.

Dentro desse esquema é preciso haver alguma consistência. Seria uma situação impossível se a riqueza concedesse poder, mesmo que os nativos reconhecidos como o grupo inferior possuíssem a melhor propriedade no campo; ou se a genealogia conferisse honra na política, enquanto a religião negasse qualquer benefício à aristocracia de nascença. A consistência, no entanto, raramente é o resultado de um esforço consciente: uma sociedade planejada é desconhecida da maioria dos povos, e mesmo líderes que deliberadamente introduziram mudanças radicais não perceberam todos os efeitos de suas inovações. A consistência é o resultado da interação de forças sociais — econômicas, legais, éticas — que nunca estão tão perfeitamente ajustadas a ponto de eliminar todos os conflitos. Os indivíduos não necessitam de consistência absoluta, uma vez que a vida do homem médio está limitada a episódios não coordenados por princípios totalmente claros, e eles próprios são frequentemente acionados por uma variedade de motivos antagônicos. Da manhã à noite, cada homem passa por uma série de situações que não precisam ter nenhuma conexão para além da reação sobre sua própria constituição física e mental. O pai generoso não é um estranho no corpo do negociante ganancioso e, desde que não se confrontem nas mesmas situações, essas características podem não causar qualquer tipo de tensão óbvia.

As diferenças individuais são insignificantes em comparação com os tipos de *status*. O ser humano médio parece suficientemente maleável para se encaixar de forma competente, e não incompetente, em qualquer posição para a qual é treinado desde a infância; e a personalidade de *status* ideal de qualquer grupo é conhecida, não importa até que ponto o indivíduo fique abaixo do padrão. É frequente um desajustamento limitado, mas ele tem pouco efeito social. Um forte desajustamento é mais raro e torna-se generalizado em períodos de rápida mudança social, como a que as tribos nativas estão experimentando hoje com o impacto da civilização ocidental. Isso é potencialmente mais que o desajustamento de indivíduos isolados; é o núcleo de novos tipos de *status* que podem eliminar os antigos.

A mudança que um indivíduo pode provocar no padrão da sua cultura em geral depende mais da estrutura de *status* do que de suas qualidades pessoais. Numa sociedade em que o nascimento nobre é aceito como sinônimo de liderança, há poucas possibilidades de as inovações serem introduzidas por plebeus. Poucas sociedades dão muito espaço à capacidade individual; na maioria das vezes, as pessoas são treinadas para os deveres e privilégios de uma posição na hierarquia social ordenada por nascimento, idade ou sexo. Quanto mais estável for uma sociedade, menos desejo e, geralmente, menos oportunidades parece haver para as pessoas se libertarem dessas restrições. A livre concorrência para as posições mais elevadas muitas vezes é um sinal de desintegração da ordem estabelecida.

É essa concepção de posição na hierarquia social que pretendo aplicar na minha análise da sociedade suázi.[8] Ela envolve uma seleção e correlação de fatos a partir de um ponto de vista particular, e um ponto de vista que, segundo eu considero, ressalta os principais interesses da sociedade no momento atual.

3. A abordagem do tempo

Qualquer estudo de um povo é o estudo de um determinado período, uma vez que a cultura está sempre mudando, mais ou menos gradualmente, de acordo com a estrutura da sociedade e o tipo de estímulo por ela recebido. Cada mudança reage em toda a sociedade, com efeitos desiguais sobre diferentes atividades. Os elementos da cultura têm mobilidade variável, ainda que façam parte de um todo interligado: a estipulação de impostos reagiu mais diretamente sobre a relação de chefe e súdito do que sobre a religião do culto ancestral, e mais fortemente sobre o aparato econômico da cultura do que sobre o linguístico.

Neste livro analiso certos aspectos da sociedade suázi tais como os observei durante os meus anos no Protetorado; estou principalmente preocupada

---

[8] Essa concepção de tipos de *status* tem muito em comum com a análise que Ralph Linton faz de "orientações" em *The Study of Man* (Des Moines: Appleton Century, 1936, cap. 25) e Ruth Benedict em *Patterns of Culture* (Londres: Routledge, 1935).

com o presente. Na Parte I, descrevo os principais processos históricos que resultaram na estrutura existente. Na Parte II, examino a orientação tradicional como base do conservadorismo. Na Parte III (que aparecerá separadamente), indico as forças de mudança. A situação com a qual me confrontei na Suazilândia foi fundamentalmente semelhante à que enfrentaram outros antropólogos que lidam com sociedades simples e homogêneas, passando por uma mudança revolucionária em decorrência do contato com sociedades complexas e altamente especializadas. Os antropólogos defenderam métodos diferentes para lidar com esse material: alguns propuseram a reconstituição histórica (I. Schapera), a descoberta de um ponto zero (L. P. Mair), ou a descoberta de uma linha de base (M. J. Herskovits); outros (B. Malinowski, M. Fortes) atacaram veementemente a validade científica ou a utilidade de se descrever um passado para o qual não existem registros precisos.[9]

Para além da Parte I, não tentei uma reconstrução histórica, mas na parte II procurei mostrar que organizações e interesses da cultura tradicional sobrevivem, são ativos e resistentes. A reconstrução de um passado não escrito, especialmente de um passado que já não é evidente no presente, teria sido imprecisa e incompleta. *Havia* um passado ao qual os meus informantes se referiam constantemente, e que influenciou as suas reações ao presente. Mas esse passado não foi, como eles acreditavam, o período de Mbandzeni, o último dos reis suázis independentes, o homem em cujo reinado os europeus se estabeleceram pela primeira vez no país e cuja morte marcou o fim de uma época na história suázi. Os detalhes desse passado real são borrados, esquecidos e distorcidos, e é o passado borrado, distorcido e racionalizado que opera no momento presente.

Há sempre a diferença entre evidência e prova, entre a memória da participação numa atividade e a atividade real, entre uma declaração e uma situação, entre o ideal e a prática. Quando comecei o meu trabalho, tinha a intenção de obter fatos observáveis, mas logo percebi que as atitudes e ideias sobre os fatos eram igualmente importantes de se registrar, uma vez que elas motivavam ações. As distorções e idealizações do passado dão a um povo os

---

[9] Para uma discussão sobre isso, ver *Methods of Study of Culture Contact* (International African Institute, Memorandum XV).

seus padrões de valor para o presente. Encontram-se expressas duas atitudes sociais completamente diferentes em relação a um mesmo acontecimento: embora muitos suázis, ao descrever um período "antes do homem branco", lamentassem a perda de uma idade de ouro, outros se regozijavam com a superação da barbárie.

O método histórico é particularmente difícil por causa da abordagem dos suázis em relação ao tempo e à ausência de registros escritos. Os suázis não coordenam os acontecimentos e os cenários sociais em que estes ocorrem em qualquer sequência temporal clara. Acontecimentos de importância excepcional são lembrados, mas retirados do seu contexto social. Tal como outros povos primitivos, os suázis não têm o conceito de evolução histórica e de estágios contrastantes de desenvolvimento. Fome, guerras e epidemias são lembradas isoladamente. Para os suázis só há o presente e o passado imediato, que se fundem imperceptivelmente com o passado mais remoto num único plano temporal. Mito e lenda tornam-se parte da história, e homens e mulheres notáveis tornam-se seres mitológicos. O tempo é marcado por importantes episódios sociais; não é medido em unidades de tempo iguais. A unidade principal do cálculo suázi é um *umbuso* (reinado), e a genealogia dos governantes é aquilo que liga essas unidades entre si. A linhagem dominante pode ser retraçada com precisão até oito gerações, e nomes reais mais remotos são lembrados com pouca certeza quanto à ordem de sucessão. A profundidade do tempo dos suázis é determinada por um interesse limitado no passado.

Um reinado não é obviamente uma unidade de medida uniforme, comparável a uma década ou um século: ele é a identificação do tempo com uma personalidade social dominante. Um reinado termina abruptamente com a morte. Entre os reinados de dois soberanos suázis há um período de transição gradual, um longo luto pelos mortos e o treinamento do sucessor. O crescimento pessoal do rei é marcado por cerimônias nacionais que servem de ponto de referência temporal para a nação. Costumes que têm sua origem num passado distante, bem como num passado imediato, são transportados de um reinado para outro. As mortes dos líderes não quebram a continuidade da estrutura social em que eles atuaram. A tenacidade de certos costumes e a facilidade com que outros são abandonados e esquecidos depende de fatores que não podem ser controlados por nenhum indivíduo da sociedade. Os fatores sociais são mais poderosos e duradouros do que qualquer ditador.

Em tempo real, decorreu menos de um século entre o reinado de Mbandzeni e o de seu neto, o atual chefe supremo, mas as mudanças acontecidas na estrutura da sociedade nos 20 anos após a ascensão de Mbandzeni são mais radicais do que aquelas que ocorreram no período muito mais longo entre Mbandzeni e seu antecessor, Ngwane I. No período anterior, o contato era entre grupos de cultura mais ou menos similares e, acima de tudo, no mesmo nível tecnológico, enquanto o contato posterior foi entre portadores de uma civilização industrial avançada e um povo camponês primitivo. Nenhum indivíduo dentro do sistema anterior poderia ter inventado tantos objetos estranhos ou concebido ideias tão revolucionárias, pois cada homem tem a sua visão e o seu cenário material limitados pela cultura que o produziu. O profeta não apenas é raramente reconhecido no seu próprio país, mas a profecia é limitada pela sua dependência do povo com o qual passou os seus dias. O contato entre europeus e suázis foi diferente de qualquer desenvolvimento interno: foi um impacto de um grupo externo com suas próprias atividades e crenças, que eram paralelas e muitas vezes conflitantes com as dos suázis. O ímpeto de mudança estava muito além do controle dos suázis. A cultura que estudei na Suazilândia é uma nova cultura, com partes desiguais e conflituosas. Separar cada parte e dividir seus elementos constituintes entre as culturas tradicional e ocidental daria uma ideia tão frágil da verdadeira cultura emergente como a dissecação de um cadáver sobre a personalidade do indivíduo quando vivo. A cultura existente não deve ser considerada um todo harmonioso e bem integrado; pelo contrário, ela é composta por grupos e indivíduos que muitas vezes são ativamente hostis uns aos outros. A cultura suázi moderna não pode ser medida pelo grau de assimilação da "cultura ocidental"; a "cultura" trazida pelos europeus não é completa, mas consiste em elementos provenientes de vários países e classes, transportados pelos mares para um ambiente estranho.

Como podemos descrever os conflitos observáveis na cultura atual? Dividir cada capítulo em duas partes — (1) as atividades tradicionais e (2) as inovações que as desafiam — introduziria uma falsa dicotomia, uma vez que ambos os conjuntos de atividades funcionam simultaneamente. Além disso, cada qual tem filiações diferentes e envolve diferentes atitudes sociais. Permitam-me ilustrar esse ponto: os curandeiros da sociedade suázi tradicional são os principais especialistas; os curandeiros do meio social branco-preto são vistos como criminosos (bruxos), por um lado, e estão ligados a médicos e missionários, por outro. Assim, os curandeiros suázis enquadram-se atualmente em dois meios sociais distintos, porém sobrepostos e contemporâneos. A fim de realçar os interesses dominantes de cada um, dividi o material de acordo com o meio social. Este volume formula uma descrição e um contexto histórico e sociológico relevantes das orientações no meio tradicional.

12
E. F. Frazier e o mundo do faz de conta da burguesia negra americana

Quais os limites da mobilidade social ascendente dos negros numa sociedade profundamente marcada por discriminação e segregação racial, como os Estados Unidos da primeira metade do século XX? Como as condições econômicas e o *status* social da elite negra se relacionavam com seu comportamento e seus valores? Este é o tema de *Burguesia negra*, livro publicado pelo sociólogo negro Edward Franklin Frazier em francês (*Bourgeoisie noire*), em 1955,[1] e em inglês (*Black Bourgeoisie*), em 1957, do qual incluímos aqui uma parte.

Edward Frankin Frazier (1894-1962) graduou-se em 1916 pela Howard University, então exclusiva para estudantes negros.[2] Obteve seu mestrado em socio-

---

[1] Franklin Frazer. *Bourgeoisie noire*. Paris: Librarie Plon, 1955, 232p.
[2] Para a biografia de Frazier, consultei principalmente seu verbete na *Encyclopedia Britannica*, o obituário escrito por G. Franklin Edwards e publicado na *American Sociological Review* (27-6-1962, pp. 890-892) e a bibliografia disponível em <https://socialwork.howard.edu/centers/frazier-center/e-franklin-fraziers-life-works>. O arquivo pessoal de Frazier está na Howard University, e seu inventário pode ser consultado em <https://dh.howard.edu/cgi/viewcontent.cgi?article=1075&context=finaid_manu>.

logia pela Clark University, em 1920, com uma tese sobre "New Currents of Thought Among the Colored People of America" (Novas correntes de pensamento entre as pessoas de cor dos Estados Unidos). Em seguida, recebeu uma bolsa da Russell Sage Foundation para estudar durante um ano (1920-1921) na New York School of Social Work (depois Columbia University School of Social Work) e outra da American-Scandinavian Foundation para passar um ano (1921-1922) na Universidade de Copenhague, Dinamarca.

De volta aos Estados Unidos, Frazier tornou-se professor de sociologia no Morehouse College, instituição para estudantes negros em Atlanta, na qual organizou a Atlanta University School of Social Work, da qual se tornou diretor. Ele teve, contudo, de deixar às pressas essa posição e a cidade em 1927, após uma polêmica (e a ameaça de linchamento que sofreu) por conta da publicação de seu artigo "The Pathology of Race Prejudice" (A patologia do preconceito de cor).[3] Nesse artigo, Frazier lançava mão de conceitos psicanalíticos para afirmar que os mecanismos que operavam o preconceito racial eram análogos à insanidade mental: "O complexo negro [Negro-complex], designação que daremos ao sistema de ideias que a maioria dos sulistas tem a respeito do negro, possui o mesmo tom emocional intenso que caracteriza os complexos insanos." Ao final, Frazier dizia que:

> Os internos de um hospício não são julgados loucos por si mesmos, mas por aqueles de fora. O fato de que o comportamento anormal em relação aos negros seja característico de todo um grupo pode ser um exemplo ilustrativo da observação de Nietzsche de que "a loucura nos indivíduos é algo raro, mas em grupos, partidos, nações e épocas é a regra".[4]

Frazier recebeu então uma bolsa da University of Chicago (1927), na qual concluiu seu doutorado em sociologia em 1931, e publicou, no ano seguinte, sua tese sobre *The Negro Family in Chicago* (A família negra em Chicago). O livro analisa a história da família afro-americana desde o século XVIII e o impacto que sobre ela tiveram a escravidão, a migração, a segregação e a

---

[3] *Forum*, n. 70, jun. 1927, pp. 856-862.
[4] Traduções minhas.

discriminação racial. Em Chicago, Frazier estudou com expoentes do que ficaria conhecido como Escola de Sociologia de Chicago, em cuja tradição de estudos urbanos seu doutorado pode ser incluído.

Ainda durante o doutorado, Frazier foi professor na Fisk University (1929-1934). Em 1934, mudou-se para a Howard University, onde permaneceria por muitos anos, construindo uma bem-sucedida carreira acadêmica. Ele foi o primeiro negro a ser eleito para a presidência da American Sociological Association, em 1948, e dirigiu a Divisão de Ciências Sociais Aplicadas da Unesco entre 1951 e 1953, trabalhando no projeto Tension and Social Change (Tensão e mudança social).

Em 1941, Frazier passou cerca de seis meses na Bahia, com uma bolsa da Fundação Guggenheim. Dessa experiência resultou um artigo sobre "A família negra na Bahia, Brasil", publicado em 1942.[5] Ele destacava o fato de que havia "considerável mistura racial" nas famílias que estudou, e que "nenhum dos entrevistados se definia como negro, mas simplesmente como brasileiro. Eles usavam o termo preto como modo de identificarem a si mesmos no que se refere à cor, não à raça". No final, sugeria que:

> Por causa da mistura racial em larga escala, padrões africanos de vida familiar tenderam a desaparecer. A dissolução de formas familiares africanas acelerou-se com o rompimento da sociedade patriarcal rural e com a mobilidade da população, o que trouxe o aumento da mistura racial.[6]

Burguesia negra foi seu livro mais polêmico. O objetivo era fazer uma análise sociológica do comportamento, das atitudes e dos valores deste estrato social. Frazier procurou mostrar como a emergência da burguesia negra a tornava desenraizada da cultura negra popular da qual emergira e com a qual se recusava a se identificar, buscando viver sob os valores predominantes no mundo da burguesia branca, com sua moral e seus padrões de respeitabili-

---

[5] E. F. Frazier. "The Negro Family in Bahia, Brazil". *American Sociological Review*, v. 7, n. 4, p. 465-478, Washington: American Sociological Association, ago. 1942. Uma tradução para o português foi feita por Rogério Brittes W. Pires e Carlos Gomes de Castro e publicada em *Ayé: Revista de Antropologia* (Edição Especial: Traduções, 2020, 30p.)

[6] Os dois trechos citados estão, respectivamente, nas pp. 20 e 29 da tradução mencionada.

dade, de beleza e de consumo. Contudo, a burguesia negra era rejeitada pelo mundo dos brancos. Duplamente isolada, a elite negra vivia num "mundo do faz de conta" (*make-believe*) que gerava na personalidade dos indivíduos um considerável grau de confusão e conflito emocional e mental. A frase que aparece na capa da edição do livro feita em 1997 pela Free Press resume seu impacto: "O livro que trouxe o choque da autorrevelação para os negros de classe média nos Estados Unidos."

Burguesia negra[7]
(1955)

E. F. Frazier

Objetivo do presente estudo

O objetivo principal deste estudo é fazer uma análise sociológica do comportamento, das atitudes e dos valores da "burguesia negra", um grupo que começou a desempenhar papel importante entre os negros americanos nas últimas duas décadas. Nossa análise tratará de dois aspectos da vida da "burguesia negra": primeiro, a condição econômica real ou objetivamente existente e o *status* social da "burguesia negra" nos Estados Unidos; segundo, os padrões de comportamento e valores do mundo social isolado desse segmento da população negra, que passou a existir como consequência da discriminação e da segregação raciais.

A primeira parte do estudo, que trata da situação real da burguesia negra, se preocupará, em primeiro lugar, com o processo pelo qual uma burguesia negra emergiu nos Estados Unidos como resultado de uma lenta e difícil diferenciação ocupacional da população negra. Contra esse cenário, será analisada a atual base econômica dessa classe, especialmente no que diz respeito às recentes mudanças que ocorreram na posição econômica do negro na economia americana. O estudo da posição econômica da burguesia negra incluirá uma avaliação realista da importância dos "negócios negros"

---

[7] E. E. Frazier. *Black Bourgeoisie*. Glencoe, IL: The Free Press/The Falcon Wing Press, 1957. "Introduction", pp. 23-26: e "Conclusion", p. 233-238. Tradução de Celso Castro.

[*Negro business*] na economia americana, bem como na vida econômica do negro. Nesta parte, a atenção estará também na educação do negro, uma vez que ela foi o principal fator social responsável pelo surgimento da burguesia negra. Destaque especial será direcionado à influência das escolas e faculdades segregadas nas aspirações e na perspectiva social da burguesia negra. Nossa análise em seguida irá se dirigir à perspectiva política desta classe e ao poder que a burguesia negra exerce sobre os negros — uma vez que as mesmas forças econômicas e sociais na vida americana, que têm sido amplamente responsáveis pela existência da "educação negra", moldaram a orientação política da burguesia negra.

O capítulo final da primeira parte tratará do que, de um ponto de vista sociológico, tem sido uma das consequências mais importantes da emergência da burguesia negra: o desenraizamento desse estrato da população negra de suas tradições "raciais", ou, mais especificamente, de seu fundo popular [*folk background*]. Como resultado da ruptura com seu passado cultural, a burguesia negra não tem raízes culturais nem no mundo negro, com o qual se recusa a se identificar, nem no mundo branco, que se recusa a permitir que a burguesia negra compartilhe sua vida. Este capítulo fará a transição para a segunda parte do estudo, dedicada ao comportamento da burguesia negra no mundo social que se desenvolveu a partir de seu isolamento na vida americana.

Sem uma tradição cultural e rejeitando a identificação com as massas negras, por um lado, e sofrendo com o desprezo do mundo branco, por outro, a burguesia negra desenvolveu um profundo complexo de inferioridade. Para compensar esse sentimento de inferioridade, ela criou em seu isolamento o que pode ser descrito como um mundo do faz de conta, no qual tenta escapar do desdém dos brancos e realizar seu desejo de *status* na vida americana. Uma das indicações mais marcantes da irrealidade do mundo social que a burguesia negra criou é sua fé na importância dos "negócios negros", isto é, as empresas de propriedade de negros e que atendem a clientes negros. Embora essas empresas tenham pouca importância, seja do ponto de vista da economia americana, seja da vida econômica dos negros, criou-se um mito social de que elas fornecem uma solução para os problemas econômicos do negro. A fé neste mito social e em outros é perpetuada pelos jornais negros, que representam as maiores e mais bem-sucedidas empresas de negócios estabelecidas por negros. Além disso, os jornais negros ajudam a criar e manter o mundo do faz de conta no qual os negros podem realizar seus desejos de reconhecimento e *status* em um mundo branco que os considera com desprezo e chacota. Muitas das notícias divulgadas nos jornais negros estão preocupadas com as atividades dos membros da "sociedade" negra, ou tendem a transformar a maioria dos negros em "socialites" cujas atividades são consideradas dignas de notícia. A "sociedade" é uma fase do mundo do faz de conta que representa de forma aguda a longa preocupação do negro com a "vida social" como uma fuga de seu *status* subordinado nos Estados Unidos.

Uma vez que o mundo do faz de conta não consegue isolar completamente a burguesia negra do mundo da realidade, os membros dessa classe exibem considerável confusão e conflito em suas personalidades. Seus conflitos emocionais e mentais surgem em parte de sua luta constante por *status* dentro do mundo negro, bem como pela estima dos brancos. Ademais, eles aceitaram incondicionalmente os valores do mundo burguês branco — sua moral e seus cânones de respeitabilidade, seus padrões de beleza e consumo. Na verdade, eles tendem a enfatizar demais sua conformidade com os ideais brancos. São, no entanto, rejeitados pelo mundo branco, e essa rejeição gerou considerável ódio de si mesmos, uma vez que ela é atribuída às características negras. Ao mesmo tempo, por causa de sua ambivalência em relação aos negros, eles são extremamente sensíveis aos desprezos e discriminações que sofrem. Como eles não se identificam verdadeiramente com os negros, o vazio do pretenso "orgulho racial" da burguesia negra se revela no valor que ela atribui a uma tez branca ou clara. Por causa de seu isolamento social e da falta de tradição cultural, os membros da burguesia negra nos Estados Unidos parecem estar em processo de se tornar NINGUÉM. Que significado, então, o destino da burguesia negra nos Estados Unidos tem para a burguesia de outras minorias raciais ou culturais que surgiram como resultado da expansão da civilização ocidental e do capitalismo europeu?

Conclusão

Visto da perspectiva ampla das mudanças que estão ocorrendo no mundo ocidental, este estudo da burguesia negra revela de forma aguda muitas das características da sociedade burguesa moderna, especialmente nos Estados Unidos. Era, portanto, difícil resistir à tentação de comparar a burguesia negra com a mesma classe entre os americanos brancos. No entanto, não foi o objetivo aqui isolar e analisar as características comuns desta classe no mundo moderno. Nossa tarefa era menos ambiciosa e, portanto, mais restrita. Nosso alvo era tratar a burguesia negra como um estudo de caso de um grupo de classe média surgido durante o ajustamento de uma minoria racial à moderna sociedade industrial. Deste ponto de vista, nosso estudo pode ter um significado mais amplo do que o grupo que examinamos. Pode ter alguma relevância para a investigação da emergência de uma classe média nas sociedades coloniais, especialmente nas sociedades africanas que atualmente estão passando por rápidas mudanças. As características dessa classe nas várias sociedades terão de ser estudadas em cada caso em relação à sua história e às forças econômicas e sociais responsáveis por seu desenvolvimento.

A burguesia negra nos Estados Unidos é um fenômeno essencialmente americano. Seu surgimento e sua ascensão como algo importante dentro da comunidade negra estão intimamente ligados às mudanças econômicas e sociais na comunidade americana. Seu comportamento, bem como sua mentalidade, são um reflexo dos modos de comportamento e dos valores americanos. O que pode parecer distorções dos padrões de comportamento e pensamento americanos resulta do fato de que o negro vive à margem da sociedade americana. A própria existência de uma comunidade negra separada, com suas próprias instituições, no seio da sociedade americana é indicativa de seu caráter quase patológico, especialmente porque a persistência dessa comunidade separada é fruto da discriminação racial e da opressão.

Como resultado desse fato, a burguesia negra é única em vários aspectos. Ela carece de uma base no sistema econômico americano. Entre os povos coloniais e entre outras minorias raciais, a burguesia geralmente surge como consequência de seu papel na organização econômica dessas sociedades.

A burguesia negra nos Estados Unidos, porém, sobreviveu das migalhas da filantropia, dos salários dos funcionários públicos e do que poderia ser extraído dos parcos ganhos dos trabalhadores negros. Consequentemente, os "negócios negros", que não têm significado na economia americana, tornaram-se um mito social que personifica as aspirações dessa classe. Então, em decorrência da posição do negro na vida americana, tem sido impossível para a burguesia negra desempenhar o papel tradicional dessa classe entre as minorias. A tentativa do Partido Comunista de atribuir à burguesia negra o papel tradicional da classe, naquilo que o Partido definiu como a luta do "povo negro" pela "libertação nacional", apenas tendeu a enfatizar a irrealidade da posição da burguesia negra. Além disso, a burguesia negra não mostrou nenhum interesse na "libertação" dos negros, exceto quando isso afetou seu próprio *status* ou sua aceitação pela comunidade branca. Eles viram com desprezo o Movimento Garvey,[8] com seus objetivos nacionalistas. Praticamente não mostraram interesse no Renascimento Negro.[9] Queriam esquecer o passado do negro e tentaram se conformar ao comportamento e aos valores da comunidade branca nos seus mínimos detalhes. Portanto, muitas vezes, eles se tornaram, como foi observado, americanos "exagerados".

Por sua luta para obter a aceitação dos brancos, a burguesia negra falhou em desempenhar o papel de uma elite responsável na comunidade negra. Muitos indivíduos no seio da primeira geração de negros escolarizados, que eram produto da educação missionária, tinham um senso de responsabilidade para com as massas negras e se identificavam com as lutas das massas para superar as desvantagens da ignorância e da pobreza. Sua influência sobre as massas era limitada, com certeza — não, entretanto, por qualquer falta de devoção de sua parte, mas pelo controle exercido pela comunidade branca. Mesmo assim, eles ocupavam uma posição digna dentro da comunidade ne-

---

[8] Marcus Garvey (1887-1940): jamaicano que fundou, em 1914, a Universal Negro Improvement Association (UNIA, Associação Universal para o Progresso Negro), ideologicamente vinculada ao nacionalismo negro e ao panafricanismo, idealizando o retorno a uma África unificada, da qual ele seria presidente. Garvey morou nos Estados Unidos até 1927, quando foi deportado para a Jamaica. [N. do Org.]

[9] Renascimento Negro (Negro Renaissance): movimento cultural que floresceu no Harlem, bairro negro de Nova York, na década de 1920. [N. do Org.]

gra e eram respeitados. Como professores de outros negros, eles geralmente exibiam o mesmo interesse sincero pela educação e a cultura genuína que seus professores missionários. Portanto, eles não consideravam o ensino apenas uma fonte de renda. Por outro lado, hoje, muitos professores negros recusam a identificação com as massas negras e consideram o ensino principalmente uma fonte de renda. Em muitos casos, eles não sentem nada além de desprezo por seus alunos negros. Além disso, não têm nenhum interesse real na educação e na cultura genuína e gastam seu lazer em frivolidades e atividades destinadas a levá-los a ocupar um lugar na "sociedade" negra.

Quando a oportunidade apareceu, a burguesia negra explorou as massas negras tão implacavelmente quanto os brancos. Como líderes intelectuais da comunidade negra, eles nunca ousaram pensar para além de uma filosofia estreita e oportunista que fornecia uma racionalização para suas próprias vantagens. Embora a burguesia negra exerça uma influência considerável sobre os valores dos negros, ela não ocupa uma posição digna na comunidade negra. As massas consideram a burguesia negra simplesmente aqueles que tiveram "sorte em ganhar dinheiro", o que lhes permite engajar-se no consumo conspícuo. Quando esta classe pretende representar as melhores condutas ou a moral do negro, as massas veem essas alegações como hipocrisia.

O único fator que tem dominado a perspectiva mental da burguesia negra tem sido sua obsessão na luta por *status*, que se expressou principalmente pela ênfase na vida "social" ou na "sociedade". A preocupação do negro com a vida "social" e a "sociedade" tem sido parcialmente responsável pelo fracasso dos negros educados em dar contribuições importantes nos campos da ciência ou da arte. Negros educados têm sido constantemente submetidos às pressões da burguesia negra para se conformar aos seus valores. Por causa dessa pressão, alguns negros talentosos abandonaram totalmente suas aspirações artísticas e científicas, enquanto outros escolheram desempenhar o papel de falsos intelectuais e atender à ignorância e à vaidade da burguesia negra para garantir aceitação "social". Visto que os negros de classe média nunca tiveram permissão para desempenhar um papel sério na vida americana, a vida "social" ofereceu uma área de competição na qual os assuntos sérios da vida não estavam envolvidos. Os negros de classe média que deram contribuições reais para a ciência e a arte tiveram que escapar da influência da vida "social" da burguesia negra. Na verdade, o espírito lúdico ou a falta de esforço sério permeou todos os aspectos da vida da comunidade negra. Ela apresenta, portanto, uma tendência a encorajar a imaturidade e a infantilidade por parte dos negros de classe média, cujas vidas geralmente se devotam a trivialidades.

A ênfase na vida "social" ou na "sociedade" é um dos principais pilares do mundo do faz de conta para o qual a burguesia negra buscou escapar de sua inferioridade e de suas frustrações na sociedade americana. Esse mundo do faz de conta, com certeza, é um reflexo dos valores da sociedade americana, mas carece da base econômica que lhe propiciasse raízes no mundo da realidade. Ao escapar para um mundo do faz de conta, os negros de classe média rejeitaram tanto a identificação com o negro quanto sua cultura tradicional. Por meio de ilusões de riqueza e poder, eles buscaram identificação com os Estados Unidos branco, que continua a rejeitá-los. Mas esses delírios os deixam frustrados, porque são incapazes de escapar do vazio e da futilidade de sua existência. Gertrude Stein estaria mais perto da verdade se tivesse dito da burguesia negra o que ela disse dos negros em geral, que eles "não estavam sofrendo perseguição, estavam sofrendo de vazio [*nothingness*]", não porque, como ela explicou, o africano tenha "uma cultura muito antiga, porém muito limitada".[10] A burguesia negra sofre de "vazio" porque, quando os negros atingem o *status* de classe média, suas vidas geralmente perdem tanto conteúdo quanto significado.

---

[10] Gertrude Stein. *The Autobiography of Alice B. Toklas*. Nova York: Harcourt, Brace, 1933, p. 292.

13

M. N. Srinivas e a Índia real vista a partir do campo

Uma visão sobre a sociedade tradicional indiana muito difundida no imaginário ocidental, incluindo as ciências sociais, afirma a existência de um sistema de castas praticamente imóvel e imutável, que deixa ao indivíduo pouquíssima (se alguma) possibilidade de mobilidade social. Mesmo que a existência das castas e o peso da hierarquia e do holismo a elas associado seja um fato evidente, vários cientistas sociais indianos discordaram da suposta imobilidade e imutabilidade desse sistema. Esta visão seria, em boa medida, parte de uma construção intelectual (e em certa medida colonial) "orientalista", marcada pelos estudos de "indologia" e pelos "*area studies*".

Mysore Narasimhachar Srinivas (1916-1999), conhecido como M. N. Srinivas, foi um dos principais críticos dessa visão sobre a sociedade indiana.[1] Nascido numa família brâmane, Srinivas graduou-se pela Universidade de

---

[1] As principais fontes sobre a vida de Srinivas utilizadas para esta apresentação foram o verbete feito por Satish Deshpande para *The International Encyclopedia of Anthropology* (organizado por Hilary Callan. Nova Jersey: John Wiley & Sons, 2018) e uma entrevista com Chris Fuller: "An Interview with M. N. Srinivas" (*Anthropology Today*, v. 15, n. 5, 1999, p. 4-10).

Mysore (hoje Mysuru) em 1936 e concluiu seu doutorado na Universidade de Bombaim (hoje Mumbai) em 1944, com uma tese sobre os *coorgs* (hoje chamados de kodava), uma tradicional tribo guerreira do sul da Índia. Dessa experiência resultaria seu livro *Religion and Society Among the Coorgs of South India* (Religião e Sociedade entre os *coorgs* do sul da Índia), publicado em 1952.

Em 1945 Srinivas seguiu para Oxford, onde estudou com A. R. Radcliffe-Brown e E. E. Evans-Pritchard, os dois principais antropólogos britânicos da época. Lá também conviveu com Meyer Fortes, Max Gluckman, Godfrey Lienhardt e Mary Douglas, mais próximos da sua faixa etária e que teriam carreiras importantes na antropologia.

Em 1948, de volta à Índia, Srinivas realizou durante quase um ano uma pesquisa de campo na aldeia de Kodagahalli (que ele chamaria de Rampura), distrito de Mysore, no estado de Karnataka, sul da Índia, e que depois continuaria visitando, eventualmente, até 1964. Srinivas perdeu todo o material acumulado na pesquisa num incêndio criminoso, porém, anos depois, escreveria de memória o livro *Remembered Village* (A aldeia relembrada), um clássico das ciências sociais indianas, publicado em 1978.

Depois de lecionar por alguns anos na Universidade de Baroda, Srinivas assumiu em 1959 a então recém-criada cadeira de sociologia na Delhi School of Economics, na qual permaneceu até 1972, desenvolvendo uma bem-sucedida carreira acadêmica, marcada por uma vasta e densa produção intelectual. Sob sua direção, a instituição tornou-se o principal centro de ensino e pesquisa tanto de sociologia quanto de antropologia da Índia — ele nunca acreditou na existência de uma diferença real entre as duas disciplinas. Além disso, Srinivas sempre incentivou a pesquisa de campo, fazendo uma distinção entre o que chamou de *book view* e *field view* da sociedade indiana.

O artigo aqui publicado, de 1956, é um dos mais importantes da obra de Srinivas. Nele é desenvolvido o conceito de *sanscritização*, processo pelo qual uma casta tenta elevar sua posição dentro da hierarquia de castas, adotando práticas e atributos de castas superiores. Esse conceito se tornaria central no debate sobre o sistema de castas indiano, visto sob a perspectiva não de um conjunto fixo de ideias presentes em textos sagrados, mas de sua efetiva dinâmica social, que se deve estudar por meio de pesquisa etnográfica. Assim, Srinivas introduziu uma dimensão *processual* e *relacional* naquilo que era visto, de forma mais estática, como os "atributos" das castas.

Nota sobre sanscritização e ocidentalização[2]
(1956)

M. N. Srinivas

O conceito de "sanscritização" me foi útil na análise da vida social e religiosa dos *coorgs*[3] do sul da Índia. Alguns outros antropólogos que estão fazendo estudos sobre comunidades tribais e aldeãs em várias partes da Índia parecem achar o conceito proveitoso na análise de seu material, e esse fato me induz a tentar um reexame dele aqui.

O primeiro uso do termo sanscritização nesse sentido ocorre em meu livro *Religion and Society Among the Coorgs of South India* [Religião e sociedade entre os coorgs do sul da Índia]:

> O sistema de castas está longe de ser um sistema rígido no qual a posição de cada casta que o compõe é fixada para sempre.[4] Movimento sempre foi possível, especial-

---

[2] M. N. Srinivas. "A Note on Sanskritization and Westernization". *The Far Eastern Quarterly*, v. 15, n. 4, ago. 1956, pp. 481-496. Tradução de André M. Penna-Firme e Gabrielle Cosenza, revisão técnica de Celso Castro.

[3] O termo Coorgs era utilizado até a década de 1950 para designar o referido local no sul da Índia e a etnia que o ocupava. A região havia conquistado autonomia com a independência indiana, e até 1956 formava um Estado independente (Coorg State). Com a consolidação e o reconhecimento do Estado indiano na década de 1950, a região foi incorporada e passou a ser designada distrito de Kodagu. Atualmente, a denominação Coorgs não é mais usada, tendo dado lugar ao termo *kodavas* para se referir aos habitantes da região de Kodagu. [N. do T.]

[4] A sociedade tradicional hindu era organizada em quatro castas que representavam partes do corpo do deus Brama: os brâmanes (sacerdotes e eruditos), que nasceram da cabeça; os *kshatriyas* (ou xátrias, guerreiros), que nasceram dos braços; os *vaishya* (ou vaixás, comerciantes), que nasceram das pernas; e os *shūdra* (ou sudras, servos, camponeses, artesãos e operários), que nasceram dos pés. Além dessas castas, havia ainda os párias ou intocáveis, hoje chamados de dalits. [N. do Org.]

mente nas regiões intermediárias da hierarquia. Uma casta baixa, em uma geração ou duas, era capaz de ascender a uma posição mais alta na hierarquia ao adotar o vegetarianismo e a abstinência, e ao sanscritizar seu ritual e panteão. Em suma, ela assumia, tanto quanto possível, os costumes, ritos e crenças dos brâmanes, e a adoção do modo de vida brâmane por uma casta inferior parece ter sido frequente, embora teoricamente proibida. Este processo foi chamado de "sanscritização" neste livro, em preferência a "bramanização", visto que certos ritos védicos estão confinados aos brâmanes e às duas outras castas "nascidas duas vezes".[5]

Sanscritização é sem dúvida um termo estranho, mas é preferível a bramanização por várias razões: a bramanização é subsumida no processo mais amplo de sanscritização, embora em alguns pontos bramanização e sanscritização estejam em desacordo uma com a outra. Por exemplo, os brâmanes do período védico bebiam soma,[6] uma bebida alcoólica, comiam carne de vaca e ofereciam sacrifícios de sangue. Os costumes foram abandonados em tempos pós-védicos. Sugeriu-se que isso fosse resultado da influência jainista e budista. Hoje, os brâmanes, em geral, são vegetarianos; apenas os brâmanes Saraswati, Kashmiri e Bengali comem comida não vegetariana. Todos esses brâmanes são, no entanto, tradicionalmente abstêmios. Em resumo, os costumes e hábitos dos brâmanes mudaram depois que eles se estabeleceram na Índia. Se o termo bramanização tivesse sido usado, seria necessário especificar a qual grupo brâmane em particular se referia, e em que período de sua história registrada.

Novamente, os agentes da sanscritização nem sempre foram (ou são) brâmanes. Na verdade, as castas não nascidas duas vezes foram proibidas de seguir os costumes e ritos dos brâmanes, e não é absurdo supor que os brâmanes fossem responsáveis por essa proibição, pois eram um grupo privilegiado a quem foi confiada a autoridade para declarar as leis. Mas a existência dessa proibição não impediu a sanscritização dos costumes e ritos das castas

---

[5] M. N. Srinivas. *Religion and Society Among the Coorgs of South India*. Oxford: Claredon Press, 1952, p. 30. [Na Índia, os membros das três castas superiores são chamados de *dvija* ("nascidos duas vezes") por causa da cerimônia de iniciação pela qual passam, que é entendida como um segundo nascimento]. [N. do T.]

[6] Ver "Soma". *Enciclopaedia of Religion and Ethics*, v. XI, pp. 685-686.

inferiores. Os *lingayats* do sul da Índia têm sido uma força poderosa para a sanscritização dos costumes e ritos de muitas castas inferiores de Karnāṭaka. O movimento *lingayat* foi fundado por um brâmane chamado Basavā no século XII, e outro brâmane, Ekāntada Rāmayya, desempenhou nele um papel importante. Mas foi um movimento popular no verdadeiro sentido do termo, atraindo seguidores de todas as castas, especialmente das castas inferiores, e era antibramânico em tom e espírito.[7] Os *lingayats* de Mysore reivindicam igualdade com os brâmanes, e os *lingayats* mais ortodoxos não comem comida cozida ou manipulada por brâmanes. Os ferreiros do sul da Índia são outro exemplo interessante: eles se autodenominam brâmanes visvacarma,[8] usam o cordão sagrado e têm seu ritual sanscritizado. Mas alguns deles ainda comem carne e ingerem bebidas alcoólicas. Isso não explica, no entanto, por que se considera que eles pertencem à metade da mão esquerda, e nenhuma casta pertencente à metade da mão direita,[9] incluindo os *Holeyas* (intocáveis), comerá ou beberá a água tocada por eles. Até recentemente, os visvacarma sofriam de uma série de interdições: podiam comemorar seus casamentos apenas em aldeias nas quais houvesse um templo para sua divindade de casta Cali. A procissão de casamento não tinha permissão para percorrer as ruas em que viviam as metades da mão direita. E havia ainda outras interdições. Normalmente, a sanscritização permite que uma casta obtenha uma posição superior na hierarquia. Mas, no caso dos ferreiros, parece ter resultado apenas em atrair para si a ira de todas as outras castas. As razões para isso não são conhecidas.

A utilidade do conceito de sanscritização como ferramenta na análise da sociedade indiana é muito limitada, pela complexidade do conceito, bem como por sua frouxidão. Aqui se fará uma tentativa de analisar mais profundamente o todo conceitual que é a sanscritização.

---

[7] Ver E. Thurston. *Castes and Tribes of Southern India*. Madras, 1909, V. 237f; ver também *Encyclopaedia Britannica*, 14 ed., v. XIV, p. 162.
[8] A comunidade Visvacarma, que acredita ser descendente dessa divindade hindu, é dividida em cinco grupos: carpinteiros, ferreiros, ferreiros de bronze, ourives e pedreiros. [N. do T.]
[9] Tradicional divisão entre metades sociais mutuamente opostas de uma casta. [N. do Org.]

II

A base estrutural da sociedade hindu é a casta, e não é possível entender a sanscritização sem referência à estrutura em que ela ocorre. Em termos gerais, as castas que ocupam as posições superiores na hierarquia são mais sanscritinizadas do que as castas nas regiões inferiores e médias da hierarquia, e isso tem sido responsável pela sanscritização das castas inferiores, bem como das tribos periféricas. As castas inferiores parecem sempre ter tentado assumir os costumes e o modo de vida das castas superiores. A vigência teórica de uma proibição de adotar costumes e ritos bramânicos não foi muito eficaz, e isso fica claro quando consideramos o fato de que muitas castas não bramânicas praticam vários costumes e ritos bramânicos. Uma barreira mais eficaz para a assunção, pelas castas inferiores, dos costumes e ritos das castas superiores era a atitude hostil da casta localmente dominante ou do rei da região. Neste caso, havia força física a ser usada para manter os grupos inferiores sob controle.

O ponto realmente interessante a notar é que, apesar da existência de certos obstáculos, os costumes e o modo de vida bramânicos conseguiram se espalhar não apenas entre todos os hindus, mas também entre algumas tribos periféricas. Em certa medida, isso se deve ao fato de que a sociedade hindu é uma sociedade estratificada, na qual há inúmeros pequenos grupos que tentam se passar por um grupo superior. E a melhor maneira de reivindicar a posição superior é adotar o costume e o estilo de vida da casta superior. Como o processo era comum a todas as castas, exceto às mais altas, isso significava que os costumes e o modo de vida bramânicos se espalharam entre todos os hindus. É possível que a própria proibição da adoção do modo de vida bramânico pelas castas mais baixas tenha tido um efeito exatamente oposto.

Embora, por um longo período, os ritos e costumes bramânicos tenham se espalhado entre as castas mais baixas, no curto prazo a casta localmente dominante foi imitada pelas demais. E a casta localmente dominante frequentemente não era brâmane. Pode-se dizer que, no caso das numerosas castas ocupando os níveis mais baixos, os costumes bramânicos os alcançaram em uma reação em cadeia. Ou seja, cada grupo adotou os costumes do superior e, por sua vez, forneceu os seus para o grupo abaixo. Às vezes, porém, como no caso dos ferreiros do sul da Índia, uma casta tentava pular todos os seus vizinhos estruturais e reivindicar igualdade com os brâmanes. A hostilidade que os ferreiros têm atraído talvez se deva à sua megalomania social coletiva.

Ocasionalmente, encontramos castas que gozavam de poder político e econômico, mas não eram ranqueadas em altas classificações rituais. Ou seja, havia um hiato entre suas posições ritual e político-econômica. Em tais casos, a sanscritização ocorria mais cedo ou mais tarde, porque sem ela a reivindicação a uma posição mais elevada não era totalmente eficaz. Os três principais eixos de poder no sistema de castas são o ritual, o econômico e o político, e possuir poder em qualquer esfera geralmente leva à aquisição de poder nas outras duas. Isso não significa, entretanto, que inconsistências não ocorram — ocasionalmente, uma casta rica tem posição ritual baixa e, ao contrário, uma casta com posição ritual elevada é pobre.

III

A ideia de hierarquia é onipresente no sistema de castas; não apenas as várias castas formam uma hierarquia, mas as ocupações praticadas por elas, os vários itens de sua dieta e os costumes que observam, todos formam hierarquias separadas. Assim, praticar uma ocupação como a de açougueiro, curtidor, pastor de porcos ou de lidar com vinho de palma situa a casta em posição inferior. Comer carne de porco ou de vaca é mais degradante do que comer peixe ou carneiro. As castas que oferecem sacrifícios de sangue às divindades são inferiores àquelas que fazem apenas oferendas de frutas e flores. Todo o modo de vida das castas superiores se infiltra hierarquia abaixo. E, como já foi mencionado, a linguagem, a culinária, as roupas, as joias e o modo de vida dos brâmanes acabam se espalhando por toda a sociedade.

Duas "ficções legais" parecem ter ajudado na disseminação da sanscritização entre as castas inferiores. Em primeiro lugar, a proibição às castas não nascidas duas vezes de realizar rituais védicos foi contornada ao restringir a proibição apenas ao canto de mantras dos Vedas. Ou seja, os atos rituais foram separados dos mantras que os acompanhavam, e a separação facilitou a disseminação do ritual brâmane entre todas as castas de hindus, frequentemente incluindo os intocáveis. Assim, vários ritos védicos, incluindo o rito da dádiva da virgem (*Kanyādān*), são realizados no casamento de muitas castas não bramânicas no estado de Mysore. E, em segundo lugar, um sacerdote brâmane oficia esses casamentos. Entretanto, ele não canta mantras védicos, mas os *mangalaṣṭak stōtras*, que são versos pós-védicos em sânscrito. A substituição desses versos no lugar de mantras védicos é a segunda "ficção legal".

IV

As castas não bramânicas adotam não apenas o ritual bramânico, mas também certas instituições e valores dos brâmanes. Vou ilustrar o que quero dizer com referência ao casamento, mulheres e parentesco. Devo acrescentar aqui que, ao longo deste ensaio, utilizei minha experiência das condições no estado de Mysore, exceto quando afirmo o contrário.

Até recentemente, os brâmanes costumavam casar as suas filhas antes da puberdade, e os pais que não haviam conseguido encontrar maridos para as filhas depois da puberdade eram considerados culpados de um grande pecado. O casamento brâmane é em teoria indissolúvel, e a viúva brâmane, mesmo que seja uma criança, é obrigada a raspar a cabeça, se livrar de todas as joias e ostentação nas roupas. Ela era (e ainda é, até certo ponto) considerada de mau agouro. A vida sexual lhe é negada. Entre os hindus, em geral, há uma preferência pela virgindade das noivas, castidade das esposas e continência das viúvas, e isso é especialmente marcado entre as castas mais altas.

As instituições das castas "baixas" são mais liberais nas esferas do casamento e do sexo do que as dos brâmanes. Casamentos pós-puberdade ocorrem entre eles, as viúvas não precisam raspar a cabeça, e o divórcio e casamento de viúvas são permitidos e praticados. Em geral, seu código sexual não é tão severo com as mulheres quanto o das castas superiores, especialmente o dos brâmanes. Mas, à medida que uma casta sobe na hierarquia e seus caminhos se tornam mais sanscritizados, ela adota o código de sexo e casamento dos brâmanes. A sanscritização resulta em severidade para com as mulheres.

A sanscritização tem efeitos significativos nas relações conjugais. Entre os brâmanes, por exemplo, ordena-se que a esposa trate o marido como uma divindade. É muito incomum para a esposa fazer sua refeição antes do marido, e em famílias ortodoxas, a esposa ainda come na folha de jantar[10] em que seu marido comeu. Normalmente, essa folha não pode ser tocada, pois tornaria impura a mão que a toca. Em geral, a mulher que retira a folha de jantar purifica o local onde ela havia pousado com uma solução de estrume de vaca, depois do que lava as mãos. Não há poluição, entretanto, em comer na folha em que o marido comeu.

As mulheres brâmanes ortodoxas realizam vários *vratas* ou votos religiosos, alguns deles com o objetivo de garantir uma vida longa para o marido. A esperança da mulher é morrer antes do marido e, assim, evitar ficar viúva. Mulheres que morrem antes de seus maridos são consideradas sortudas e boas, enquanto a viuvez é atribuída a pecados cometidos em uma encarnação anterior. Uma esposa que mostra total devoção ao marido é tida como um ideal, como uma *pativratā*, ou seja, alguém que considera o serviço devotado a seu marido como seu maior dever. Há mitos que descrevem a devoção e lealdade de algumas mulheres santas a seus maridos. Essas mulheres são reverenciadas em certas ocasiões.

Embora a poliginia seja permitida, a monogamia é considerada um ideal. Rāma, o herói do épico Ramayana, é dedicado ao ideal de ter apenas uma esposa (*ekapatnīvrata*). O estado conjugal é considerado um estado sagrado, e marido e esposa devem realizar vários ritos juntos. O solteiro tem *status* religioso inferior ao de um homem casado e não está autorizado a realizar certos rituais importantes, como oferecer *piṇḍa*, ou bolinhos de arroz, aos espíritos dos ancestrais. O casamento é um dever religioso. Ao se banhar em um rio sagrado como o Ganges, o marido e a esposa têm as pontas de suas roupas amarradas. A esposa tem direito a metade do mérito religioso conquistado pelo marido em jejum, oração e penitência.

Na esfera do parentesco, a sanscritização enfatiza a importância do *vaṃśa*, que é a linhagem patrilinear dos brâmanes. Os ancestrais mortos são divini-

---

[10] É comum na culinária do sul da Índia que se sirva a comida em cima de uma folha de bananeira. O sentido de folha de jantar apresentado no texto é, portanto, literal. [N. do T.]

zados, e oferendas de comida e bebida devem ser feitas a eles periodicamente por seus descendentes do sexo masculino. A ausência dessas ofertas confinará os espíritos dos ancestrais a um inferno chamado *put*. A palavra sânscrita para filho é *putra*, que pela etimologia popular é considerada aquele que liberta os ancestrais do inferno chamado *put*.[11] Em suma, a sanscritização resulta no aumento da importância dos filhos, tornando-os uma necessidade religiosa. Ao mesmo tempo, ela tem o efeito de diminuir o valor das filhas, porque, como já foi dito, os pais são obrigados a casá-las antes de atingirem a maioridade com um homem adequado da mesma casta. Muitas vezes é difícil encontrar esse homem, e, nos últimos anos, a dificuldade aumentou enormemente em consequência da instituição do dote.

Entre os não brâmanes de Mysore, entretanto, embora se prefira o filho, a filha não é indesejável. Na verdade, as meninas são procuradas entre eles, e não há dever religioso de casar uma moça antes da puberdade. O código sob o qual a mulher deve viver não é tão severo entre eles quanto entre os brâmanes. Mas a teoria da unidade religiosa e moral de marido e mulher não é tão explícita entre eles. Os não brâmanes também são patrilineares, e a linhagem patrilinear está bem desenvolvida entre eles. Os ancestrais mortos ocasionalmente recebem oferendas de comida e bebida. Mas pode-se dizer que na linhagem dos não brâmanes o elemento religioso é menos proeminente do que entre os brâmanes.

V

Sanscritização significa não apenas adoção de novos costumes e hábitos, mas também exposição a novas ideias e valores que encontraram expressão frequente no vasto corpo da literatura sânscrita, tanto sagrada quanto se-

---

[11] Ver M. Monier-Williams. *A Sanskrit-English Dictionary*, 2ª ed. Oxford, 1899, p. 632: "*put* ou *pud* (uma palavra inventada para explicar *putra* ou *put-tra*, conferir Mn. IX, 138, e cf. Nir. ii, 11), inferno ou um inferno particular (ao qual os sem filhos são condenados)"; e "*putrá*, m. (etimologia duvidosa... tradicionalmente afirma-se ser uma composição put-tra, 'preservando do inferno chamado Put (Mn. ix, 138) um filho, uma criança..."

cular. *Karma, dharma, pāpa, puṇya, māyā, saṃsāra* e *mokṣa* são exemplos de algumas das ideias teológicas sânscritas mais comuns, e quando uma pessoa se torna sanscritizada, essas palavras ocorrem com frequência em sua fala. Essas ideias alcançam as pessoas comuns por meio de mitos e histórias sânscritas. A instituição do *harikathā* ajuda a espalhar histórias e ideias em sânscrito entre os analfabetos. Em um *harikathā*, o sacerdote lê e explica uma história religiosa para seu público. Cada história leva algumas semanas para ser concluída, e o público se reúne por algumas horas todas as noites em um templo. *Harikathās* podem ser realizados a qualquer momento, mas festivais como Dasara, Rāmanavamī, Shivarātri e Ganesh Chaturthī são considerados especialmente adequados para ouvir *harikathās*. Os fiéis acreditam que essa escuta leva à aquisição de mérito espiritual. É uma das maneiras tradicionalmente aprovadas de se passar o tempo.

A disseminação das ideias teológicas sânscritas aumentou sob o domínio britânico. O desenvolvimento das comunicações levou a sanscritização a áreas antes inacessíveis, e a disseminação da alfabetização a levou até grupos muito baixos na hierarquia de castas. A tecnologia ocidental — ferrovias, motor de combustão interna, imprensa, rádio e avião — ajudou na disseminação da sanscritização. Por exemplo, a popularidade do *harikathā* aumentou nos últimos anos na cidade de Mysore, o narrador geralmente usa microfone para alcançar um público muito maior do que antes. Os filmes indianos estão popularizando histórias e incidentes tomados de empréstimo dos épicos e das *puranas*. Filmes foram feitos sobre a vida de santos como Nandanār, Pōtana, Tukārām, Chaitanya, Mīrā e Tulasīdās. Edições baratas e populares nos vários vernáculos das epopeias, *puranas* e outros livros religiosos e semirreligiosos estão disponíveis hoje.

A introdução pelos britânicos de uma instituição política ocidental como a democracia parlamentar também contribuiu para o aumento da sanscritização do país. A proibição do consumo de álcool, um valor sânscrito, foi inserida na Constituição da República da Índia, e os governos do Partido do Congresso em vários estados a introduziram total ou parcialmente.

Em alguns lugares como o estado de Mysore, o Partido do Congresso local está ocupado conduzindo uma campanha contra a oferta de sacrifícios de sangue às divindades da aldeia.[12] O Congresso no Sul é dominado por castas não bramânicas, a vasta maioria das quais sacrificam animais periodicamente às suas divindades. Apesar disso, os líderes do Congresso defendem a substituição das ofertas de animais por frutas e flores. Isso é mais uma vez um triunfo para os valores sânscritos, embora pós-védicos, contra os valores da maior parte da população.

Até aqui, mencionei apenas as maneiras pelas quais a ocidentalização da Índia ajudou sua sanscritização. Em outro sentido, entretanto, há um conflito entre os valores sânscritos e ocidentais. Um aspecto do conflito que me parece muito importante é o conflito, real ou aparente, entre a visão de mundo revelada pela aplicação sistemática do método científico às várias esferas do conhecimento e a visão de mundo das religiões tradicionais.

Nenhuma análise da vida social indiana moderna seria completa sem levar em conta a ocidentalização e a interação entre ela e a sanscritização. No século XIX, os britânicos encontraram na Índia instituições como escravidão, sacrifício humano, sati,[13] banditismo e, em certas partes do país, infanticídio feminino. Eles usaram todo o poder à sua disposição para lutar contra essas instituições que consideravam bárbaras. Havia também muitas outras instituições que eles não aprovavam, mas que, por várias razões, não tentaram abolir diretamente.

O fato de o país ter sido invadido por estrangeiros que desprezavam muitas características da vida dos nativos, algumas das quais consideravam claramente bárbaras, colocou os líderes da sociedade nativa na defensiva. Movimentos reformistas como o Brahmā Samāj visavam livrar o hinduísmo de seus numerosos "males".[14] O presente era tão sombrio que o passado se tornou dourado. O Āryā Samāj, outro movimento reformista dentro do hinduísmo, enfatizou o desejo de retornar ao hinduísmo védico, que era

---

[12] Congress Party (também conhecido como Indian National Congress ou apenas Congress): o maior partido à época, sob controle do governo desde a independência da Índia em 1947, sob a liderança do primeiro-ministro Jawaharlal Nehru. [N. do Org.]

[13] Sati, ou *suttee* ("boa mulher" ou "esposa casta" em sânscrito): costume de a viúva se imolar na pira funerária do falecido marido (ou por alguma outra forma similar) logo após a morte deste. [N. do Org.]

[14] Ver "Brahmā Samāj" na *Enciclopaedia of Religion and Ethics*, v. II, pp. 813-814.

diferente do hinduísmo contemporâneo. A descoberta do sânscrito por estudiosos ocidentais e a reconstrução sistemática do passado da Índia por estudiosos ocidentais ou inspirados na tradição ocidental deram aos indianos uma confiança muito necessária em suas relações com o Ocidente. Tributos à grandeza da cultura indiana antiga por parte de estudiosos ocidentais como Max Müller foram recebidos com gratidão por líderes indianos (ver, por exemplo, os apêndices do *Hind Swaraj* de Mahatma Gandhi).[15] Não era incomum que indianos instruídos fizessem reivindicações extravagantes para sua própria cultura e que considerassem o Ocidente materialista e não espiritual.

A casta e a classe das quais os líderes indianos vieram também foram relevantes nessa conexão. As castas superiores tinham tradição literária e se opunham aos sacrifícios de sangue, mas em outros costumes e hábitos estavam mais distantes dos britânicos do que as castas inferiores. Estas comiam carne, algumas comiam até porco e carne de vaca, e bebiam bebidas alcoólicas; as mulheres gozavam de maior liberdade, e o divórcio e o casamento com viúvas não eram proibidos. Os líderes indianos foram, portanto, apanhados em um dilema. Eles descobriram que certos costumes e hábitos que até então haviam desprezado eram também encontrados entre seus senhores. Os ingleses, que comiam carne bovina e suína e bebiam bebidas alcoólicas, possuíam poder político e econômico, uma nova tecnologia, conhecimento científico e uma vasta literatura. Consequentemente, as castas superiores ocidentalizadas começaram a adquirir costumes e hábitos que não eram diferentes daqueles que eles desprezavam. Outro resultado foi que os males das castas superiores da sociedade hindu passaram a ser considerados males de toda a sociedade.

A forma e o ritmo da ocidentalização da Índia também variaram de uma região para outra e de uma seção da população para outra. Por exemplo, um grupo de pessoas tornava-se ocidentalizado em roupas, dieta, conduta, fala, esportes e nos aparelhos que usavam, enquanto outro absorveu a ciência,

---

[15] Mahatma Gandhi. *Hind Swaraj*. Ahmedabad, 1946. Ver os apêndices que contêm "testemunhos de homens eminentes" sobre a grandeza da cultura indiana. Entre os homens eminentes estão Max Müller, J. Seymour Keay, M.P., Victor Cousin, o coronel Thomas Munro e o abade Dubois.

o conhecimento e a literatura ocidentais, e outro ainda permanecia relativamente livre da ocidentalização em seus aspectos externos. É claro que tal distinção não pode ser rígida e rápida, mas sim de ênfase relativa. Ela deve ser feita, no entanto, a fim de distinguir os diferentes tipos de ocidentalização que os distintos grupos do país adquiriram.

No estado de Mysore, por exemplo, os brâmanes lideraram as outras castas na ocidentalização. Isso era natural, pois eles possuíam uma tradição literária e, além disso, muitos estavam no topo da hierarquia econômica rural como proprietários de terras. (Em muitos casos, a terra foi dada como um presente aos brâmanes em troca de seus serviços como sacerdotes, ou como ato de caridade de um rei.) Eles perceberam as novas oportunidades que surgiram com o estabelecimento do domínio britânico sobre a Índia e deixaram suas aldeias natais por cidades como Bangalore e Mysore, a fim de ter o benefício da educação inglesa, passaporte indispensável para o emprego sob a nova ordem.

Embora a tradição acadêmica dos brâmanes os colocasse em uma posição favorável para obter o novo conhecimento, em alguns outros assuntos eles eram os mais deficientes na corrida para a ocidentalização. Isso era especialmente verdade no sul, onde a maioria deles era vegetariana e se abstinha de bebidas alcoólicas. Além disso, o medo de serem poluídos os impedia de comer alimentos cozidos tocados por outras pessoas e de assumir ocupações consideradas contaminantes. Para os brâmanes ortodoxos, o inglês que comia porco e carne de vaca, bebia uísque e fumava cachimbo era a personificação viva da impureza ritualística. Por outro lado, o inglês tinha poder político e econômico, pelo que era temido, admirado, respeitado e odiado.

O resultado concreto da ocidentalização dos brâmanes foi que eles se interpuseram entre os britânicos e o resto da população nativa. A consequência foi um novo sistema de castas secular sobreposto ao sistema tradicional, no qual os britânicos, os novos xátrias, ficavam no topo, enquanto os brâmanes ocupavam a segunda posição, e os demais se situavam na base da pirâmide. Os brâmanes admiravam os britânicos, e o resto do povo admirava tanto os brâmanes quanto os britânicos. O fato de que alguns dos valores e costumes dos britânicos se opunham a alguns valores bramânicos tornava a situação confusa. No entanto, essa contradição sempre esteve implícita, embora não de maneira tão pronunciada, no sistema de castas. Os valores bramânicos e xátrias sempre se opuseram até certo ponto, e apesar da superioridade teórica do brâmane sobre todas as outras castas, o xátria, em virtude do poder político (e através dele, o econômico) à sua disposição, exerceu posição dominante. A sobreposição dos britânicos ao sistema de castas apenas acentuou o contraste.

A posição do brâmane na nova hierarquia era crucial. Ele se tornou o filtro através do qual a ocidentalização alcançou o resto da sociedade hindu em Mysore. Isso provavelmente ajudou a ocidentalização, pois as outras castas estavam acostumadas a imitar os costumes dos brâmanes. Mas enquanto a ocidentalização dos brâmanes permitia que toda a sociedade hindu se ocidentalizasse, os próprios brâmanes acharam alguns aspectos da ocidentalização, como a dieta britânica, o vestuário e a liberdade de poluir-se, difíceis de aceitar. (Talvez outra casta não os tivesse achado tão difíceis. Os *coorgs*, por exemplo, aceitaram facilmente a dieta e as roupas britânicas e certas atividades como a dança, a caça e os esportes).

Os brâmanes de Mysore são divididos em *vaidikas*, ou sacerdotes, e *laukikas*, ou leigos, e distinção semelhante parece ocorrer entre os brâmanes em outras partes da Índia. São apenas os *vaidikas* que seguem a vocação sacerdotal, enquanto os *laukikas* seguem outras ocupações seculares. Ritualmente, os sacerdotes são superiores aos leigos, mas o fato de estes frequentemente gozarem de poder econômico e político deu-lhes uma posição superior em contextos seculares. O domínio britânico alargou ainda mais o abismo entre os dois, pois proporcionou aos leigos inúmeras oportunidades de adquirir riqueza e poder. E um dos efeitos de longo prazo do domínio britânico foi aumentar a secularização da vida indiana. A secularização, bem como o alargamento do horizonte econômico, empurrou os sacerdotes para uma posição inferior às antes ocupadas. Além disso, o aprendizado tradicional de sânscrito não teve o mesmo prestígio ou rendeu os mesmos dividendos que a educação ocidental. Os sacerdotes começaram sendo agressivos com os leigos ocidentalizados, mas gradualmente, à medida que o número destes aumentava, foram se colocando cada vez mais na defensiva. O pior estava por vir quando os próprios sacerdotes começaram a tornar-se ocidentalizados. Eles queriam luz elétrica, rádios e torneiras em suas casas. Começaram a andar de bicicleta. O assento de couro da bicicleta era considerado impuro, e por isso, no começo, foi coberto com a pura e sagrada pele de veado. Com o passar do tempo, a pele de veado foi descartada, e o assento de couro "nu" foi usado. A princípio, a água da torneira sofreu objeção, pois tinha que passar por um anel de vedação feito de couro, mas com o tempo até essa objeção foi posta de lado. Finalmente, os sacerdotes começaram a enviar seus filhos para escolas de tipo ocidental, e isso frequentemente significava que não havia ninguém na família para prosseguir na ocupação do pai.

Há, entretanto, outra tendência na Índia moderna que está reforçando a posição e autoridade dos sacerdotes. Indianos instruídos e ocidentalizados estão demonstrando algum interesse pelo sânscrito e pela cultura indiana antiga, e em geral, no país, muitas vezes se veem os políticos enfatizando a importância do aprendizado da língua. *Discovery of India* [A descoberta da Índia], de Pandit Nehru, iniciou muitos jovens em uma jornada semelhante ao passado do país. Além disso, inúmeros ocidentais começaram repentinamente a descobrir novas virtudes na Índia, nos indianos e na cultura hindu, e disso resultou o desejo de mais indianos de conhecerem melhor sua cultura.

A ocidentalização dos brâmanes de Mysore trouxe uma série de mudanças em suas vidas. Mencionarei apenas algumas aqui. Houve uma mudança em sua aparência e vestimenta. O *tuft*[16] deu lugar a cabelos curtos, e a vestimenta tradicional deu lugar, pelo menos parcialmente, a trajes e sapatos de tipo ocidental. A mudança no vestuário marcou um enfraquecimento gradual das ideias a respeito da pureza ritualística. Por exemplo, anteriormente, comer era um ato ritual, e o brâmane tinha que usar mantos ritualmente puros enquanto comia ou servia a refeição. Isso significava usar um *dhoti* de algodão recém-lavado ou um *dhoti* de seda e manto de um pano puro. Vestir a camisa era um tabu. Mas, à medida que as roupas ocidentais se tornaram mais populares, os homens brâmanes sentaram-se para jantar de camisa. E hoje, jantar à mesa está se tornando comum entre os ricos.

Antigamente, a refeição matinal era oferecida à divindade doméstica antes de ser servida aos membros da família, e todos os membros do sexo masculino que usavam o cordão sagrado realizavam alguns atos rituais antes

---

[16] *Tuft*: espécie de rabo de cavalo. [N. do Org.]

de iniciar a refeição. Hoje, entretanto, muitos brâmanes descartaram o cordão sagrado, embora a cerimônia *upanayana*, em que o cordão é colocado, ainda continue a ser realizada. É apenas em jantares formais nos quais os ortodoxos estão presentes que certos atos rituais são realizados antes de comer. A purificação com solução de estrume de vaca não é mais feita nos lugares em que as pessoas comem às mesas.

A dieta brâmane foi ampliada para incluir certos vegetais anteriormente proibidos, como cebola, batata, cenoura, rabanete e beterraba. Muitos comem ovos crus por motivos de saúde e consomem medicamentos que sabem ser feitos de vários órgãos de animais. Mas a ingestão de carne ainda é rara mesmo hoje, enquanto o consumo de bebidas alcoólicas ocidentais não é tão raro. Os cigarros são comuns entre os mais instruídos.

Os brâmanes também assumiram novas ocupações. Mesmo na década de 1930, eles mostravam relutância em aceitar um ofício ou qualquer ocupação que envolvesse trabalho manual. Mas foram impelidos pela depressão econômica prevalecente a aceitar novos empregos, e a Segunda Guerra Mundial completou o processo. Muitos brâmanes alistaram-se no Exército, e isso introduziu uma grande mudança em seus hábitos e perspectivas. Antes da Segunda Guerra Mundial, os jovens que queriam ir para Bombaim, Calcutá ou Déli em busca de emprego tinham de estar preparados para enfrentar a oposição dos mais velhos. Mas os anos do pós-guerra viram jovens não apenas em todas as partes da Índia, como também fora dela. Ocorreu uma expansão repentina no espaço geográfico e social dos brâmanes. Anteriormente, eles se opunham a se tornarem médicos, pois a profissão envolvia lidar com homens de todas as castas, incluindo intocáveis e cadáveres. Isso agora é coisa do passado. Alguns brâmanes instruídos hoje possuem fazendas onde criam aves. Um deles quer até ter um chiqueiro.

Há mais de 70 anos, a instituição do preço da noiva parece ter prevalecido entre algumas seções dos brâmanes de Mysore. Mas, com a ocidentalização e a demanda por meninos instruídos com bons empregos, o dote se tornou popular. Quanto mais instruído o menino, maior o dote que seus pais exigiam para ele. A idade em que as meninas se casam disparou. Há mais de 25 anos, era costume que os brâmanes casassem suas filhas antes da puberdade. Hoje, os brâmanes urbanos e de classe média raramente conseguem casar suas filhas antes dos 18 anos, e há muitas meninas com mais de 20 anos que não são casadas. As viúvas crianças são raras, e raspar a cabeça das viúvas é praticamente coisa do passado.

Tem havido uma secularização geral da vida hindu nos últimos 150 anos, e isso afetou especialmente os brâmanes, cujas vidas eram permeadas de rituais. Nenhuma outra casta entre os hindus tinha sua vida tão ritualizada. Uma das muitas contradições interessantes da moderna vida social hindu é que, enquanto os brâmanes estão se tornando cada vez mais ocidentalizados, as outras castas estão cada vez mais sanscritizadas. Nos níveis mais baixos da hierarquia, as castas adotam costumes que os brâmanes vêm descartando. No que diz respeito a essas castas, parece que a sanscritização é uma preliminar essencial para a ocidentalização.

Descrever as mudanças sociais que ocorrem na Índia moderna em termos de sanscritização e ocidentalização é descrevê-las principalmente em termos culturais, e não estruturais. Uma análise em termos de estrutura é muito mais difícil que a análise em termos de cultura. O aumento do espaço social dos brâmanes — e suas implicações para eles e para o sistema de castas como um todo — precisa ser estudado em detalhes. Os efeitos da existência das pressões duais e ocasionalmente conflitantes da sanscritização e da ocidentalização fornecem um campo interessante para a análise sociológica sistemática.

Nota sobre o texto anterior[17]

A conquista britânica da Índia libertou uma série de forças políticas, econômicas, sociais e tecnológicas. Essas forças afetaram profundamente a vida social e cultural deste país em todos os aspectos. A retirada dos britânicos

---

[17] Passou-se quase um ano desde que o ensaio anterior foi escrito e, nesse ínterim, refleti um pouco mais sobre o assunto. O resultado é a presente nota, na qual fiz algumas observações adicionais sobre os processos gêmeos de sanscritização e ocidentalização. A esse respeito, devo agradecer ao dr. F. G. Bailey, da School of Oriental and African Studies, de Londres, por se dar ao trabalho de criticar meu artigo em detalhes em suas cartas. Devo também agradecer ao dr. McKim Marriott, da Universidade da Califórnia, e aos delegados da Conferência de Antropólogos e Sociólogos realizada em Madras de 5 a 7 de outubro de 1955, pelas críticas que se seguiram à leitura do artigo.

da Índia não só não significou a cessação dessas forças, como, ao contrário, representou sua intensificação. Por exemplo, a revolução econômica que os britânicos começaram com a introdução gradual de uma nova tecnologia sob uma ideologia capitalista e de *laissez-faire* deu lugar a um vasto e planejado esforço para desenvolver o país o mais rápido possível sob uma ideologia socialista e democrática. A ideia dos Planos Quinquenais pode ser descrita como a culminância das lentas e não planejadas tentativas dos britânicos de transformar o país industrial e economicamente. A integração política iniciada pelos britânicos também está sendo levada adiante, embora aqui a divisão do país em dois estados, Índia e Paquistão, seja um passo na direção do afastamento da integração do subcontinente. Mas isso não significa que as forças inerentes à sociedade indiana tenham sido destruídas pelo impacto britânico; elas apenas sofreram modificações e, em alguns casos, foram até reforçadas. A economia pré-britânica era estacionária; nela, o dinheiro era relativamente escasso e o escambo vigorava extensivamente nas áreas rurais. As relações entre os indivíduos eram não especializadas, complexas e, em grande parte, determinadas pelo *status*. Os britânicos aos poucos trouxeram uma economia crescentemente monetarizada e na qual não se proibiu a participação de nenhum grupo ou indivíduo com base no nascimento em uma casta particular. Por exemplo, a abolição da escravidão pelos britânicos permitiu que as castas intocáveis em Coorg abandonassem seus senhores *coorgs* e se empregassem como trabalhadores nas plantações de café implantadas pelos europeus.[18] Mas, pela legislação emancipatória, eles não poderiam ter participado da nova economia. Isso deve servir para nos lembrar que o domínio britânico também trouxe um novo conjunto de valores e uma visão de mundo.

Em outro lugar, tentei argumentar que o sistema de castas tradicional e pré-britânico permitia certa mobilidade de grupo.[19] Apenas as extremidades do sistema eram relativamente fixas, enquanto no meio havia movimento. Isso foi possível graças a uma certa imprecisão relativa à classificação mútua

---

[18] Ver *Religion and Society among the Coorgs of South India*, p. 19.

[19] Ver meu ensaio "Varna and Caste". In: A. R. Wadia (org.): *Essays in Philosophy Presented in his Honor*. Bangalore: N. A. Nikan, 1954.

que existia nas regiões intermediárias da hierarquia de castas. A imprecisão quanto à classificação mútua é essencial no sistema de castas em operação, distintamente do sistema na concepção popular.[20] E a mobilidade aumentou muito após o advento dos britânicos. Grupos que, nos dias pré-britânicos, não tinham chance de aspirar a nada mais do que à simples subsistência passaram a ter oportunidades de ganhar dinheiro, e, tendo ganhado dinheiro, queriam reivindicar um *status* mais elevado. Alguns deles realmente alcançaram *status* mais elevado. A circulação social, que era lenta nos tempos pré-britânicos, acelerou consideravelmente no período britânico. Mas a mudança foi apenas quantitativa.

O aprimoramento econômico parece, portanto, levar à sanscritização dos costumes e do modo de vida de um grupo. Por vezes, um grupo pode começar adquirindo poder político, e isso pode levar à melhoria econômica e à sanscritização. Não significa, contudo, que a melhoria econômica deva necessariamente levar à sanscritização. Importante é o desejo coletivo de elevar-se na estima de amigos e vizinhos, e isso deve ser seguido pela adoção dos métodos através dos quais o *status* de um grupo é elevado. É um fato que esse desejo geralmente é precedido pela conquista de riqueza; não posso, no entanto, afirmar que a melhoria econômica é uma pré-condição necessária para a sanscritização. Por exemplo, os intocáveis da aldeia de Rampura no estado de Mysore estão ficando cada vez mais sanscritizados, e isso parece se dever à sua liderança atual e ao fato de que os homens mais jovens estão mais em contato com o mundo exterior do que seus pais. Além disso, se os relatos que se ouvem de alguns homens locais forem verdadeiros, os intocáveis de Rampura estão sendo instigados por líderes intocáveis de fora para mudar seu modo de vida. Não é fácil determinar se a posição econômica dos intocáveis melhorou durante os últimos 70 anos, embora seja provável que eles também tenham se beneficiado da maior prosperidade resultante do aumento da área de irrigação há quase 80 anos. Em resumo, embora não tenhamos nenhuma evidência para afirmar que todos os casos de sanscritização são precedidos pela aquisição de riqueza, a evidência disponível não é definitiva o suficiente para asseverar que a sanscritização pode ocorrer sem

---

[20] Ibid., p. 362.

qualquer referência à melhoria econômica de um grupo. Melhoria econômica, aquisição de poder político, educação, liderança e um desejo de subir na hierarquia são todos fatores relevantes na sanscritização, e cada caso de sanscritização pode mostrar todos ou alguns desses fatores misturados em diferentes medidas.

É necessário, entretanto, enfatizar que a sanscritização não resulta automaticamente na conquista de um *status* mais elevado para o grupo. O grupo em questão deve apresentar claramente uma reivindicação de pertencer a determinado *varna*: vaixá, xátria ou brâmane. Eles devem alterar seus costumes, a dieta e o modo de vida de forma adequada, e, se houver alguma inconsistência em suas afirmações, cabe tentar "explicá-la" inventando um mito apropriado. Além disso, o grupo deve se contentar em esperar um período indefinido e, durante esse período, manter uma pressão contínua em relação às suas reivindicações. Geralmente, uma ou duas gerações devem se passar antes que uma reivindicação comece a ser aceita; isso acontece porque as pessoas que ouvem a afirmação pela primeira vez sabem que a casta em questão está tentando se passar por algo diferente do que realmente é, e a reivindicação tem uma chance melhor com os filhos e netos. Em certos casos, uma casta ou grupo tribal pode fazer uma reivindicação por longo tempo sem que ela seja aceita. Tenho em vista apenas a aceitação por outras castas, e não estou considerando ceticismos individuais, que sempre estarão presentes.

É até possível que uma casta exagere em suas reivindicações, tendo como resultado a possibilidade de, em lugar de subir, incorrer na desaprovação das outras. Isso provavelmente aconteceu com os ferreiros do sul da Índia, embora nada definitivo possa ser dito sobre eles, exceto após um estudo completo de sua história. Também não é improvável que uma reivindicação bem-sucedida em uma área ou período específico não tenha sucesso em outro. Um desenvolvido sentido histórico seria hostil a tais afirmações, mas isso ainda não é acessível entre nosso povo.

A mobilidade de grupo é uma característica do sistema de castas, ao passo que em um sistema de classes é o indivíduo e sua família que sobem ou descem. Uma das implicações da mobilidade do grupo é que ele é grande o suficiente para constituir uma unidade endogâmica por si só, ou recruta meninas casadas do grupo original, enquanto não dá meninas em troca. Isso implica que o grupo original está pressionado pelo fato de o grupo dissidente ser superior a ele, caso contrário, não consentiria nesse papel unilateral e inferior. Um número maior de pessoas é necessário no norte da Índia do que no sul para constituir um grupo endógamo, pois o casamento com parentes próximos é proibido no norte, e há, além disso, uma insistência na exogamia entre aldeias. No sul, por outro lado, os casamentos entre primos cruzados e tio-sobrinha são preferenciais, e a aldeia não é uma unidade exogâmica. Mas estou me desviando do meu tema principal; o que desejo enfatizar aqui é que a sanscritização é uma fonte de fissão no sistema de castas e, ocasionalmente, causa relações hipergâmicas entre o grupo dissidente e a casta original da qual foi separado. Ela tanto precede quanto marca a mobilidade social. Assim, aproxima o sistema de castas de qualquer região da situação político-econômica existente. Se não fosse por isso, o sistema de castas teria sido submetido a um grande estresse. A sanscritização forneceu um meio tradicional de expressão para a mudança dentro desse sistema, e o meio se manteve estável, apesar do grande aumento quantitativo de mudança ocorrido na Índia britânica e pós-britânica. Ela canalizou a mudança de forma tal que os valores indianos são afirmados e a homogeneidade de toda a sociedade hindu aumenta. A contínua sanscritização das castas provavelmente significará a eventual introdução de grandes mudanças culturais e estruturais na sociedade hindu como um todo. Mas a sanscritização nem sempre resulta em *status* mais elevado para a casta sanscritizada, e isso é claramente exemplificado pelos intocáveis. Por mais completa que seja a sanscritização de um grupo intocável, ela é incapaz de cruzar a barreira da intocabilidade. Na verdade, é um anacronismo que, embora grupos que estivessem originalmente fora do hinduísmo — como grupos tribais ou grupos étnicos estrangeiros — tenham conseguido adentrar o invólucro hindu, e ocasionalmente em um nível elevado, uma casta intocável seja sempre forçada a permanecer como tal. Sua única chance de ascensão é ir para tão longe de sua aldeia natal que nada se saiba sobre eles na nova área. Mas a mobilidade espacial era muito difícil na Índia pré-britânica; ela significava perder a segurança que se tinha e provavelmente entrar em um domínio inimigo e enfrentar todos os perigos ali presentes. O movimento era quase impossível quando nos lembramos de que os intocáveis geralmente eram concedidos como servos agrícolas a proprietários de terras hindus.[21]

O fato de que a sanscritização não ajuda os intocáveis a subir, entretanto, não a torna menos popular. Por toda a Índia, há movimentos perceptíveis mais ou menos fortes, entre os intocáveis, para descartar o consumo de carne de vaca, porco doméstico e vinho de palma, e para adotar costumes, crenças e divindades sânscritas. É muito provável que nos próximos 20 ou 30 anos a cultura dos intocáveis em todo o país sofra mudanças profundas. Alguns deles podem se tornar ainda mais sanscritizados do que muitas castas sudra. A Constituição aboliu a intocabilidade, e medidas práticas vêm sendo tomadas para implementar sua abolição legal. É natural que se pergunte que posição os intocáveis terão na sociedade hindu do futuro.

Mais de um estudante de antropologia indiana perguntou-me se considero a sanscritização apenas um processo unilateral, e se a cultura local é sempre um recipiente. A resposta é clara: ela é um processo de mão dupla, embora as culturas locais pareçam ter recebido mais do que deram. Em conexão a isso, cabe lembrar que ao longo da história indiana elementos locais entraram no corpo principal de crença, mito e costume sânscritos, e, em suas viagens por toda a Índia, elementos da cultura sânscrita sofreram diferentes mudanças em distintas áreas culturais. Festivais como Dasara, Deepavali e Holi têm, sem dúvida, certas características comuns em todo o país, mas também possuem peculiaridades regionais importantes. No caso de alguns festivais, apenas o nome é comum em toda a Índia, tudo o mais é diferente — o mesmo nome denota coisas diferentes para pessoas em regiões diferentes. De modo similar, cada região tem seu próprio folclore sobre os heróis do Ramayana e do Mahabharata, e não raro incidentes e personagens épicos estão relacionados a características marcantes da geografia local. E em todas as partes da Índia é possível encontrar brâmanes que adoram as divindades locais, que atuam sobre epidemias, gado, a vida das crianças e colheitas, além dos grandes deuses do hinduísmo de toda a Índia. Não

---

[21] O dr. Adrian Mayer, entretanto, afirma que os balais (intocáveis) na aldeia de Mālwa que ele está estudando tentam se deslocar para o *varna* sudra. Seria interessante ver se eles tiveram sucesso em seus esforços. Agradeço ao dr. Mayer por me permitir ler seu artigo não publicado, "Caste and Hierarchy".

é estranho que um brâmane faça um sacrifício de sangue a uma dessas divindades por meio de um amigo não brâmane. Ao longo da história da Índia, o hinduísmo sânscrito absorveu elementos locais e folclóricos, e sua presença torna mais fácil a absorção posterior de elementos semelhantes. A absorção é feita de forma que haja uma continuidade entre o folclore e os níveis teológico ou filosófico, o que possibilita tanto a transformação gradual da camada popular quanto a "vulgarização" da camada teológica.

No ensaio anterior, afirmei que, para as castas não brâmanes de Mysore, a sanscritização é uma preliminar essencial para a ocidentalização. Desejo enfatizar aqui que esta é uma questão de observação empírica apenas, e não se refere a qualquer necessidade lógica de sanscritização ocorrendo antes da ocidentalização. É possível que a ocidentalização ocorra sem um processo intermediário de sanscritização. Isso pode acontecer com grupos e indivíduos que vivem nas cidades, bem como com povos rurais e tribais; em especial, é provável que aconteça sob a rápida industrialização compreendida nos Planos Quinquenais. A crescente ocidentalização também significará a maior secularização do aspecto do povo, e isso, junto com o movimento em direção a uma "sociedade sem classes e sem castas", que é o objetivo declarado do atual governo, pode significar o desaparecimento do hinduísmo por completo. À questão de saber se a ameaça à religião pela ocidentalização não é comum a todos os países do mundo — e não algo peculiar ao hinduísmo —, a resposta é que o cristianismo e o islamismo provavelmente estão mais bem equipados para resistir à ocidentalização porque têm uma organização forte, enquanto o hinduísmo carece de qualquer organização para além do sistema de castas. Se e quando a casta desaparecer, o hinduísmo também desaparecerá, e nem é necessário apontar que o clima atual da opinião influente no país é extremamente hostil à casta. Mesmo aqueles que são extremamente céticos quanto à eficácia das medidas defendidas para acabar com a casta consideram a industrialização e a urbanização solventes eficazes da casta a longo prazo. A questão é: quanto tempo vai durar o processo? Uma advertência deve ser feita contra a presunção condescendente de que a casta vai derreter como manteiga antes da ocidentalização. Quem estuda as castas fica impressionado com sua grande força e resiliência e com sua capacidade de se ajustar às novas circunstâncias. É salutar lembrar que durante os últimos 100 anos ou mais, a casta se tornou mais forte em alguns aspectos. A ocidentalização também favoreceu, de certa forma, a sanscritização. Considero uma hipótese muito simplória o pressuposto de que há uma oposição simples e direta entre os dois, e sobre o triunfo final da ocidentalização, tendo em vista a força da casta como instituição e a grande complexidade dos processos envolvidos.

É necessário sublinhar o fato de que sanscritização é um conceito extremamente complexo e heterogêneo. É até possível que fosse mais proveitoso tratá-lo como um conjunto de conceitos do que como um só. O importante a lembrar é que ele é apenas um nome para um processo social e cultural generalizado, e nossa principal tarefa é compreender a natureza desse processo. No momento em que se descobrir que o termo é mais um empecilho do que um auxílio na análise, ele deve ser descartado com rapidez e sem arrependimento.

A propósito da heterogeneidade do conceito de sanscritização, pode-se observar que ele inclui diversos valores mutuamente antagônicos, talvez do mesmo modo que a ocidentalização. O conceito de *varna*, por exemplo, inclui valores que são idealmente complementares, mas, em questão de fatos reais e históricos, foram competitivos, quando não conflitantes. Em relação a isso, é necessário acrescentar que a classificação dos quatro *varnas* que é encontrada no famoso verso *Purushasūkta* e em escritos subsequentes provavelmente não reflete a ordem social tal como ela existia em todos os lugares e em todos os tempos. Historiadores de castas registraram um conflito entre brâmanes e xátrias durante os tempos védicos, e o professor G. S. Ghurye postulou que os movimentos jainistas e budistas foram em parte uma revolta dos xátrias e vaixás contra a supremacia dos brâmanes.[22]

Hoje encontramos diferentes castas dominando em diferentes partes da Índia, e com frequência, em uma mesma região, mais de uma casta domina. Em Coorg, por exemplo, *coorgs*, *lingayats* e brâmanes dominam. Os *coorgs* são a aristocracia agrária e têm certas instituições e qualidades marciais, e muitas castas inferiores tentaram imitá-los. Mas os próprios *coorgs* imitaram os *lingayats* e os brâmanes. Os últimos não cederam poder político, e pode-

---

[22] Ver Govind Sadashiv Ghurye. *Caste and Class in India*. Bombaim: Popular Book Depot, 1952, p. 65.

-se dizer que algumas das qualidades tradicionalmente associadas a essa casta não são respeitadas pelos *coorgs*, para dizer o mínimo. Ainda assim, os brâmanes exerceram domínio sobre os *coorgs*, como testemunham os escritos dos missionários europeus. A imitação dos *lingayats* pelos *coorgs* foi facilitada pelo fato de Coorg ter sido governado por rajás *lingayat* por quase dois séculos.

Mas estou divagando; o que desejo enfatizar é que, no estudo da sanscritização, é importante saber o tipo de casta que domina em determinada região. Se forem brâmanes, ou uma casta como os *lingayats*, então a sanscritização provavelmente será mais rápida e os valores bramânicos se espalharão, ao passo que se a casta dominante for uma xátria local ou vaixá, a sanscritização será mais lenta e os valores não serão bramânicos. As castas não brâmanes são geralmente menos sanscritizadas do que os brâmanes, e onde elas dominam os costumes não sânscritos podem circular entre as pessoas. Não é inconcebível que ocasionalmente isso possa até vir a significar a dessanscritização das castas imitadoras.

Uma forma de quebrar a sanscritização em conceitos mais simples e homogêneos seria escrever uma história da cultura sânscrita tomando o cuidado de apontar os diferentes sistemas de valores nela incluídos e delinear as variações regionais. A tarefa seria estupenda, mesmo que se excluísse o período que começou com o domínio britânico. É improvável que um estudo como este venha à luz em breve, e os antropólogos fariam bem em continuar examinando a sanscritização como estão fazendo no momento: estudar cada instância de campo da sanscritização em relação à casta localmente dominante e outros fatores. A próxima tarefa seria comparar diferentes instâncias de sanscritização na mesma área cultural. E a terceira, seria estender o escopo dos estudos comparativos para incluir a totalidade da Índia. Essa abordagem talvez também nos permitisse traduzir problemas históricos em problemas espaciais. Isso, contudo, não vai satisfazer os perfeccionistas, mas o perfeccionismo é comumente uma camuflagem para a esterilidade.

14

Yoshimi Takeuchi e a modernidade vista da Ásia

Em sua *Filosofia da história*, de 1837, Hegel escreveu que: "A História do Mundo viaja do Oriente para o Ocidente, pois a Europa é absolutamente o fim da História, a Ásia seu começo."[1] Nessa visão eurocêntrica e imperialista da "história mundial", há apenas uma modernidade possível. Como "desimperializar" essa visão da história mundial?

É contra o cenário dessa questão que podemos ler o texto que se segue. Seu autor, Yoshimi Takeuchi (竹内 好, 1910-1977) foi um dos principais intelectuais japoneses do período posterior à Segunda Guerra Mundial.[2] Ele ingressou em 1931 na Universidade Imperial de Tóquio, especializando-se na literatura e no pensamento chinês, até então muito pouco estudados no Japão. Formou-se em 1934

---

[1] G. W. F. Hegel. *The Philosophy of History*, tradução de J. Sibree (Nova York: Willey Book Co., 1900), p. 103. Tradução minha.
[2] Para os dados biográficos, utilizei principalmente a introdução de Richard Calichman a Yoshimi Takeuchi: *What Is Modernity? Writings of Takeuchi Yoshimi*, tradução de Richard Calichman (Nova York: Columbia University Press, 2005, pp. 1-41). Para uma abordagem brasileira, ver o interessante artigo de Rosana Pereira de Freitas: "Rumo a um novo ancoradouro: Ásia como método." *Arte & Ensaios* n. 31, jun. 2016, pp. 41-49.

e fundou, junto com alguns amigos, a Sociedade de Pesquisa em Literatura Chinesa. Em 1943, foi recrutado para lutar na guerra, que terminou com a derrota do Japão. Yoshimi Takeuchi tornou-se então professor, incialmente na Universidede de Keiô, depois na Universidade Metropolitana de Tóquio, na qual permaneceu até 1960.

Foi nesse ano que ele deu a palestra "Ásia como Método", que foi publicada no ano seguinte e se tornou talvez o seu trabalho mais conhecido e influente. Nele, Yoshimi compara dois padrões de "modernização" — o do Japão, que era visto como bem-sucedido, e o da China, visto como problemático e não plenamente realizado. Yoshimi contrapõe-se a essa avaliação, considerando a modernidade japonesa uma imitação do Ocidente, num movimento de fora para dentro, enquanto a modernidade da China teria surgido de dentro para fora, num movimento de resistência ao modelo ocidental. Ao fazer isso, ele vislumbra a possibilidade de pensar um modelo alternativo — a "Ásia como método", que se contrapõe à "teoria" da Europa. "Ásia" deve ser vista aqui como uma questão de *método* e não de conteúdo, algo que deve ser encontrado *dentro* do objeto, não lhe podendo ser aplicado a partir de fora. Dessa forma, em um movimento que chama de "reversão", seria possível pensar uma outra modernidade, alternativa à ocidental.

Ásia como método[3]
(1961)

Yoshimi Takeuchi

I

Inicialmente, recusei o convite para falar aqui hoje, alegando que isso não era adequado, pois não sou alguém que possa discutir as coisas sistematicamente. Entretanto, como era um pedido urgente, para um pequeno público, decidi vir, embora agora me sinta ligeiramente deslocado, cercado por tantos estudiosos de prestígio. Permitam-me começar apresentando minhas próprias ideias, e em seguida responderei a perguntas e comentários, de modo a abrir espaço para a discussão.

Como estudioso da China, quero começar falando um tanto pessoalmente sobre os interesses que inicialmente me levaram a esse campo de estudos.

Eu me formei na faculdade em março de 1934, e depois decidi criar um grupo chamado Sociedade de Pesquisa em Literatura Chinesa. Era um grupo extremamente pequeno, dedicado ao estudo da literatura chinesa. Continuamos nossas atividades durante a guerra, mas finalmente decidimos nos separar em 1943, quando o aumento das tensões tornou a publicação da nossa revista muito difícil.

Depois disso servi ao Exército e experimentei a derrota, mas o que senti durante as atividades da Sociedade (e, na verdade, mesmo antes dessa época)

---

[3] "Asia as Method", cap. 6 de *What is Modernity? Writings of Takeuchi Yoshimi* (Nova York: Columbia University Press, 2005, pp. 149-165). Tradução de André M. Penna-Firme e Gabrielle Cosenza, revisão técnica e notas de Celso Castro.

foi a presença de uma grande *lacuna* ou *discrepância* entre a China como ela realmente existia e a China como era concebida por nós, japoneses. Meu campo é a literatura, que defino de forma bastante ampla. Tomo como objeto de estudo o povo de uma nação em relação aos seus pensamentos e sentimentos e, por meio disso (embora em um nível muito mais profundo), sua existência cotidiana. É tarefa da literatura examinar essa vida ou existência cotidiana da perspectiva do coração, em oposição à das coisas, e tenho procurado manter essa atitude ao longo de todo o meu trabalho.

Embora fosse graduado no que era então o Departamento de Literatura Chinesa da Universidade Imperial de Tóquio, eu era um aluno preguiçoso, que raramente frequentava as aulas — acho que me saí bem apenas para conseguir o diploma! Claro que isso se devia em parte ao tédio das aulas, mas o fato é que não entrei na faculdade com a intenção de estudar literatura chinesa. Confesso que naquela época eu nem queria ir para a faculdade. Se não o fizesse, no entanto, teria sido difícil receber de meus pais o dinheiro para as despesas escolares, o que me forçaria a me sustentar. Então, fui para a faculdade com a ideia de me inscrever nas aulas e simplesmente usar o dinheiro dos meus pais para a minha diversão. O Departamento de Literatura era o curso mais fácil de ingressar, e nele a literatura chinesa era especialmente fácil, então, me matriculei para isso. Mas não tenho certeza se vocês aqui irão se animar com essas observações ou se elas irão estragar seu amor pelo aprendizado.

Fui colega de turma de Takeda Taijun, mas a verdade é que raramente nos víamos, pois nenhum dos dois frequentava as aulas. Só nos conhecemos e começamos a discutir coisas depois que eu formei a Sociedade de Pesquisa em Literatura Chinesa.

Decidi estudar literatura chinesa após a formatura por causa de uma viagem à China que fiz durante a faculdade. Eu realmente queria deixar o Japão naquela época, e era muito fácil viajar de e para a China. Nenhum passaporte era necessário; simplesmente pagava-se pela passagem, embarcava-se e chegava-se a Xangai ou a Tianjin. Essas cidades ficavam mais próximas de Nagasaki que Tóquio. Fui para a China durante as férias de verão do segundo ano. Embora inscrito em literatura chinesa, eu realmente não tinha intenção alguma de estudá-la a sério. Viajei para a Manchúria com um grupo de excursão e depois fui sozinho a Pequim. Chegando lá, porém, senti de repente como se tivesse descoberto um sonho ou uma visão que havia estado todo esse tempo adormecida dentro de mim, um anseio dentro do meu coração. Não era só questão de ter me deixado levar pelo cenário natural da cidade; em vez disso, eu me sentia extremamente próximo das pessoas de lá. Fiquei comovido com o fato de que essas pessoas pareciam ter as mesmas ideias que eu. Embora meus colegas de classe e eu estivéssemos todos matriculados em literatura chinesa, nenhum de nós imaginara que realmente houvesse pessoas no continente chinês que se parecessem conosco. Ao refletir sobre isso depois, percebi claramente que aquilo era por causa do tipo de educação que havíamos recebido.

Seria diferente no caso de outros países, especialmente os do Ocidente. Se alguém fosse para a Europa ou para os Estados Unidos, teria a sensação de que as pessoas de lá eram superiores ou melhores. Por que então não sabemos que há pessoas como nós na China? Quando estudamos história ou geografia da Ásia na escola, ninguém ensina que há pessoas de verdade lá — ou pelo menos é assim que eu lembro.

Fiquei chocado quando cheguei à China. Vi com meus próprios olhos muitas pessoas que viviam animadamente suas vidas cotidianas. Queria saber o que essas pessoas pensavam, mas infelizmente não conseguia entender sua língua. Embora houvesse cursos de língua chinesa na faculdade, eles eram meramente formais e inúteis — embora pudessem ter me ajudado, se eu realmente os tivesse frequentado. Não sabia falar a língua, mas sentia como se ali estivesse uma pista para os meus próprios problemas, isto é, para os problemas da literatura. Antes dessa época eu havia me deparado com a literatura moderna em livros, fazendo algumas leituras em literatura japonesa moderna, e desse modo tinha minhas próprias opiniões sobre o assunto. Minhas opiniões, no entanto, eram bastante questionáveis. Ao refletir sobre como resolver essas questões, senti que era um problema fatal de minha parte não conseguir entrar no coração de muitas pessoas que viviam vidas semelhantes no país vizinho.

Foi então que decidi estudar literatura chinesa. Como minha estada em Pequim era de apenas um mês, mudei-me prontamente para uma pensão chinesa e contratei um professor particular para aprender o idioma. No entanto, um mês se mostrou insuficiente e, ao voltar ao Japão, comecei a assistir aulas de chinês e a estudar por conta própria. Aprendendo gradualmente a ler, lentamente abri caminho pela literatura chinesa contemporânea. Naquela época, ainda havia poucas traduções ou trabalhos introdutórios à literatura chinesa no Japão. Isso começou a mudar gradualmente no início do Período Shōwa,[4] mas ainda havia um número muito limitado de obras disponíveis — ao contrário da riqueza de materiais acessíveis hoje. Além disso, nenhuma atenção foi dada à literatura chinesa contemporânea na universidade. A única coisa que nos restou foi formar nosso próprio grupo de leitura, e assim começou a Sociedade de Pesquisa em Literatura Chinesa. Publicamos alguns folhetos muito pequenos, mas durante esse tempo a guerra começou gradualmente a se espalhar, com a invasão da China progredindo da Manchúria para o norte.[5] Foi extremamente doloroso para nós que o Japão, a terra de nossos ancestrais, estivesse invadindo a China, um país do qual todos nós havíamos nos tornados próximos com nossos estudos. No entanto, não fomos capazes de pensar sobre a situação em profundidade. Tudo o que podíamos fazer era recuar e proteger nosso próprio campo estreito de pesquisa.

Pensei em muitas coisas nessa época e, com a expansão do conflito para a Guerra do Pacífico e, finalmente, a derrota em 1945, cheguei a um ponto de inflexão importante em minha pesquisa.

Até então, meu objetivo ao estudar a China havia sido corrigir as lacunas e os erros no conhecimento deste país por parte dos japoneses, para mudar a natureza de tal campo de estudos. Antes havia disciplinas como *kangaku* e *shinagaku*,[6] mas eu não desejava aceitar esse tipo de campo morto de estudos. Em vez disso, queria mudar a própria maneira como estudávamos a China, explorando os corações das pessoas vivas que eram nossas vizinhas. Com a

---

[4] Período Shōwa: período da história do Japão correspondente ao reinado do imperador Shōwa, Hirohito, iniciado em 25 de dezembro de 1926 e terminado em 7 de janeiro de 1989.

[5] A invasão japonesa da Manchúria começou em setembro de 1931. Os japoneses estabeleceram um Estado fantoche, chamado Manchukuo, liderado pelo último imperador da China, Pu Yi. A ocupação durou até o final da Segunda Guerra Mundial.

[6] *Kangaku* e *shinagaku*: sinologia ou estudos chineses.

derrota, porém, senti que só isso era inadequado, e que era necessário que eu entrasse no problema de forma mais completa.

Quanto a *como* entrar no problema, percebi que, embora fosse preciso estudar a China como um campo especializado do conhecimento, isso não era suficiente. O escopo seria aceitável se a história do Japão moderno tivesse transcorrido suavemente, começando no Período Meiji.[7] No entanto, foi essa mesma história que levou o Japão a uma guerra equivocada, terminando com uma derrota amarga. Para esclarecer os fundamentos sobre os quais agora vivíamos, portanto, foi necessário primeiro determinar em que essa história havia dado errado. Foi com base nessa autorreflexão fundamental que nós, junto com muitos outros japoneses, avançamos no período do pós-guerra.

O comunismo foi o primeiro movimento no período do pós-guerra a articular claramente um posicionamento crítico da guerra. Durante o conflito, os comunistas japoneses criticaram o esforço de guerra e lutaram contra ele, e isso serviu de base para o renascimento do comunismo no pós-guerra. Muitas pessoas um pouco mais velhas que eu tinham participado desse movimento antes da guerra e, depois dela, buscavam reconstruir o Japão voltando ao comunismo. Não fui capaz de fazer isso, no entanto, embora muitos da minha idade ou mais jovens tenham se apressado em aderir ao movimento. Minha recusa se baseava em diferenças de temperamento, experiência e geração. Tendo me formado na faculdade em 1934, faltavam-me aquelas belas lembranças do comunismo. Na verdade, eu tinha visto alguns ex-comunistas cometendo *tenkô* durante a guerra,[8] após o que colaboraram mais ativamente do que muitos não comunistas. Assim, não me envolvi quando o comunismo se tornou popular após a guerra, mas recuei e fiquei de olho no movimento, o tempo todo me sentindo um pouco antiquado. Embora fosse impossível para mim endossar totalmente o comunismo, vi seu renascimento como um sinal positivo. Desde o início, porém, tive minhas dúvidas sobre se ele seria capaz de manter a guerra sob controle. Falando de minha própria experiência histórica, não pude encontrar nenhuma prova

---

[7] Sobre o Período Meiji, ver nota 10, p. 172.
[8] Tenkô: palavra que pode ser traduzida aproximadamente por "mudança de direção" ou "conversão ideológica". Refere-se, neste contexto, à conversão ideológica de esquerdistas em nacionalistas conservadores.

de sua eficácia a esse respeito. Portanto, observei o movimento com algum ceticismo, e todos vocês sabem como as coisas acabaram. Ao pensar sobre quais lições poderiam ser tiradas daquele equivocado rumo da guerra e da derrota, ou da melhor forma de incorporar esses tópicos em uma pesquisa, vi que muitas pessoas subitamente se voltaram para o comunismo. Essas pessoas refletiram sobre as coisas à sua própria maneira. Mas eu mantive distância, pois suspeitei que as raízes do problema eram mais profundas. Em outras palavras, o que continuou a me preocupar durante meu estudo da literatura chinesa ficou um pouco mais claro em minha mente com base na derrota.

Esse pensamento foi articulado em uma hipótese que avancei após a guerra, que defendia a existência de pelo menos dois tipos diferentes de processo de modernização entre as nações atrasadas. O mais impressionante sobre a modernização do Japão depois da Restauração Meiji foi que ela impulsionou os movimentos de libertação daquelas nações atrasadas e colonizadas do Oriente. Se esses movimentos tivessem sido bem-sucedidos, o Japão poderia ter se tornado o único modelo para a modernização oriental. No fim, entretanto, o Japão falhou, ao seguir na direção oposta. Quando examinado do ponto de vista desta falha, parecia-me que o caso japonês exemplificava um só tipo de modernização, que de forma alguma representava o caminho único ou absoluto de modernização para todas as outras nações orientais. Havia muitas possibilidades e caminhos de modernização além daquela.

Ao comparar o Japão e a China, percebi que havia várias diferenças qualitativas entre os diversos tipos de processos de modernização.

Na forma de hipótese, comparei o Japão e a China como tipos representativos da modernização oriental. Não sei realmente muito sobre os processos de modernização de outras nações, mas, se pressionado, diria que a Turquia se assemelha ao tipo de modernização japonesa, enquanto a Índia está mais próxima da China. Na verdade, há pelo menos dois tipos diferentes de modernização no Oriente, e este será meu tópico principal hoje. Qual é então a diferença entre os tipos de modernização japonesa e chinesa? Embora seja obviamente impossível para mim abordar esse problema sem lançar dúvidas sobre meu próprio pensamento anterior, gostaria aqui, todavia, em primeiro lugar, de referir-me a John Dewey como uma chave.

John Dewey, filósofo e educador americano, nunca alcançou realmente uma influência ampla no Japão, mas foi lido por alguns. Seu trabalho foi apresentado principalmente no pós-guerra por pessoas como Tsurumi Shunsuke, Shimizu Ikutarô e Kuno Osamu, bem como por Kuwabara Takeo, no campo da literatura.

Embora eu não seja especialista em Dewey, há muito tempo me interesso por sua obra. Aproveitando a licença de um ano da Universidade Columbia, Dewey chegou ao Japão com sua esposa em fevereiro de 1919, convidado para lecionar na Universidade de Tóquio. Ao longo de sua estada, foi calorosamente recebido por muitas pessoas. Em maio, ele deixou o Japão e foi para a China, chegando a Xangai em 1º de maio de 1919, logo antes do Movimento de Quatro de Maio.[9] Assim, dois ou três dias depois de eles chegarem a Xangai, em 4 de maio, os eventos começaram em Beijing. As manifestações se espalharam gradualmente para Tianjin e Xangai, culminando na campanha de massa em todo o país contra o imperialismo que é hoje conhecida como Movimento de Quatro de Maio. Tudo isso aconteceu durante a estada de Dewey na China.

Dewey tinha discípulos naquele país, como Hu Shi, que organizou palestras para ele em Xangai e Pequim. Embora tivesse planejado originalmente ficar no Oriente por um ano, Dewey se interessou extremamente pela China, depois de ter testemunhado por acaso as manifestações. Decidiu então estender sua licença por mais um ano, permanecendo assim no país por dois anos. Durante esse tempo, ele escreveu muitos artigos comparando o Japão e a China, que eu li pela primeira vez depois da guerra.

Além desses artigos, ele (com a esposa) escreveu cartas para os filhos que foram mais tarde reunidas e publicadas no volume *Letters from China and Japan* [Cartas da China e do Japão, 1920]. Dewey inicialmente fala muito bem do Japão. Aquela era sua primeira visita ao Oriente, e, portanto, tudo lhe parecia bastante novo e exótico. Ele também foi muito bem recebido aqui: os japoneses são um povo amigável, e Dewey, famoso filósofo americano,

---

[9] Movimento de Quatro de Maio: movimento político anti-imperialista e nacionalista que começou com protestos estudantis contra a aceitação, pelo governo chinês, das condições impostas pela Conferência de Paz de Versalhes, após o final da Primeira Guerra Mundial.

foi tratado extremamente bem. Com uma situação bastante confortável, ele elogiou os japoneses por seu refinamento estético e gentileza. Ao chegar à China, porém, criticou as coisas nos termos mais duros, declarando que, comparado ao Japão, o país era indescritivelmente sujo e desordenado. Ainda assim, curiosamente, essa impressão da China foi mudando aos poucos.

Embora a mudança não apareça de imediato nas cartas, ela pode ser observada em seu livro *Characters and Events: Popular Essays in Social and Political Philosophy* [Personagens e eventos: ensaios populares de filosofia social e política, 1929], coletânea dos ensaios que Dewey escreveu sobre o Japão e a China entre 1920 e 1922. Peguei emprestado o texto de alguém, li-o após a guerra e me vi profundamente de acordo com a comparação que ele fazia entre o Japão e a China. Aprendi muito com esses ensaios, que tratam das coisas muito mais profundamente que as cartas. No livro, Dewey compara de forma muito apropriada a modernização do Japão com a então nascente modernização chinesa. A comparação me impressionou bastante na época, sobretudo porque já estávamos depois da derrota. Quase todas as previsões de Dewey se mostraram corretas. Embora o Japão parecesse bastante modernizado, as raízes dessa modernização eram, na verdade, superficiais. Se isso não fosse corrigido, ele advertia, o Japão quase certamente iria à ruína. Na verdade, muitos estrangeiros, bem como japoneses, previram a ruína do Japão. Sabe-se muito bem que Natsume Sôseki, por exemplo, alertou para a queda do Japão, como se pode ver em seus romances *The Heart* [O coração, *Kokoro*] e *Sanshirô*, bem como no famoso discurso de Wakayama. Para Sôseki, a civilização moderna do Japão foi um fracasso, pois não foi gerada internamente; em vez disso, foi uma completa afetação externa. Sôseki procurou em vão uma forma de transformar o processo de modernização em algo interno.

Eu realmente não sei nada sobre o sistema filosófico de Dewey, mas tiro o chapéu para sua comparação da modernização japonesa com a chinesa. Seu alerta sobre a civilização moderna do Japão como afetação externa provou-se absolutamente correto.

Claro que não era o Japão, mas a China que nessa época parecia viver em estado de desordem, já que o país ainda atravessava o período dos senhores da guerra, em 1919. O governo nacionalista estava então no oitavo ano. A nação era formalmente uma república, com uma assembleia nacional e um gabinete. Seu sistema político era semelhante ao do Japão do pós-guerra, mas isso apenas no nome, pois na verdade eram os poderosos que controlavam as coisas. Isso significava os senhores da guerra, que, por sua vez, eram marionetes de governos estrangeiros. Há um relato bem conhecido de um debate que ocorreu na Liga das Nações em torno da questão de saber se a China poderia ser entendida como nação, à qual, entretanto, ninguém foi capaz de responder. As ações divergentes e arbitrárias do país sugeriam que faltava a unidade necessária para ele se qualificar como Estado-nação moderno. No entanto, Dewey foi sensível o suficiente para enxergar em meio a essa desordem e vislumbrar um novo espírito emergindo, pois ele testemunhou o movimento dos estudantes de Quatro de Maio com seus próprios olhos.

O Movimento de Quatro de Maio deve ser entendido no contexto da Primeira Guerra Mundial, quando o Japão tentou forçar a China a aceitar os termos de um tratado extremamente severo que a tornaria colônia exclusiva japonesa. Isso ocorreu contra o contexto da força armada, já que a China ainda estava no período dos senhores da guerra. O Japão dirigiu sua advertência final à China, ameaçando-a de guerra se não assinasse o tratado: isso significava as conhecidas Vinte e Uma Exigências de 1915.[10] Vários movimentos surgiram na China em oposição ao acordo. Eles começaram com os estudantes antes de se expandir gradualmente para o plano nacional, e explodiram quatro anos depois, em 1919, obrigando o governo a se submeter às demandas dos manifestantes. Nessa época acontecia a Conferência de Versalhes, em torno da questão de como lidar com a Primeira Guerra Mundial. A China compareceu com força total e lutou arduamente por suas demandas, mas o Japão, junto com as potências mundiais, conseguiu que essas exigências não fossem atendidas. Diante da recusa, a delegação chinesa interrompeu imediatamente todas as negociações. Os líderes do Quatro de Maio declararam então sua própria exigência para que a delegação se retirasse

---

[10] Conjunto de demandas feitas secretamente pelo Japão ao governo chinês durante a Primeira Guerra Mundial. Caso tivessem sido integralmente aceitas, representariam uma enorme extensão do controle japonês sobre a China. Quando foram tornadas públicas, as demandas geraram repúdio por parte da população chinesa, que passou a boicotar produtos japoneses.

de Versalhes, o tratado de paz fosse rejeitado e os diplomatas responsáveis por esse fracasso, punidos. As demandas foram atendidas. Consequentemente, o Movimento de Quatro de Maio passou a ser visto historicamente como a primeira vitória por parte do movimento popular na China.

Na época desse movimento, Dewey escreveu que ficou muito comovido pelo fato de os estudantes participantes das várias marchas e manifestações carregarem seus pertences pessoais nos bolsos, pois sabiam que seriam presos. Ele viu isso como o surgimento de um novo espírito e da modernidade na China.

Nessa época, no cenário internacional, interpretava-se que a China se encontrava em tal estado de caos que estaria prestes a se desintegrar. Os estudantes então se revoltaram para suportar o destino de sua nação sobre os próprios ombros. Foi com base nessa energia juvenil que Dewey discerniu a essência da civilização chinesa para além de seu aparente caos. Ele previu que a China acabaria tendo voz nos assuntos mundiais. Em contraste, o progresso aparente do Japão serviu apenas para mascarar suas fraquezas, pois a nação poderia entrar em colapso a qualquer momento. Dewey observou então que a modernização na China fora gerada internamente; em outras palavras, era algo que emergia de suas próprias demandas e, portanto, que era sólido. Acho notável que ele tivesse essa antevisão em 1919, pois eu mesmo (como japonês estudioso da cultura chinesa) não entendi esse aspecto até 1945. Meu descuido foi realmente imperdoável, mas é tolice me comparar com um pensador tão importante como Dewey. Daquele ponto em diante, porém, fiquei cada vez mais convencido acerca da necessidade de pensar sobre o Japão e a China em termos comparativos.

Vários outros pensadores também destacavam a questão da modernização japonesa e chinesa. Por exemplo, o filósofo britânico Bertrand Russell esteve na China por volta da mesma época e escreveu *The Problem of China* [O problema da China,1922]. Neste livro, Russell oferece uma comparação detalhada do Japão e da China e expressa muitas das mesmas opiniões que Dewey. Esse foi um período em que o Japão parecia prosperar — e então se gabava de seu *status* como parte das Três Grandes Potências. Contudo, da perspectiva do Ocidente (ou seja, de Inglaterra e Estados Unidos), via-se na China o maior potencial. E é isso que a história tem comprovado desde então.

Embora a reviravolta dos eventos possa ser extremamente desconcertante para nós, japoneses, ela deve ser reconhecida.

Ao refletir sobre esses dois tipos diferentes de modernização, percebi que nem sempre devemos comparar o caso do Japão com o das nações avançadas do Ocidente, como tradicionalmente vinha sendo feito. Essa forma de pensar podia ser vista tanto entre estudiosos quanto entre leigos. Políticos e empresários, por exemplo, comparariam automaticamente as instituições políticas japonesas com as da Inglaterra, assim como a arte japonesa seria comparada à francesa. Tínhamos de parar com essas comparações, pois eram inadequadas para a tarefa de apreender nossa própria posição. Foi então que comecei a perceber a importância de conceber a modernização do Japão trilateralmente, em referência a diferentes tipos de modernização, como, por exemplo, a da China ou da Índia.

Outros reivindicavam o mesmo procedimento, como Tsurumi Kazuko, que organizou o livro *Studies on the Work of John Dewey* [Estudos sobre a obra de John Dewey, Dûi kenkyû]. Na verdade, eu contribuí com um texto para este volume intitulado "Hu Shi and Dewey" [Ko Teki to Dûi]. A própria Tsurumi argumenta sobre a modernização do Japão em seu ensaio "Dewey and Japan" [Dûi to Nihon]. Em *Pearl Buck* [Pâru Bakku], posteriormente publicado na série Iwanami Shinsho, ela observa como a escritora, cidadã americana nascida e criada na China, foi capaz de observar tanto a China quanto os Estados Unidos. Como japonesa educada nos Estados Unidos que, além disso, escreve sobre Pearl Buck, Tsurumi tentou refletir sobre as questões contemporâneas na base trilateral de Japão, China e Estados Unidos. Em seu livro, ela defende o valor desse tipo de abordagem, e estou totalmente de acordo com ela. É importante, ao analisar o Japão, referir-se aos Estados Unidos e à Europa Ocidental, pois eles representam as nações avançadas da modernização. No entanto, também devemos olhar para outros lugares. Ao estudar a China, por exemplo, não devemos nos limitar a ver esta nação apenas *vis-à-vis* o Ocidente. Foi nessa época que percebi a importância de conceber a modernização com base em uma estrutura mais complexa do que a de simples oposições binárias.

Se eu reunisse os materiais e organizasse minhas ideias de modo mais completo, teria gostado de sistematizar essa noção de Japão e China como representativos de diferentes tipos de modernização. Sou, porém, preguiçoso, e ainda há muito a estudar. Mas queria corrigir os aspectos muito simplificados de minha hipótese, em particular diante das várias questões relativas à cultura e aos estudos japoneses à luz da inquietante situação internacional de hoje. Além disso, muito ainda se deve conhecer sobre a China. No entanto, esse conhecimento não deve ser obtido analisando-se apenas este país; ao contrário, ele deve ser situado no interior de uma estrutura mais ampla, que exceda os esforços de qualquer indivíduo. Deve haver colaboração. Todavia, a pesquisa colaborativa ainda não decolou, já que os estudos asiáticos continuam a ser negligenciados deliberada e institucionalmente.

Deixem-me dar apenas um exemplo da dificuldade institucional. Atualmente, há centenas de faculdades e universidades no Japão, entre as quais algumas até ensinam chinês — como a minha própria, a Universidade Metropolitana de Tóquio. No entanto, não há universidades aqui que ensinem coreano. (A Universidade Tenri, em que se exige o coreano para o trabalho missionário, é a única exceção.) O coreano costumava ser ensinado no período pré-guerra na Universidade de Tóquio, mas isso mudou desde o conflito. Nós japoneses realmente não sabemos nada sobre a Coreia, apesar de ela estar geograficamente mais próxima de nós. Na verdade, nós nem tentamos saber sobre a Coreia, como fica evidenciado pelo fato de que não haja universidades aqui que ensinem sua língua. Que estranho! Na verdade, eu suspeitaria que o Japão é a única nação do mundo cujas universidades não ensinam a língua do país que está mais próximo dele.

Estudam-se sistematicamente as línguas asiáticas na China, nos últimos tempos, enquanto no Japão nem mesmo há ensino de coreano. Ademais, o russo é ensinado aqui apenas em algumas escolas. Além da Universidade de Estudos Estrangeiros de Tóquio, as universidades de Hokkaido e de Waseda são os únicos lugares onde se oferecem cursos de literatura russa.

O inglês, no entanto, se espalhou em um grau tão surpreendente desde a guerra que agora é ensinado em todos os lugares. Para começar, o estabelecimento do inglês, do alemão e do francês como disciplinas especializadas já é bastante estranho. Esses campos remontam à tradição dos estudos ingleses, alemães e estudos franceses do início do período Meiji, e na verdade não mudaram em nada desde aquela época. É realmente muito estranho que as literaturas inglesa, alemã e francesa sejam ensinadas separadamente uma das outras, e que os "departamentos de literatura" se concentrem nelas todas juntas.

Mesmo quem fala sobre a necessidade de reforma dentro do ambiente universitário nada pode fazer, pois está de mãos atadas pela estrutura da universidade. No entanto, o problema vai além do ensino de línguas asiáticas e inclui também as línguas europeias: quase nenhuma delas é ensinada no Japão além de inglês, alemão e francês. Poucos estudiosos aqui podem ensinar as línguas da Europa Oriental. Que estranho! Certamente não preciso me referir a Dewey para mostrar como isso é espantoso — e também como é errado. Na verdade, há muitas dessas estranhezas em todo o sistema universitário e de pesquisa. Como isso pode ser alterado? Seguiremos um rumo errado para o futuro se as coisas simplesmente continuarem como estão. O rumo errado tomado pelo Japão foi revelado em 1945, e ainda assim nós recusamos toda autorreflexão sobre o motivo pelo qual ele estava incorreto. Tenho sérios receios quanto à atual tendência crescente de fazer as coisas da maneira como costumavam ser feitas no passado. Essa tendência passou a afetar tanto nossa pesquisa quanto nossa abordagem do campo de estudos.

II

Muitos de vocês foram gentis o suficiente para comentar minha apresentação, e isso ajudou a aprofundar as questões que sugeri. Quero agora de desenvolver algumas de minhas ideias, respondendo às suas perguntas.

Depois de debater figuras como John Dewey e Bertrand Russell, passarei para Rabindranath Tagore, que tem sido importante para o meu pensamento sobre a questão da modernização oriental. Tagore visitou o Japão em 1916, 1924 e 1929, e as palestras que deu aqui foram publicadas em livro. Ele também visitou a China, onde sua influência, especialmente entre os escritores, foi considerável. Isso não se pode dizer do Japão, com a possível exceção de Noguchi Yonejirô, conhecido por ter criticado Tagore, durante a guerra, de não ter compreendido a missão do Japão no Leste Asiático. Tagore foi calorosamente recebido neste país, principalmente entre os estudiosos da religião e os mais célebres sacerdotes budistas. A recepção não incluiu as pessoas comuns ou as massas, e, no entanto, a esse respeito, sua visita foi semelhante à de Dewey, pois este último também foi recebido pelas elites de estudiosos renomados e homens de negócios. No entanto, na China, foram os escritores em seu papel de porta-vozes do povo que não apenas apresentaram Tagore como também propuseram muitas das mesmas questões que ele. Tagore era considerado no Japão poeta de uma nação arruinada, que escreveu sobre a morte da Índia. Mas na China ele era visto como um herói da causa da emancipação nacional. Essas diferentes leituras representam um problema para nós. Na China, Tagore foi estudado por escritores tão diversos como Guo Moruo (que visitou recentemente o Japão), Xu Zhimo e Xie Bingxin. Além disso, uma edição especial sobre seu trabalho foi publicada pela revista literária mais influente da China. Sofrendo o mesmo tipo de opressão, muitos escritores chineses se identificaram com a oposição ou a resistência de Tagore por sua posição de companheiro colonizado. Embora ele falasse apenas obliquamente dessa opressão colonial em público, suas palavras ocultavam uma profunda raiva por esta e, na verdade, todas as formas de injustiça social. A raiva foi compreendida na China, mas ignorada no Japão. Naquela época, Tagore era visto aqui apenas como poeta de uma nação arruinada, cuja poesia representava as queixas dos fracos.

Tagore considerou que o Japão imitava a modernização ao estilo ocidental apenas com base em sua força militar, e advertiu que a nação não deveria usar esta força para atacar seus vizinhos. No entanto, ele percebeu que a imprensa japonesa encarava o aviso apenas como a reclamação de um poeta de uma nação fraca. Em contraste, a China interpretou isso como um sinal da raiva de Tagore. Essa discrepância entre o Japão e a China parece-me apontar para uma diferença fundamental entre as duas nações.

A tradução japonesa das obras coletadas de Tagore está agora sendo publicada. A tradução é do inglês, já que parece não haver ninguém no Japão que traduza do bengali. O próprio Tagore escreveu tanto em bengali quanto em inglês.

No próximo ano ou no ano seguinte será o centenário do nascimento de Tagore, com eventos planejados no Japão e em outros lugares. Por algum tempo, o Japão tem sido o lar de vários grupos relacionados a Tagore, encontrados entre círculos budistas, bem como entre artistas (por exemplo, a escola

Yokoyama Taikan) e políticos (por exemplo, Kôra Tomi). Aparentemente, esses são os tipos de pessoa que estão se preparando para o centenário. É tudo como deveria ser, suponho, e ainda assim não há quase nenhum interesse crítico em entender Tagore *vis-à-vis* a comparação entre Japão e China — assim como não há nenhum no caso relativo a Dewey ou Russell.

Deixem-me dizer algumas palavras agora sobre a relação entre os três tópicos a seguir: 1) a distinção entre geração interna e externa na cultura; 2) o povo como princípio de toda formação cultural; 3) o papel dos intelectuais.

Embora não esteja claro se o tópico da geração cultural interna e externa coincide diretamente com a noção de povo como solo ou base cultural, esses dois itens estão relacionados. Em princípio, concordo com a teoria de que a cultura como um todo é essencialmente determinada pelas pessoas. O fundamento da cultura nada mais é do que a vida cotidiana, na qual as coisas são feitas. Embora seja verdade que a cultura compreende tanto matéria quanto espírito, sua fonte última é a atividade produtiva do homem. Portanto, a única base da cultura são as pessoas, pois elas estão mais em contato com a produção. Ao mesmo tempo, porém, deve haver também vários especialistas culturais cujo papel é manter ou mesmo melhorar o nível da cultura: são os chamados intelectuais. A composição dos intelectuais varia de acordo com o período histórico. Quando eles estão radicalmente separados do povo, as culturas ficam isoladas. No entanto, uma vez que as pessoas se mantêm ocupadas com seu trabalho, elas são incapazes de assumir tarefas mais especializadas. Surge assim a relação entre o povo e os especialistas culturais, que pode ser examinada ao longo de toda a história.

Deixando de lado por um momento a questão da verdadeira fonte da cultura, deixem-me adiantar que minha noção de cultura como algo gerado interna ou externamente se refere ao processo de modernização do Japão desde o Período Meiji. Com frequência afirmou-se que, a partir dessa época, o Japão se modernizou por meio da recepção da cultura ocidental, e isso certamente é verdade. Mas essa forma de recepção era superficial. A incorporação da tecnologia ocidental pelo Japão foi tal que ele a viu *a posteriori* como mero produto acabado; portanto, falhou totalmente em compreender o espírito científico que produz essa tecnologia. Embora muitos tenham apontado isso, ninguém ainda propôs que vejamos essa tendência em termos de um *tipo*.

Se tivéssemos que determinar o ponto de partida da modernização do Japão como a Restauração Meiji, este seria então o ano de 1868. Há várias teorias sobre quando a modernização começou na China, mas supondo que tenha começado com o Movimento de Quatro de Maio, então seria 1919. É uma diferença de 50 anos. A modernização ocorreu muito cedo no Japão e muito tarde na China. A distinção foi explicada pelo fato de o Japão ser muito mais adaptável que a China: ao contrário da colonização forçada da China e da Índia, por exemplo, o Japão conseguiu muito cedo eliminar o feudalismo, estabelecer um Estado-nação moderno e incorporar a cultura moderna. Mas esta é apenas uma parte do problema. Outra parte diz respeito à *qualidade* dessa modernização, pois, de fato, o Japão manteve sua estrutura feudal e apenas enfeitou seu exterior com a civilização ocidental. Em contraste, a presença de elementos chineses fortes e duráveis dificultou a adaptação da China à modernização, como Dewey observou. Uma vez que esse processo começou, entretanto, ele destruiu todas as estruturas remanescentes e produziu uma força espontânea por dentro. É aqui que podemos ver uma diferença qualitativa entre a modernização japonesa e a chinesa. Embora a China pareça estar em desordem, os ocidentais consideram que a modernidade lá é muito mais enraizada que no Japão.

A questão é muito difícil, entretanto, e aqui não posso afirmar nada com certeza. No entanto, ela parece merecer nossa atenção. Não estou dizendo que nossa nação seja um fracasso, pois, de fato, há coisas das quais podemos nos orgulhar como japoneses. Se nada mais, foi uma grande conquista a Restauração Meiji e o Estado Meiji terem ajudado a estimular mudanças na Ásia.

Sun Yat-sen, por exemplo, disse isso quando observou que a Restauração Meiji serviu de modelo para o movimento de reforma chinês, embora este movimento tenha ocorrido depois de ambas as guerras Sino-Japonesa e Russo-Japonesa.[11] Hoje, a Guerra Russo-Japonesa é vista de forma bastante negativa, mas ela foi crucial para o Oriente como um todo.

Sun Yat-sen estava na Europa durante a Guerra Russo-Japonesa e voltou para a China depois disso. Na viagem de volta, o navio parou em Suez,

---

[11] Sobre essas guerras, ver nota 11, p. 172.

onde um estivador árabe subiu a bordo e perguntou a Sun se ele era japonês, pois o Japão havia derrotado a Rússia na guerra. O homem prosseguiu dizendo que, embora os não brancos tivessem até então se resignado à superioridade branca, a vitória do Japão agora lhes tinha dado esperança de libertação. Consequentemente, a fundação do moderno Estado-nação japonês foi validada pela guerra, pois ela desempenhou um grande papel no movimento de descolonização. Depois do Período Taishô,[12] porém, as coisas mudaram para pior. Do ponto de vista das relações sino-japonesas, a Primeira Guerra Mundial marcou um grande ponto de inflexão. Antes dessa época, as relações entre nossas duas nações eram geralmente boas. Agora, no entanto, a crescente invasão da China por parte do Japão (que desde então se tornara parte dos Três Grandes) convergiu com a ascensão repentina do nacionalismo chinês. Assim podem ser vistas as Vinte e Uma Exigências e a resistência contra elas que foi o Quatro de Maio. Em outras palavras, embora a Restauração Meiji tenha servido de modelo para a modernização asiática, as nações que buscaram se reformar nesta base encontraram sérias dificuldades e, portanto, foram forçadas a desenvolver um tipo diferente de modernização. No entanto, o Japão insistiu em que o único tipo de modernização era o seu. O resultado disso pode ser visto hoje na divisão interna do Japão entre asiáticos e não asiáticos.

Atualmente, o Japão, de certa forma, é mais ocidental que o Ocidente. Isso não é totalmente ruim, já que certas condições tornaram as coisas assim. Mas o fato é que exemplos semelhantes podem todos ser encontrados em situações coloniais. Como colônia, por exemplo, Xangai também era mais ocidental que o Ocidente. Embora possa ser errado julgar nossa nação nesses termos, essa visão contém alguma verdade.

Acredito que o Japão faz parte do Oriente, mas hoje há certas perspectivas influentes que não o veem assim, como por exemplo a de Umesao Tadao. A pesquisa de Umesao, que se pretende uma aplicação do campo da ecologia, separa o Velho Mundo (exceto os Estados Unidos) em periferia e centro, ou o que ele chama de primeira região e segunda região. Portanto, o Japão

---

[12] Período Taishō: período que corresponde ao reinado do imperador Taishō, Yoshitito, 1912-1926.

está agrupado com a Inglaterra e a França, uma vez que estas nações estão localizadas nas margens da Europa. Diz-se que as nações periféricas são totalmente diferentes daquelas do centro, ou seja, do continente. Umesao também aplicou essa hipótese peculiar à história, para a qual partes dela parecem ser válidas. Certamente o Japão é muito diferente da China: linguisticamente, por exemplo, o chinês não tem o mesmo ordenamento de palavras que o japonês. Também em relação à vida cotidiana e à cultura: os chineses sentam-se em cadeiras, enquanto os japoneses, não. O modo de aplicar a força também varia, pois os japoneses puxam enquanto os chineses empurram — como pode ser visto, por exemplo, nos diferentes tipos de serras, aviões e facas de cozinha usados nos dois países.

Claro que se pode observar semelhanças na cor da pele e nas características faciais. O influxo histórico dos grupos descendentes de mongóis e do Sudeste Asiático no Japão ocasionou a miscigenação e, portanto, certas semelhanças faciais. No entanto, há grandes diferenças no plano do pensamento e estilo de vida entre Japão e China. Embora tenha havido um amplo intercâmbio cultural entre essas duas nações nos últimos mil anos, ainda é extremamente difícil vê-las (assim como a Índia) coletivamente como uma entidade cultural para além de sua resistência à Europa. Consequentemente, estou parcialmente de acordo com Umesao.

Voltemos agora à questão da guerra. Já mencionei que a derrota do Japão em 1945 marcou uma importante virada em minha pesquisa. Quero agora voltar a esse ponto em relação à consciência japonesa da guerra em geral, ou à consciência de sua própria derrota. Como foi insinuado pelas suas perguntas, parece indiscutível que falta aos japoneses a sensação de terem sido derrotados pela China. Por que isso ocorre?

Embora o Japão tenha se rendido incondicionalmente às potências aliadas, esse termo se referia, na época, principalmente à Inglaterra, aos Estados Unidos, à União Soviética e à China. Permanece, no entanto, uma forte sensação de que o Japão se rendeu apenas aos Estados Unidos, assim como dificilmente há qualquer sentimento de que ele foi derrotado pela União Soviética, muito menos pela China. Certas razões complexas foram apresentadas para explicar esse fenômeno, a maioria apontando para a presença da ocupação americana. No entanto, também podemos ver aqui o menosprezo dos japoneses pela China. Acredita-se impossível que a derrota tenha chegado pelas mãos dos chineses, e decerto isso é verdade do ponto de vista militar, pois o Japão na época era muito mais poderoso. Portanto, a derrota é atribuída à esmagadora superioridade militar dos Estados Unidos. Embora a explicação permita que as pessoas vejam como teria sido inútil lutar com lanças de bambu, o que acontece com a ideia da força espiritual do Japão? Uma vez que durante a guerra se dizia que a força espiritual levaria o Japão à vitória, parece errado agora atribuir a derrota à mera força material. Pelo contrário, agora é a hora de voltar à ideia de força espiritual.

Para a China, foi precisamente essa força espiritual que garantiu a vitória. Em seu *Discurso sobre a guerra prolongada* [Chijiuzhan lun], Mao Tsé-Tung explica a vitória da China sobre o Japão com uma teoria que foi desde logo confirmada no período do pós-guerra. Este texto, que deriva das palestras de Mao em 1938, oferece um vislumbre de como seria a guerra global no futuro. Naquela época, o Partido Comunista e o Partido Nacionalista se uniram para formar uma frente única contra o Japão. Falando do ponto de vista da China como um todo, Mao escreveu que a nação chegaria à vitória. Embora as condições internacionais fossem então favoráveis à China, Mao explicou teoricamente que seu país sairia vitorioso por conta própria, mesmo que as condições fossem desfavoráveis. A aceitação dessa teoria de forma alguma exige que se concorde com a tese comunista. Hoje, pode-se ver que a história confirmou a presciência de Mao, o que quer dizer que é importante lê-lo, mesmo quando não se adere ao comunismo. No Japão, entretanto, não havia essa presciência teórica da vitória, pois qualquer pensamento de derrota era prontamente evitado. Todo discurso teórico sobre a guerra se baseava na premissa dogmática de que a derrota era impossível, e essa convicção tornava-se mais forte à medida que a guerra prosseguia. Mas se a vitória é possível, então a derrota também é. Ela já ocorre se evitarmos pensar nela, pois isso significa que não foi resolvida teoricamente. Há várias razões históricas por trás da recusa do Japão a admitir o revés para a China, e ainda assim esta recusa ajuda a explicar a derrota em si. Reconheçamos aqui e agora que devemos mudar nossa maneira de pensar sobre a guerra.

Muitos milhões de soldados japoneses (entre os quais eu) foram para a guerra na China, mas eles não viram nada. O poder de observação do homem é extremamente pouco confiável. Não se vê nada se a pessoa for ao lugar sem problematizar a si mesma. Assim, os japoneses não entenderam nada da China, não importa quantos foram para lá, e de fato muitos japoneses ainda continuam a ir para lá agora no período do pós-guerra. Talvez eu não devesse dizer essas coisas, mas a maioria dessas pessoas não vê nada: elas podem comer bem e se divertir, mas na verdade não veem nada. Não podem ver a China porque se recusam a problematizar a si mesmos. Além dos soldados, esta é uma dificuldade real entre os políticos. E é uma lacuna entre nós, estudiosos da China, não termos sido capazes de mudar a mentalidade das pessoas a esse respeito.

Devo também mencionar algo sobre a visão chinesa acerca do Japão. Muito poderia ser dito aqui, mas certamente os chineses nutrem um profundo ódio não apenas pelos soldados japoneses, mas também pelos civis japoneses que praticaram violência na China enquanto estavam sob a proteção dos militares. Na verdade, se tivessem sido nossas famílias as que foram mortas ou cujas casas foram queimadas e saqueadas, não haveria como superar repentinamente a amargura. Suspeito que os chineses ainda nutram um ódio profundo por nós, mesmo que, por razões políticas, agora o neguem e afirmem que o povo japonês em si é inocente. Esse ódio durará mais 10 ou 20 anos, quando não uma geração inteira ou até mais. Na verdade, pode muito bem aumentar, dado o estado atual das relações entre nossos dois países. Se um único japonês comete um crime, então é perfeitamente natural que a vítima desse crime odeie todos os japoneses.

O problema assim se torna a expiação, que, entretanto, desaparece gradualmente por atos conscientes e inconscientes. Isso é verdade no que diz respeito ao sentimento de expiação do Japão pelos crimes cometidos contra a China, porém é ainda mais no caso da Coreia. Talvez as más relações diplomáticas do Japão com a Coreia se devam à intransigência do presidente Lee Sung-man,[13] mas não esqueçamos a terrível opressão que os coreanos sofreram sob o domínio japonês. Essas relações diplomáticas ruins podem durar mais 10 ou 20 anos. Devemos continuar tentando, contudo, pois seria

---

[13] Lee Sung-man: presidente da Coreia do Sul desde sua independência até 1960, seu governo foi marcado pelo autoritarismo.

uma vergonha fazer o contrário, e uma nação que não sente vergonha jamais poderá ocupar assento nos assuntos mundiais. Felizmente, as relações com os Estados Unidos continuam extremamente boas. No entanto, o fato de o Japão ter boas relações apenas com os Estados Unidos, enquanto a paz ainda está para ser feita com as outras potências aliadas, significa que a guerra ainda não foi resolvida. O Japão ainda está em guerra com a China. Embora tenhamos emitido uma declaração conjunta com a União Soviética pondo fim a todas as hostilidades, o fato é que ainda estamos em guerra com a China. Na verdade, nem temos ciência dessa situação no dia a dia. Acredita-se ser suficiente que o Japão tenha feito as pazes com o governo de Chiang Kai-shek em Taiwan, mas isso é realmente um retrocesso, pois é justamente a paz com Taiwan que impede qualquer paz com a China. A raiz do problema aqui remonta à Conferência de Paz de São Francisco, na qual o Japão decidiu reconhecer Taiwan como legítimo governo da China, quando realmente teria sido melhor adiar a questão. Isso poderia ter sido feito alegando-se esperar o fim da Guerra da Coreia, quando o mundo estivesse em paz.

O Japão não lidou bem com essas questões políticas. Mas como a política é algo que as pessoas podem mudar, cabe a nós refletir sobre a posição do Japão e fazer tudo o que pudermos. Claro que ainda existe alguma *amargura* contra o Japão no nível do sentimento étnico-nacional, mas não se pode esperar que isso desapareça da noite para o dia.

Para encerrar, devo responder a uma questão muito importante que foi feita. O principal ponto sobre a modernização do Japão é que ela foi introduzida externamente como um tipo ocidental. A modernização chinesa, entretanto, foi forjada com base em suas próprias características étnico-nacionais, e foi isso que permitiu à China se modernizar de forma mais pura. Dado que Japão e China representam aqui tipos culturais distintos, poder-se-ia dizer a mesma coisa sobre tipos humanos ou individuais distintos? Essa questão então passou a englobar o problema da educação pós-guerra no Japão, sugerindo que o sistema educacional americano havia de fato sido contrabandeado sob o nome de democracia. Como a democracia como um todo no Japão, os muitos elementos incongruentes visíveis na educação hoje foram encarados como prova do fracasso dessa mudança. Foi portanto sábio introduzir leis democráticas aqui, de vez que tal democracia tem como premissa uma noção ocidental do indivíduo? O Japão não deveria parar de perseguir os princípios ocidentais e se basear nos princípios asiáticos?

Essas são questões importantes, as quais tenho feito tema de todo o meu trabalho. No entanto, meu pensamento é um pouco diferente. Não faço distinções com base nos tipos humanos ou individuais, porque gostaria de acreditar que os homens são iguais em todos os lugares. Embora coisas como cor da pele e características faciais sejam diferentes, gostaria de pensar que os homens são substancialmente os mesmos, ainda que em sua historicidade. As sociedades modernas são, portanto, as mesmas em todo o mundo, e devemos reconhecer que essas sociedades produzem os mesmos tipos de gente. De forma equivalente, os valores culturais são iguais em todos os lugares. Mas eles não flutuam no ar; ao contrário, tornam-se reais ao permear a vida e as ideias do homem. No processo pelo qual valores culturais tais como liberdade e igualdade se espalharam desde o Ocidente, no entanto, eles foram sustentados pela invasão colonial — acompanhados pela força militar (Tagore) ou pelo imperialismo (marxismo). O problema é que, como resultado, esses próprios valores se viram enfraquecidos. Por exemplo, embora a igualdade possa existir na Europa, um rápido olhar para a história da exploração colonial da Europa na Ásia e na África revela que a igualdade não foi alcançada por todos. É extremamente difícil imaginar que a Europa fosse capaz de acarretar essa igualdade global, e em nenhum lugar isso é mais bem compreendido do que na Ásia. Os poetas orientais compreenderam esse aspecto intuitivamente, como se pode ver em Tagore e Lu Xun. Eles sentem que é seu papel alcançar a igualdade global. Ideias como as de Arnold Toynbee estão agora na moda, e elas dizem que a resistência do Oriente contra a invasão ocidental leva à homogeneização do mundo, mas aqui também se podem discernir os limites do Ocidente. Os asiáticos atuais discordariam dessa visão. O Oriente, em vez de abraçar novamente o Ocidente, precisa mudar o próprio Ocidente a fim de realizar os valores culturais marcantes deste último em uma escala maior. Essa reversão de cultura ou valores criaria universalidade. O Oriente precisa mudar o Ocidente para elevar ainda mais aqueles valores universais que o próprio Ocidente produziu. Este é o principal problema que as relações Oriente-Ocidente enfrentam hoje, e é ao mesmo tempo uma questão política e cultural. Os japoneses também devem entender essa ideia.

Quando essa reversão ocorrer, devemos ter nossos próprios valores culturais. E, no entanto, talvez esses valores ainda não existam de forma substantiva. Em vez disso, suspeito que sejam possíveis como método, isto é, como processo de autoformação do sujeito. Tenho chamado isso de "a Ásia como método", mas é impossível afirmar definitivamente o que pode significar.

15
Jalāl Āl-e Aḥmad e o Ocidente como doença

Diariamente vemos o "Oriente Médio" retratado na mídia como uma região dividida, sempre em crise, com conflitos de toda ordem. A banalização dessas notícias, e a visão que elas transmitem, faz muitas vezes parecer que se trata de algo "natural" a essa parte do mundo, decorrente da sobreposição de conflitos religiosos, étnicos, ideológicos ou nacionais; para alguns, são derivados de povos menos evoluídos, mais atrasados, intolerantes ou radicais. O que se perde com essa visão de senso comum, preconceituosa e estereotipada é a dimensão histórica dos conflitos atuais e de como ela é, em grande medida, efeito do imperialismo que se abateu sobre a região desde o século XIX.

As potências ocidentais disputaram entre si o controle da região, tanto do ponto de vista geopolítico quanto, e principalmente, econômico, em busca de novos mercados e do acesso a matérias-primas para mover as "máquinas" do Ocidente. Nessa disputa, a região foi retalhada num conjunto muitas vezes artificial de fronteiras entre Estados criados a partir do exterior e objeto de dominação militar, política e cultural. Essa dominação deu-se, muitas vezes, através da cooptação de elites locais que impuseram, além de uma dominação política autoritária, o colonialismo cultural sobre os povos da região.

Reformas "modernizantes" foram implantadas em vários países, como o Irã, país originado do antigo Império Persa, que recebeu esse nome em 1935. Estava então no poder o "xá" (título dos monarcas da Pérsia) Reza Pahlavi (1877-1944), que chegou ao poder por um golpe de Estado. Ele foi sucedido em 1941 por seu filho Mohammad Reza Pahlavi (1919-1980), reinante até a Revolução de 1979, que criou a atual República Islâmica do Irã.

Foi nesse contexto que viveu Jalāl Āl-e Aḥmad (1923-1969), talvez o maior pensador iraniano moderno.[1] Nascido em Teerã, filho de um clérigo muçulmano xiita, Jalāl tornou-se professor de ensino médio em 1946 e especializou-se em literatura persa. Escreveu vários livros, desde monografias etnográficas (principalmente de regiões rurais pobres) a contos, novelas e ensaios. Também traduziu Dostoiévki, Camus, Sartre, André Gide e Eugène Ionesco. Casou--se em 1950 com Simin Daneshvar, uma importante escritora persa. Jalāl foi por alguns anos militante comunista, mas depois desiludiu-se com o partido e com a União Soviética. Morreu aos 45 anos de um ataque cardíaco. Correu na época a versão, desde então muito repetida, de que ele teria sido vítima de um envenenamento por parte da Savak, o serviço de inteligência do xá. Essa versão, contudo, foi desmentida por Simin.

O livro mais conhecido de Jalāl, aqui parcialmente reproduzido, foi publicado clandestinamente em 1962, às próprias custas. Nele, o autor consagrou o uso do termo *Ḡarbzadagī*, que tem sido geralmente traduzido para o inglês como "Westoxification" "Westernstruck", ou "Occidentosis". Esta última opção foi a utilizada na versão inglesa aqui utilizada. Independentemente da tradução que se prefira, o próprio autor esclarece do que se trata, no início do texto: "Falo de 'ocidentose' como falo de tuberculose. [...] estou falando de uma doença: um acidente que vem de fora, espalhando-se em um ambiente que lhe é suscetível."

---

[1] Para os dados biográficos, consultei principalmente o verbete escrito por J. W. Clinton para a *Encyclopædia Iranica* (disponível em: <http://www.iranicaonline.org/articles/al-e--ahmad-jalal-1302-48-s>) e o recente livro de Hamid Dabashi, a mais abrangente e completa análise da obra de Aḥmad disponível em inglês: *The Last Muslim Intellectual: The Life and Legacy of Jalal Al-e Ahmad* (Edimburgo: Edinburgh University Press, 2021).

No texto, Jalāl faz uma crítica contundente ao processo de ocidentalização, em particular (mas não exclusivamente) tal como ocorreu na Pérsia/Irã. Em sua visão, a dominação ocidental está baseada na submissão ao domínio das "máquinas". Ele, porém, não defende a alternativa do simples regresso a um modo de vida "tradicional" de fundo religioso. Nesse sentido, sua perspectiva não seria antiocidental, mas representa uma defesa da "domesticação" da máquina por meio da familiarização com seu funcionamento, sua produção e controle a partir de "dentro". Só assim o feitiço lançado pela máquina ocidental seria exorcizado. É interessante ver essa perspectiva à luz do esforço iraniano das últimas décadas em se tornar autossuficiente do ponto de vista tecnológico e industrial, notadamente por meio da formação de cientistas e engenheiros de alto nível e em áreas como energia nuclear, biotecnologia e indústria aeroespacial.

Depois da Revolução de 1979, ocorrida 10 anos após a morte de Jalāl Āl-e Aḥmad, seu legado foi crescentemente apropriado pelo novo regime. Há um selo em sua homenagem, a casa onde nasceu tornou-se patrimônio nacional e o principal prêmio literário do país, criado em 2008, leva seu nome. Seria equivocado, contudo, tomá-lo como uma espécie de "ideólogo" do regime teocrático islâmico. Embora veja a religião como uma poderosa força de oposição à "ocidentose", Jalāl foi um intelectual e ativista social secularista. Não aderiu, nesse sentido, ao "islamismo" do tipo que posteriormente se afirmaria como força política dominante, nem a visões fundamentalistas, sectárias e altamente conflituosas entre si a respeito do Islã. É nesse sentido que Hamid Dabashi, no livro já citado, o trata como "o último intelectual muçulmano", e que, numa entrevista, comenta:

> A tarefa é superar o falso binarismo entre Islã e Ocidente que atormentou o mundo antes e depois da época de Āl-e Ahmad. Paradoxalmente, ele é mais conhecido por seu ensaio, *Ḡarbzadagī* [Ocidentose] — que li como uma crítica legítima da modernidade colonial, e não como um tratado nativista contra "o Ocidente", da forma pela qual o ensaio foi equivocadamente lido.[2]

---

[2] Hamid Dabashi. "A New Book Looks at the Life and Legacy of a Leading Iranian Thinker". *Columbia News*, 23 mar. 2021, tradução minha.

Ocidentose: uma praga do Ocidente. Diagnosticando uma doença[3]
(1962)

Jalāl Āl-e Aḥmad

Falo de "ocidentose" como falo de tuberculose. Mas talvez se assemelhe mais a uma infestação de carunchos-do-trigo. Vocês já viram como eles atacam o trigo? Por dentro. O grão continua intacto, mas é apenas uma casca, como um casulo deixado para trás em uma árvore. De qualquer forma, estou falando de uma doença: um acidente que vem de fora, espalhando-se em um ambiente que lhe é suscetível. Procuremos um diagnóstico para esta queixa e suas causas — e, se possível, sua cura.

A ocidentose tem dois polos ou extremos — duas extremidades de um *continuum*. Um polo é o Ocidente, ou seja, toda a Europa, a Rússia Soviética e os Estados Unidos, as nações desenvolvidas e industrializadas que usam máquinas para transformar matérias-primas em formas mais complexas que podem ser comercializadas como mercadorias. Essas matérias-primas não são apenas minério de ferro e petróleo, ou tripas, algodão e goma de adraganta; elas também são mitos, dogmas, música e os mundos superiores. O outro polo é a Ásia e a África, ou as nações atrasadas, em desenvolvimento e não industrializadas que se transformaram em consumidoras de bens ocidentais. No entanto, as matérias-primas para esses produtos vêm dos países em desenvolvimento: óleo das costas do Golfo, cânhamo e especiarias da Índia,

---

[3] Jalāl Āl-e Aḥmad. "Diagnosing an Illness". In: *Occidentosis: A Plague from the West*. Trad. de R. Campbell de *Gharbzadagi*. Berkeley: Mizan Press, 1984, pp. 27-35. Tradução de Celso Castro.

jazz da África, seda e ópio da China, antropologia da Oceania, sociologia da África. Estas duas últimas vêm da América Latina também: dos povos asteca e inca, sacrificados no ataque devastador do cristianismo. Tudo nas nações em desenvolvimento vem de outro lugar. E nós, os iranianos, caímos na categoria das nações atrasadas e em desenvolvimento: temos mais pontos em comum com eles do que pontos de diferença.

Está além do escopo deste livro definir os dois polos em termos de economia, política, sociologia ou psicologia, ou como civilizações. Este é um trabalho exigente para especialistas. Mas vou recorrer a conceitos gerais de todos esses campos. Tudo o que direi aqui é que "Oriente" e "Ocidente" não são mais, para mim, conceitos geográficos ou políticos. Para um europeu ou americano, o Ocidente significa a Europa e a América, e o Oriente, a URSS, a China e as nações do Leste Europeu. Mas, para mim, são conceitos econômicos. O Ocidente compreende as nações saciadas, e o Oriente, as nações famintas. Para mim, a África do Sul faz parte do Ocidente. A maioria das nações da América Latina faz parte do Oriente, apesar de estarem do outro lado do mundo. Embora seja necessário o sismógrafo da universidade para obter dados exatos sobre um terremoto, o cavalo do camponês (embora longe de ser puro-sangue) terá fugido para a segurança de um terreno aberto antes que o sismógrafo registre qualquer coisa. Pelo menos eu poderei farejar mais apuradamente do que o cão pastor e ver mais claramente do que um corvo aquilo para o que os outros fecharam os olhos — ou o que não acharam vantajoso levar em consideração.

As nações ocidentais geralmente têm altos salários, baixa mortalidade, baixa fertilidade, serviços sociais bem organizados, alimentação adequada (pelo menos 3 mil calorias por dia), renda anual per capita de pelo menos 3 mil *tumans*[4] e democracia nominal (a herança da Revolução Francesa). O segundo grupo de nações tem estas características: baixos salários, alta mortalidade, fertilidade ainda mais alta, serviços sociais nulos (ou pelos quais se precisa pagar), alimentação inadequada (no máximo mil calorias por dia), renda anual inferior a 500 *tumans* e nenhuma noção de democracia (a herança da primeira onda de imperialismo).

---

[4] *Tuman*: antiga moeda persa. [N. do Org.]

Obviamente, pertencemos ao segundo grupo, o das nações famintas. O primeiro grupo é formado por todas as nações saciadas, de acordo com a definição de Josué de Castro em *Geografia da fome*.[5] Não existe apenas uma grande fenda entre os dois grupos, mas, nas palavras de Tibor Mende, um abismo que se aprofunda e se alarga a cada dia. Assim, riqueza e pobreza, poder e impotência, conhecimento e ignorância, prosperidade e ruína, civilização e selvageria tornaram-se polarizados no mundo. Um polo é sustentado pelos saciados — os ricos, os poderosos, os fabricantes e exportadores de manufaturas. O outro polo é deixado para os famintos — os pobres, os impotentes, os importadores e os consumidores. A pulsação do progresso está naquela parte ascendente do mundo, e a pulsação da estagnação nesta parte moribunda do mundo. A diferença surge não apenas da dimensão de tempo e lugar — ela não é apenas quantitativa. É também qualitativa, com dois polos divergentes: de um lado, um mundo cujo impulso para adiante tornou-se assustador e, de outro, um mundo que ainda não encontrou um canal para guiar suas forças motrizes dispersas, que são assim desperdiçadas. E esses dois mundos mantêm uma determinada dinâmica.[6]

Assim, já se passou o dia em que poderíamos dividir o mundo em dois blocos, Leste e Oeste, ou comunistas e não comunistas. Embora as constituições da maioria dos governos do mundo comecem com essa grande linha divisória do século XX, o flerte entre Estados Unidos e Rússia Soviética (os dois supostos pivôs incontestáveis dos dois blocos) a respeito do Canal de Suez ou de Cuba mostrou que os senhores desses dois campos podem sentar-se confortavelmente à mesma mesa. Pode-se falar o mesmo do Tratado de Proibição de Testes Nucleares e outros acontecimentos. Assim, nossa época, além de não ser mais a era dos conflitos de classes dentro das fronteiras ou das revoluções nacionais, não é mais a era dos "ismos" e das ideologias conflitantes. É preciso ver o que as corporações colonialistas e os governos que as apoiam estão secretamente tramando, disfarçadas sob cada motim, golpe de Estado ou levante em Zanzibar, Síria ou Uruguai. Não se pode mais

---

[5] Josué de Castro. *Geography of Hunger*. Boston: Little, Brown & Co., 1952.
[6] Parafraseado de Tibor Mende, *Entre la peur et l'espoir: reflexions sur l'histoire d'aujourd'hui*. Paris: Seuil, 1958.

ver nas guerras regionais de nosso tempo nem mesmo as disputas ostensivas entre várias crenças. Hoje, muitos não apenas enxergam sob a cobertura da Segunda Guerra Mundial o expansionismo das indústrias das duas alianças em conflito, como também veem as lutas subjacentes por açúcar, diamantes e petróleo, respectivamente nos casos de Cuba, Congo e Canal de Suez ou Argélia. Muitos veem no derramamento de sangue em Chipre, Zanzibar, Áden ou Vietnã o estabelecimento de uma cabeça de ponte projetada para assegurar o comércio, o principal determinante das políticas estatais.

O espectro do comunismo não está mais assombrando os povos no Ocidente, e o da burguesia e do liberalismo, no Oriente. Agora os reis podem ser ostensivamente revolucionários, e Khrushchov pode comprar grãos dos Estados Unidos. Agora, todos esses "ismos" e ideologias são estradas que levam ao reino sublime da mecanização. A bússola política dos esquerdistas e pseudoesquerdistas em todo o mundo oscilou 90 graus para o Extremo Oriente, de Moscou a Beijing, porque a Rússia Soviética não é mais a "vanguarda da revolução mundial", preferindo sentar-se à mesa de conferências com os outros membros do clube nuclear. Uma linha direta foi estabelecida entre o Kremlin e a Casa Branca. Não há mais necessidade da intermediação britânica.

Mesmo aqueles que estão no poder no Irã entendem que a ameaça soviética diminuiu. A pilhagem que a Rússia Soviética esperava abocanhar, na verdade, eram apenas os restos do desastroso piquenique da Primeira Guerra Mundial. Agora é a era da desestalinização, e a Rádio Moscou se manifestou em apoio ao referendo de 6 Bahman![7] A China comunista tomou o lugar da Rússia Soviética porque, assim como a Rússia da década de 1930, convoca todos os famintos do mundo à unidade, em sua aspiração à utopia. E enquanto a Rússia daquela época tinha uma população de cerca de cento e poucos milhões, a China hoje tem 750 milhões de pessoas.

O que Marx disse é verdade hoje: há dois mundos em conflito. Mas esses dois mundos se estendem para muito mais além do que em sua época, e o

---

[7] Referendo de 6 Bahman: referendo que seria realizado no Irã em 26 de janeiro de 1963, com o objetivo de demonstrar o apoio popular às reformas do xá e sua "Revolução Branca". O referendo foi boicotado pela oposição, já que o processo, entre outros vícios, não era secreto: oficialmente, o xá venceu por 99.9% dos votos! [N. do Org.]

conflito se tornou muito mais complexo do que aquele entre o trabalhador e o patrão. Em nosso mundo, os pobres enfrentam os ricos, e a vasta terra é a arena. Nossa era é de dois mundos: um produzindo e exportando máquinas, o outro importando-as, consumindo-as e gastando-as. O palco desse conflito é o mercado global. As armas, além de tanques, canhões, bombardeiros e lançadores de mísseis, eles próprios produtos do Ocidente, são a Unesco, a FAO, a ONU, o Ecafe[8] e as demais organizações chamadas de internacionais. Na verdade, elas são vigaristas ocidentais que vêm em novos disfarces para colonizar este outro mundo: a América do Sul, a Ásia, a África. Aqui está a base para a ocidentose de todas as nações não ocidentais. Não estou falando em rejeitar a máquina ou bani-la, como os utopistas do início do século XIX procuraram fazer. A história destinou o mundo a ser vítima da máquina. É uma questão de como defrontar-se com a máquina e a tecnologia.

O ponto importante é que nós, as pessoas das nações em desenvolvimento, não estamos fabricando as máquinas. Mas, pelos determinantes econômicos e políticos e o confronto global entre ricos e pobres, tivemos de ser consumidores gentis e dóceis dos bens industriais do Ocidente ou, na melhor das hipóteses, montadores satisfeitos, com baixos salários, daquilo que vem do Ocidente. Isso exigiu que nos conformássemos — nós mesmos, nossos governos, nossas culturas e nossa vida diária — à máquina. Tudo o que somos, temos que conformar à medida da máquina. Aquele que criou a máquina se acostumou com esse novo deus, seu céu e inferno, ao longo de 200 ou 300 anos de transformação gradual. Mas o que dizer do Kuwait, que conheceu a máquina ontem, ou dos congoleses, ou de mim como iraniano? Como podemos saltar sobre essa fenda histórica de 300 anos?

Eu deixarei de lado os outros; vamos considerar o Irã. Não fomos capazes de preservar nosso próprio caráter histórico-cultural em face da máquina e de seu ataque fatídico. Em vez disso, fomos derrotados.[9] Temos sido incapazes de tomar uma posição consistente diante desse monstro contemporâneo. Enquanto não compreendermos a verdadeira essência, a base e filosofia

---

[8] Ecafe: sigla de Economic Commission for Asia and the Far East, criada pela ONU em 1947. [N. do Org.]

[9] Dei um exemplo preciso do que quero dizer em *Jazira-yi Kharg* [Kharg Island]. Teerã, 1339/1960.

da civilização ocidental, e apenas imitarmos o Ocidente externa e formalmente (ao consumirmos suas máquinas), seremos como o asno disfarçado na pele de um leão. Nós sabemos o que aconteceu com ele. Embora aquele que criou a máquina agora grite que ela o está sufocando, nós não apenas falhamos em repudiá-lo ao aceitarmos o traje macio das máquinas, como também nos orgulhamos disso. Por 200 anos parecemos o corvo imitando a perdiz (sempre supondo que o Ocidente seja uma perdiz e nós um corvo). Enquanto continuarmos consumidores, enquanto não tivermos construído a máquina, permaneceremos ocidentóticos. Nosso dilema é que, uma vez que tenhamos construído a máquina, teremos nos tornado mecanóticos, assim como o Ocidente, chorando diante da maneira como a tecnologia e a máquina saíram do controle?[10]

Admitamos que não tivemos a iniciativa de nos familiarizarmos com a máquina 100 anos atrás, como fez o Japão. Este país ousou rivalizar com o Ocidente em *mecanose* [*mechanosis*] e desferir um golpe nos czares (em 1905) e nos Estados Unidos (em 1941) e, ainda antes, tirar-lhes mercados consumidores. Finalmente, a bomba atômica ensinou-lhes que uma indigestão se segue ao banquete de liberdade. E se as nações do "mundo livre" agora abriram alguns tesouros de seus mercados globais para os produtos do Japão, é porque eles têm investimentos em todas as suas indústrias. Outra explicação pode ser que eles queiram justificar seus gastos militares para defender aquelas ilhas, pois os líderes do Japão voltaram a si após a Segunda Guerra Mundial e estavam muito relutantes em gastar dinheiro em exércitos e armamentos. Talvez o americano médio também deseje aliviar o peso na consciência que levou o piloto daquele avião infernal à loucura.[11] A história de 'Ad e Thamud foi repetida em Hiroshima e Nagasaki.[12]

---

[10] Por exemplo, ver Georges Bernanos, *La France contre les robots*. Paris: Robert Laffont, 1947.

[11] Coronel Paul W. Tibbits Jr.: pilotou o Enola Gay sobre Hiroshima. Ver, de Robert Laffont (org.), *Avoir detruit Hiroshima*, coleção de sua correspondência com um escritor austríaco, com uma introdução de Bertrand Russell. Uma tradução deste livro por Iraj Qarib foi publicada em série na revista *Firdaus* em 1342/1963.

[12] 'Ad e Thamud: povos árabes mencionados no Corão por terem sido destruídos ao rejeitarem a palavra de Deus. [N. do Org.]

O "Ocidente" começou a nos chamar (a área que vai do Mediterrâneo oriental à Índia) de "Oriente" exatamente quando saiu de sua hibernação medieval, quando veio em busca de sol, especiarias, seda e outros bens. Primeiro veio em trajes de peregrino para os lugares sagrados cristãos do Oriente (Belém, Nazaré e assim por diante), depois com a armadura dos cruzados. Em seguida, veio na forma de mercadores, então sob a cobertura de canhões, como entregadores de mercadorias e, mais recentemente, como apóstolos da "civilização". Este último nome foi realmente enviado pelos céus. Isti'mar ("colonização") tem a mesma raiz que 'umran ("assentamento"). E quem quer que se dedique ao 'umran está necessariamente preocupado com as cidades.

De todas as terras que se viram sob o martelo desses senhores, a África provou-se a mais maleável, a mais encorajadora. Além de possuir tantas matérias-primas, incluindo ouro, diamantes, cobre e marfim, e em tamanha abundância, seus habitantes não haviam criado centros urbanos ou religiões de massa. Cada tribo tinha seu próprio deus, seu próprio chefe, sua própria língua. Que colcha de retalhos maluca e tão notavelmente dominável! E o mais importante: todos os nativos andavam nus. Com tanto calor, não se pode usar roupas. Quando Stanley, o *globe-trotter* inglês relativamente humano, voltou para casa com essa notícia, houve comemoração em Manchester. Se cada homem e cada mulher no Congo pudessem ser induzidos a comprar os três metros de tecido por ano necessários para fazer uma roupa a fim de usar nos serviços religiosos e assim se tornar "civilizado", isso daria 320 milhões de jardas de tecido [292,6 km] das fábricas de Manchester.[13] Sabemos que a vanguarda do colonialismo é o missionário cristão. Ao lado de cada missão comercial ao redor do mundo, eles construíram uma igreja e, por meio de todo tipo de trapaça, atraíram os indígenas para esta igreja. E hoje, à medida que o colonialismo é extirpado desses lugares, quando cada missão comercial é fechada, uma igreja também fecha.

A África se mostrou convidativa aos cavalheiros também porque seus povos serviram de matéria-prima para todo tipo de laboratório ocidental.

---

[13] Livingstone e Stanley, *Du Zambèze au Tanganyika, 1858-1872*. Paris: Club des Libraires de France, 1959.

Várias ciências — antropologia, sociologia, etnologia, linguística — foram constituídas com base em pesquisas na África e na Austrália. Professores de qualquer um desses campos em Cambridge, na Sorbonne ou em Leiden devem suas cátedras a esses povos. Eles veem o reverso de sua urbanidade no primitivismo do africano.

Mas nós, do Oriente Médio, fomos menos receptivos, menos encorajadores. Por quê? Para trazer a questão para mais perto de casa, deixem-me perguntar por que nós, muçulmanos, fomos menos receptivos. A questão contém sua própria resposta: em nossa totalidade islâmica, não parecíamos suscetíveis de sermos estudados. Assim, ao nos encontrar, o Ocidente não apenas atacou esta totalidade islâmica — incitando os xiitas ao derramamento de sangue na época safávida, jogando-nos contra os otomanos, encorajando o bahaismo[14] no meio da Era Cajar,[15] fragmentando o Império Otomano após a Primeira Guerra Mundial, confrontando o clero xiita durante a Revolução Constitucional e assim por diante —, mas também se esforçou para apressar a dissolução, a partir do interior, de uma totalidade apenas aparentemente unificada. Procurou reduzir-nos a uma matéria-prima, como os povos da África. Seríamos, então, levados para o laboratório. Isso explica por que a mais importante entre todas as enciclopédias escritas no Ocidente é a *Enciclopédia do Islã*.[16] Continuamos adormecidos, mas o ocidental nos carregou para o laboratório nesta enciclopédia.

A Índia lembra a África como Torre de Babel linguística e aglomeração de raças e religiões. Pensem na América do Sul se tornando cristianizada com um golpe da espada espanhola, ou na Oceania, um conjunto de ilhas, portanto ideal para se provocarem dissensões. Assim, somente nós, em nossa totalidade islâmica, formal e real, obstruímos a propagação (por intermédio do colonialismo, efetivamente equivalente ao cristianismo) da civilização europeia, isto é, a abertura de novos mercados às indústrias do Ocidente. A contenção da artilharia otomana diante dos portões de Viena concluiu um

---

[14] Bahaísmo: religião fundada na Pérsia por Mirza Husayn (1817-1892). [N. do Org.]
[15] Era Cajar: período da dinastia Cajar, que governou a Pérsia de 1794 a 1925. [N. do Org.]
[16] M. Th. Houtsma et al. (orgs.). *The Encyclopædia of Islam: A Dictionary of the Geography, Ethnography and Biography of the Muhammadan Peoples*. Leiden: E. J. Brill. 1913-38. 4 vols. e supl. Uma segunda edição foi publicada a partir de 1954. [N. do Org.]

processo que começou em 732 d.C. na Andaluzia.¹⁷ Como devemos considerar esses 12 séculos de luta do Oriente contra o Ocidente senão como a luta do Islã contra o cristianismo? Na época atual, eu, como asiático, como um resquício dessa totalidade islâmica, represento apenas o que aquele africano ou australiano representa: um resquício de primitividade e selvageria. Somos todos igualmente aceitáveis para os ocidentais, os fabricantes de nossas máquinas, como peças de museu contentes. Devemos ser objeto de pesquisa no museu ou no laboratório, nada mais. Cuidado para não alterar esta matéria-prima! Não estou falando agora do cobiçado petróleo do Cuzistão [província iraniana] ou do Qatar, dos diamantes de Catanga ou da cromita de Carmânia, minerais não refinados. Estou dizendo que eu, como asiático ou africano, devo preservar intactos meus costumes, cultura, música, religião e assim por diante, como uma relíquia desenterrada, para que os cavalheiros possam encontrar e escavar, para que possam exibir em um museu e dizer: "Sim, outro exemplo de vida primitiva."¹⁸

Se definirmos ocidentose como o agregado de eventos na vida, cultura, civilização e no modo de pensar de um povo que não tem o apoio de uma tradição, sem continuidade histórica, sem gradiente de transformação, mas tendo apenas aquilo que a máquina traz, é claro que somos esse povo. E porque esta discussão se relaciona principalmente com o contexto geográfico, linguístico, cultural e religioso de seu autor, eu poderia expandir a definição dizendo que, quando nós iranianos tivermos a máquina, isto é, quando a tivermos construído, precisaremos de seus dons menos do que seus antecedentes e adjuntos.

---

[17] Refiro-me à derrota de 'Abd ar-Rahman, o Umayyad (o primeiro representante da dinastia califal na Espanha), nas mãos de Carlos Martel, comandante francês em Poitiers, e, portanto, ao fim da expansão do califado no Ocidente no início do século VIII d.C. E lembrem-se de que hoje "Martel" é o nome de um conhaque bem conhecido!

[18] Samin Baghchaban, meu amigo musicólogo, tem entre suas memórias não publicadas um relato da conferência sobre música realizada em Teerã em março de 1961: "Para [Alain] Danielou [o delegado francês], nada era tão interessante quanto a forma como vivíamos na época sassânida; ele, vindo do coração do século XX, procurou usar o equipamento de gravação mais avançado para encontrar o caminho de volta à Corte sassânida e registrar a arte de Barbod e Nekisa. Então, no aeroporto próximo à capital sassânida, construído para o benefício de orientalistas, especialistas em arte, poesia e música, ele pegou um jato da Air France de volta a Paris."

A ocidentose, portanto, caracteriza uma época em que ainda não adquirimos a máquina, em que ainda não conhecemos os mistérios da sua estrutura. A ocidentose caracteriza uma época em que ainda não nos familiarizamos com os preliminares da máquina, com as novas ciências e tecnologias. A ocidentose caracteriza uma época em que a lógica do mercado e os movimentos do petróleo nos obrigam a comprar e a consumir a máquina.

Como essa era chegou? Por que falhamos tão completamente em desenvolver a máquina, deixando que outros dominassem seu desenvolvimento, de tal forma que, quando acordamos, cada plataforma de petróleo se tornara um prego cravado em nossa terra? Como nos tornamos ocidentóticos? Devemos nos voltar para a história para descobrir.

16

Şerif Mardin: política e religião no Império Otomano e na Turquia

O antigo Império Otomano e a atual República da Turquia sempre foram palco de disputas, acomodações e tensões entre diferentes forças: religiosas e seculares, conservadoras e progressistas, autoritárias e liberais, centralizadoras e descentralizadoras. A fundação da República em 1923 por Mustafa Kemal, o Atatürk ("pai dos turcos"), buscou secularizar, modernizar e ocidentalizar um país que era visto como atrasado e conservador, em grande medida por causa da religião islâmica, imbricada no Estado e praticada pela enorme maioria da população. O "kemalismo" foi a ideologia política dominante por muitas décadas, até que, no final do século XX, ocorreu a ascensão de forças políticas de orientação religiosa, dentre as quais se destacou o Partido da Justiça e Desenvolvimento (Adalet ve Kalkınma Partisi, AKP em turco), liderado por Recep Tayyip Erdoğan, primeiro-ministro de 2003 a 2014 e presidente da Turquia desde então.

Um grande analista dessa história complexa foi Şerif Mardin, por muitos considerados o "decano" da sociologia turca.[1] Nascido em 1927 numa família

---
[1] Sou muito grato a Osman Mardin, filho de Şerif, por me enviar fotos e informações sobre seu pai. Para as informações biográficas, consultei principalmente: Murat Sofuoglu,

tradicional da elite turca, Şerif estudou no Galatasaray Lisesi, em Istambul, antes de mudar-se para os Estados Unidos, onde se graduou em ciência política em 1944, na Stanford University. Terminou seu mestrado em relações internacionais na Johns Hopkins University em 1950 e obteve o doutorado em ciência política por Stanford em 1958, com a tese *The Genesis of Young Ottoman Thought* (A gênese do jovem pensamento otomano), publicada pela Princeton University Press em 1962.

Após uma curta estada na Turquia, entre 1954 e 1956, Şerif voltou aos Estados Unidos, onde permaneceu associado às universidades de Princeton e Harvard. Regressou definitivamente à Turquia para tornar-se, desde 1961, professor na Faculdade de Ciência Política de Ancara, onde ficou até 1973. De lá foi para Istambul, onde fundou a Faculdade de Ciências Econômicas e Políticas na Universidade Boğaziçi. Em seguida, lecionou nas universidades de Sabancı e Şehir e foi, entre 1988 e 1999, diretor do Center for Islamic Studies da American University, em Washington, D.C. Continuou a ser um intelectual ativo e de grande presença pública até sua morte em 2017, aos 90 anos.

Şerif Mardin foi especialmente importante por seus estudos em sociologia da religião, tema sempre polêmico na Turquia. Influenciado pelas obras de Max Weber e Clifford Geertz, escreveu livros como *Religion and Social Change in Modern Turkey: The Case of Bediuzzaman Said Nursi* (Religião e mudança social na Turquia moderna: a caso de Bediuzzaman Said Nursi, de 1989) e *Religion, Society, and Modernity in Turkey* (Religião, sociedade e modernidade na Turquia, de 2006). Embora fosse politicamente liberal, Şerif, ao contrário de muitos de seus colegas acadêmicos vinculados ao kemalismo, recusou-se a ver na religião uma força exclusivamente conservadora e ligada ao passado. O nacionalismo secular, na visão de Şerif, teria falhado em fornecer uma estrutura de significado que fizesse sentido para as massas populares. Isso explicaria, em grande medida, o renascimento islâmico na Turquia a partir da segunda metade do século XX.

"Turkish Sociologist who Predicted the Rise of Political Islam Laid to Rest" (*TRT World*, 12 set. 2017); Ateş Altınordu, "In memoriam" (*Review of Middle East Studies*, v. 52, n. 1, 2018, pp. 166-168); Hakan Arslanbenzer, "Şerif Mardin: Sociologist of Modern Islam" (*Daily Sabah*, 29-3-2019); e Yunus Arslan, "The Man who Discovered Religion in Turkish Sociology: Şerif Mardin" (*Lacivert Dergi*, n. 71, 2020).

Por outro lado, Şerif foi crítico do que chamou de "pressão da vizinhança" (*mahalle baskısı*, em turco), conceito que apresentou pela primeira vez numa entrevista de 2007 e que tem sido desde então objeto de enorme debate público. Com esse conceito, Şerif tentava dar conta de como, em uma sociedade que se torna hegemonicamente conservadora, quem não adota um estilo de vida "religioso" vira alvo fácil de intolerância e acusações por parte da comunidade.

O artigo aqui traduzido, sobre as relações entre centro e periferia no Império Otomano e na Turquia moderna, publicado em 1973, talvez seja o texto de Şerif Mardin que teve maior impacto acadêmico.[2] É também um ótimo exemplo de sua perspectiva sociológica, que, apesar de tratar de elementos de longa duração histórica e de amplo espectro social, evita visões simplistas em relação à "modernização" otomano/turca.

---

[2] Para uma revisão crítica do artigo de Mardin e de sua recepção, ver: Onur Bakiner. "A Key to Turkish Politics? The Center-Periphery Framework Revisited". *Turkish Studies*, 2018, DOI: 10.1080/14683849.2018.1438846.

Relações centro-periferia: uma chave para a política turca?[3]
(1973)

Şerif Mardin

"A sociedade tem um centro." Entretanto, assim como certas sociedades têm centros mais fortes que outras, os materiais com que esses centros são forjados variam enormemente de uma sociedade para outra.[4] O Oriente Médio teve uma longa história de tentativas de construir a estrutura institucional desses centros, ainda que os esforços para pôr em ordem esses recursos "flutuantes"[5] tenham sido, o mais das vezes, efêmeros. O Império Otomano emerge como uma exceção extraordinária. Houve nele um centro duradouro suportado por uma sofisticada rede de instituições.

Os métodos que os otomanos usaram eram engenhosos e variados. Cooptando para a elite dominante indivíduos recrutados entre as minorias religiosas, em grande parte na infância, socializando-os na classe dos

---

[3] Şerif Mardin. "Center-Periphery Relations: A Key to Turkish Politics?". *Daedalus*, v. 102, n. 1, Post-Traditional Societies, inverno 1973, pp. 169-190. Tradução de Maria Luiza X. de A. Borges, revisão técnica de Celso Castro. Suprimi a maioria das 44 notas de rodapé do texto original, pois elas referiam-se principalmente a bibliografia em turco ou indicavam referências adicionais, desnecessárias para a compreensão do texto no âmbito desta coletânea. Mantive as que faziam referências teóricas a autores, ou no caso de citações retiradas de algum texto. [N. do Org.]

[4] Minha formulação inicial é derivada de Edward Shils: "Centre and Periphery". In: ____. *The Logic of Personal Knowledge: Essays Presented to Michael Polanyi on His Seventieth Birthday, 11 March 1961*. Glencoe: Free Press, 1961, pp. 117-130.

[5] Para recursos "flutuantes" [*free floating*], ver Shmuel Noah Eisenstadt. *The Political System of Empires*. Nova York: Collier/Macmillan, 1969, *passim*.

funcionários, controlando firmemente — embora não necessariamente centralizando — o sistema de taxação e administração da terra e dominando o *establishment* religioso, o centro adquiriu forte influência nas esferas da justiça e da educação, e na disseminação dos símbolos de legitimidade.[3] Esses feitos imperiais emergem ainda mais claramente em relação à situação no vizinho Irã. Os governantes iranianos muitas vezes eram apenas "grandes manipuladores", fazendo um cauteloso malabarismo com as inúmeras forças sociais sobre as quais eram incapazes de estabelecer controle. Mas o sucesso otomano nessas matérias não pode ser completamente avaliado por um simples contraste com as instituições de seus vizinhos. Para estabelecer uma perspectiva mais completa a esse respeito, impõe-se outra comparação, que coloque o Império Otomano lado a lado com o Estado ocidental centralizado e seu sucessor, o moderno Estado-nação.

Tanto o "Leviatã", a forma de governo que emergiu no Ocidente em meados do século XVII, quanto o Estado-nação posterior tiveram um papel a desempenhar no desenvolvimento das instituições otomanas. De início eles foram vistos como rivais que começavam a se distinguir precisamente naquelas áreas em que os otomanos tinham tradicionalmente se orgulhado por seus feitos. Com o tempo, porém, durante o processo de modernização, os otomanos passaram a ver essas novas formas de Estado como modelos para a reforma em seu próprio governo.

O Leviatã e o Estado-nação são também importantes para a história turca porque apresentam contrastes estruturais com as instituições otomanas. As forças que moldaram o Estado no Ocidente parecem diferir significativamente daquelas que moldaram o Estado otomano antes que a modernização se estabelecesse. Em razão de seus antecedentes feudais, o processo de centralização que criou o Estado moderno incluiu uma série de confrontações que levaram a soluções de compromisso com o que se pode chamar de forças da periferia: a nobreza feudal, as cidades, os burgueses e, mais tarde, a mão de obra industrial. A consequência dessas soluções de compromisso foi que o Leviatã e o Estado-nação foram estruturas relativamente bem articuladas. Cada vez que uma solução de compromisso — ou mesmo uma vitória unilateral — era obtida, se alcançava alguma integração da força periférica no centro. Assim os Estados feudais, os *privilégiés* [privilegiados] ou os trabalhadores tornaram-se integrados ao regime, ao mesmo tempo que obtinham algum reconhecimento de seu *status* autônomo. Essas sucessivas confrontações e cooptações tiveram consequências importantes. As confrontações tinham sido variadas: conflitos entre Estado e Igreja, entre construtores da nação e localistas, entre proprietários e não proprietários dos meios de produção. Essas clivagens transversais introduziram uma variedade de identificações políticas que tornaram possível grande parte da flexibilidade da política europeia ocidental moderna. Além disso, o centro existia dentro de um sistema de conexões com elementos periféricos: Estados medievais encontraram um lugar em parlamentos; o direito de voto foi concedido à classe trabalhadora.

No Império Otomano, antes do século XIX, essas características de múltiplas confrontações e integração parecem faltar. Em vez disso, a *principal* confrontação era unidimensional, sempre um conflito entre o centro e a periferia. Além disso, a autonomia das forças sociais periféricas era acima de tudo *de facto*, uma diferença importante em relação ao reconhecimento institucional concedido, por exemplo, a Estados na Europa Ocidental, que eram "separados do senhor ou príncipe" mesmo quando se tratava de "corporações dependentes".[6] Até recentemente, a confrontação entre centro e periferia era a clivagem social mais importante subjacente à política turca, uma clivagem que parece ter sobrevivido a mais de um século de modernização. Este texto fala das maneiras pelas quais essa clivagem foi perpetuada durante a modernização.

O sistema tradicional

Houve muitas razões pelas quais a oposição entre centro e periferia tornou-se a questão não resolvida da vida política e econômica otomana. Uma delas foi a incompatibilidade dos citadinos com os sempre grandes contingentes de nômades na Anatólia, o coração do Império. A dificuldade do Estado para lidar com os nômades na periferia era endêmica. Contudo, mais do que

---

[6] Carl Joachim Friedrich. *The Age of the Baroque 1610-1660*. Nova York: Harper, 1952, pp. 19-20.

isso, o conflito entre nômades e citadinos gerou o estereótipo, no homem otomano culto, de que a civilização era uma disputa entre urbanização e nomadismo, e de que todas as coisas nômades eram merecedoras apenas de desprezo. Um resíduo dessa clivagem básica entre população nômade e sedentária ainda pode ser vista hoje na Turquia oriental, onde os dados estatísticos, a estrutura social e as questões básicas de 13 províncias agrícolas contrastam intensamente com aqueles encontrados nas quatro províncias com uma economia pastoril e resíduos de nomadismo.

Outro componente da clivagem centro-periferia foi a suspeita do centro em relação aos traços remanescentes de uma nobreza pré-otomana e a várias famílias poderosas nas províncias, cuja estrela ascendera com a dos otomanos. As províncias eram também viveiros de heterodoxia religiosa intratável. Seitas turbulentas, cultos sincréticos, messias autodesignados ofereciam uma ameaça duradora e sempre lembrada. Quando as províncias otomanas ocasionalmente se tornavam refúgios para pretendentes ao trono, a periferia ganhava o ônus adicional de ter servido como trampolim para a rebelião.

Tudo isso ocorreu contra um cenário de localismo tolerado pelo centro, pois a engenharia social otomana se detinha diante de tarefas organizacionais insuperáveis. À medida que o Império se expandia, os otomanos lidavam com as novas instituições sociais que encontravam, dando o selo da legitimidade a usos locais e impondo um sistema de acomodação descentralizada em relação a particularismos étnicos, religiosos e regionais. Não se fazia nenhuma tentativa de integração mais completa quando laços frouxos se provavam viáveis. É possível contar entre esses grupos semiautônomos as comunidades não muçulmanas controladas por seus próprios líderes religiosos. Assim, no sentido mais geral, ecológico, o centro e a periferia eram dois mundos muito folgadamente relacionados. Esse aspecto da sociedade otomana, juntamente com a fragmentação social, preparou um dos problemas principais do *establishment* otomano: a confrontação entre o sultão e seus altos funcionários, por um lado, e a estrutura extremamente fragmentada da Anatólia otomana, de outro. A Anatólia é particularmente importante para os estudos modernos, uma vez que é o componente territorial da Turquia moderna.

Aqueles que se opunham à segmentação, os funcionários, se distinguiam da periferia não apenas por estarem, por assim dizer, do outro lado da cerca, mas em virtude de certas características de *status* distintivas, bem como certas diferenças simbólicas. Por muito tempo, uma das marcas diferenciadoras de altos e baixos funcionários era que inúmeros deles eram recrutados a partir de grupos não muçulmanos. Essa prática destinava-se a estabelecer um padrão ideal, o do burocrata que se torna escravo do sultão (*kul*, em turco). Nesse esquema ideal, o funcionário figurava como uma pessoa sem quaisquer laços atributivos e totalmente dedicada a implementar os objetivos da dinastia. O *establishment* estava, portanto, exposto a acusações de ter excluído muçulmanos nascidos livres desses postos; obviamente o impedimento a esse acesso magoava. Havia atrito também entre os *kul* e os membros do *establishment* religioso, que, salvo algumas exceções, estavam mais próximos da vida diária das classes baixas. A instituição religiosa estava, portanto, na fronteira entre o centro e a periferia. Durante a modernização, e em razão das políticas secularistas do centro, ela foi cada vez mais identificada com a periferia.

As bases da distinção entre a elite oficial e a periferia podiam ser encontradas também em variáveis econômicas. Os funcionários não estavam sujeitos à tributação; quando o Império florescia, a renda dos funcionários se comparava favoravelmente à dos mais ricos comerciantes. Isso era em parte atribuível aos custos, para o administrador, de empregar certo pessoal, além de outras despesas de custeio, mas era também um aspecto da legitimidade otomana: os detentores de poder político, e não os comerciantes, eram os primeiros cidadãos do reino. O firme controle estabelecido pelo Estado sobre a economia era um exemplo adicional da primazia da política no Império Otomano. Os funcionários exerciam amplo poder em sua competência administrativa. Em contrapartida, em decorrência de seu *status* de *kul*, eles estavam sujeitos a um direito administrativo especial e eram desprovidos dos "direitos civis" da população muçulmana. Numa perspectiva mais ampla, em tudo contrastavam o estilo de vida do funcionário patrimonial e o do muçulmano nascido livre.

A confrontação entre o centro e a periferia, contudo, não se devia a uma transmissão hereditária de *status* oficial. Ao contrário, em geral, a promoção era por mérito; essa era uma característica do modo como se realizavam as carreiras oficiais quando o Império estava mais vigoroso. Algumas famílias com um histórico de serviços para o Estado conservavam as posições privilegiadas, mas o segundo conjunto para recrutamento de funcionários concedia a seus membros apenas privilégios indiretos de acesso ao funcionalismo público. Foi só depois que o Império chegou ao seu ponto mais baixo que a prática de patrocínio oficial ou a influência exercida por círculos da Corte parecem ter se tornado mais importantes.

Um aspecto que realçou a diferença entre todos os tipos de funcionários e as massas, tanto rurais quanto urbanas, foi a operação do núcleo burocrático do Estado. Sua apropriação da maior parte do controle da economia e da sociedade, seu controle do comércio de gêneros alimentícios, as limitações que impôs à posse de terra e o rigor com que tentou impor a estratificação social por meio de normas suntuárias eram todos destinados a manter a autoridade do Estado sobre os pontos nodais da sociedade e construir uma correlata imagem de superioridade. As relações de propriedade estavam incluídas nesse sistema. O sultão tinha plenos direitos de propriedade sobre a terra arável fora das cidades. Ele podia alienar terra quando queria, mas, de fato, relativamente pouca terra era distribuída como propriedade livre e alodial. Havia latifúndios, mas em sua maioria eram usurpados e podiam, quando necessário, ser confiscados pelo Estado. Em contrapartida, a terra dos camponeses só podia ser expropriada por fraude, contornado o entendimento original com base no qual a terra tinha sido concedida. O Estado estava sempre alerta para a sugestão de que a fraude teria sido perpetrada, mas a ação era restrita por três considerações principais. Em algumas regiões a terra tinha sido concedida como propriedade livre e alodial, enquanto em outras, os direitos à perpetuação da propriedade se baseavam no sistema feudal em vigência no tempo da conquista otomana. Por fim, em muitas regiões o Estado não tinha o poder — ou a vontade — de se opor à tomada de terra pelos notáveis. Várias mudanças a partir do sistema original de "feudos" militares ocorreram a longo prazo em favor dos notáveis, nesse aspecto. Quando o Estado pôde se reimpor, como fez durante o século XIX, ele tentou proteger as propriedades camponesas individuais adotando estatutos para dificultar a consolidação da terra.

A reivindicação de controle político e econômico pelo Estado foi sustentada por seu direito à preeminência cultural. Em proporção à heterogeneidade da periferia, a classe dominante era singularmente compacta; este era, acima de tudo, um fenômeno cultural. Dois elementos, um positivo e um negativo, podem ser aqui isolados. Por um lado, todo o mecanismo do Estado era permeado pelo mito da majestade do sultão; por outro, havia restrições impostas ao acesso dos reles mortais aos símbolos da cultura oficial. Para grande parte da população, nômade ou sedentária, rural ou urbana, essa separação cultural era o traço mais notável de sua existência na periferia. Governantes e funcionários eram fortemente influenciados, nas cidades, pelas bem-sucedidas culturas urbanas anteriores, como a iraniana. A cultura burocrática iraniana em particular foi difundida em instituições otomanas. Por exemplo, os governantes adotavam línguas — o persa e o árabe — que eram estrangeiras para as classes baixas, e os incluíam na cultura oficial. A periferia só se beneficiava de uma das instituições educacionais que formavam membros do *establishment*: as instituições de formação religiosa. Como não é de surpreender, a periferia desenvolveu sua própria contracultura extremamente variada, mas tinha clara consciência de seu *status* cultural secundário, uma consciência cuja melhor ilustração é a desajeitada imitação dos estilos de vida da elite cultural. Isso era particularmente verdadeiro acerca das classes baixas, tanto a rural quanto a urbana, pois nessa matéria as massas urbanas podiam também ser contadas como parte da periferia. Mesmo no auge do poder otomano, quando a imagem do sultão como pai provedor tinha uma realidade econômica tangível, a Corte, os funcionários e os políticos eram coisas nefastas das quais o populacho se mantinha afastado. Hoje, *siyaset* significa política em turco, e *siyaseten kail* significa *condenação à morte por razões de Estado*, mas no linguajar oficial anterior *siyaset* (política) era também sinônimo de uma sentença de morte imposta por razões de Estado. Um estudo realizado em 1968 e 1969 constatou que *siyaset* ainda conservava essa conotação funesta para os camponeses.

Esses aspectos do estilo da dominação do Estado e do *status* oficial e da cultura constituíam, juntos, um agregado, um código institucional. Nesse código, o conjunto de princípios que mantinha os funcionários atentos à erosão pela periferia das realizações do centro ocupava um lugar importante. Por um lado, as forças da periferia, tal como famílias localmente poderosas, viam os funcionários centrais como pessoas com quem elas tinham muitos pontos de contato, mas também como rivais que tentavam conseguir a maior parcela possível do excedente agrícola e outros valores para o centro — o que significava menos para as famílias. Por causa da fragmentação da periferia, dos elementos díspares que nela entravam, ela forçosamente começou a desenvolver seu próprio código muito mais tarde. Em tempos anteriores esse código consistia apenas numa consciência dos ônus impostos pelo centro.

A visão de mundo daqueles que se opunham às incursões do Estado na vida econômica e social da periferia criava uma atitude, senão um código, que significava localismo, particularismo e heterodoxia. O que foi chamado de "grupos primordiais"[7] desempenhou um importante papel na periferia, e a identificação com um desses grupos foi uma dentre uma variedade de configurações que essa posição periférica pôde assumir. De fato, entretanto, as muitas formas diferentes da posição periférica eram similares somente por compartilharem uma visão negativa do oficialismo. Quando os notáveis locais eram usados numa função oficial — e o Estado era frequentemente obrigado a usá-los —, essa atitude se suavizava, mas a falta de qualquer legitimação real de qualquer pessoa fora do oficialismo mantinha vivo o potencial de tensão.

Durante o apogeu do Império, esse potencial de confrontação violenta entre o centro e a periferia só se materializou esporadicamente, tanto por causa da fragmentação normal das forças sociais quanto pelas ligações com a periferia que contrabalançam aquela possibilidade. Entre elas podemos contar o sistema regular de recrutamento de muçulmanos nascidos livres para algumas partes do oficialismo, o sistema judicial que penetrava o nível subprovinciano, a tradição de obras públicas e fundações filantrópicas e a ampla rede das instituições religiosas — o verdadeiro gonzo entre centro e periferia. O sistema de "feudos" militares era um mecanismo integrativo particularmente eficiente; o titular de feudo normal na época da ascensão do Império era um agricultor com estreitos laços com o camponês.

Foi somente com o declínio do Império que funcionários otomanos se tornaram saqueadores de sua própria sociedade, e que a relação entre funcionários e periferia — especialmente o camponês pesadamente onerado por

---

[7] Para esse conceito, ver Clifford Geertz: "The Integrative Revolution". In: ____. *Old Societies and New States*. Glencoe: Free Press, 1963, pp. 105-157.

impostos — mostrou cada vez mais a marca do "despotismo oriental", um tipo de exploração basicamente diferente da austeridade do regime sultânico de eras anteriores e comparável ao sistema precedente apenas na maneira como perpetrava a clivagem entre a elite governante e aqueles dela excluídos. Da mesma maneira, a população local confiou cada vez mais em notáveis locais que emergiam nessa conjuntura para articular os interesses locais. Apesar do crescimento de sua influência e autoridade, esses notáveis ainda não tinham nenhum *status* autônomo comparável ao da nobreza feudal europeia. Embora sua legitimidade fosse adquirida pelo seu papel como agentes do centro, a maior autonomia só podia ser obtida desafiando o poder do Estado ou pela rebelião declarada. Assim, somente aqueles notáveis ricos em terras e suficientemente poderosos para confrontar o Estado conseguiram obter maior autonomia. Há alguns sinais de que, onde isso ocorreu, os notáveis locais não estavam menos interessados em intimidar os camponeses do que o Estado, mas pelo menos viam que era de seu próprio interesse fornecer os serviços mínimos para manter o sistema em movimento.

Um modo urbano de novo tipo de afastamento da periferia otomana em relação ao centro apareceu em Istambul em 1730, na forma da chamada revolta Patrona.[8] Por meio das guildas, foi solicitado aos artesãos de Istanbul que dessem contribuição excessiva para uma campanha militar malograda por timidez e incompetência da Coroa. Nessa altura, as classes baixas em Istambul tinham testemunhado por algum tempo a ocidentalização de políticos otomanos e da Coroa por meio de várias tentativas de copiar a pompa de Versalhes e a libertinagem da França do século XVIII. Quando chamadas às armas para impedir a subversão de costumes tradicionais, elas reagiram.

Haviam ocorrido muitas rebeliões em Istambul antes, mas esta foi a primeira a mostrar uma síndrome que daí em diante repetiu-se muitas vezes: um esforço para ocidentalizar a organização militar e administrativa proposto por uma parte da elite oficial, acompanhado por um pouco de imitação das maneiras ocidentais e usado por um outro grupo de interesses para mobilizar

---

[8] Patrona Halil (1690-1730): de origem albanesa, liderou a única rebelião do Império Otomano que não teve origem no Exército e que resultou na substituição do sultão Ahmed III por Mahmud I. [N. do Org.]

as massas contra a ocidentalização. Os modernistas turcos se concentraram exclusivamente no terreno das intrigas políticas dos estadistas, o que, de fato, era um aspecto dessa revolta e de outras similares. Contudo, para termos um quadro completo, deveríamos também observar a alienação cultural das massas em relação aos governantes, da periferia em relação ao centro. Durante fases posteriores da modernização, essa alienação se agravaria.

A modernização otomana durante o século XIX

Três problemas não resolvidos destacaram-se, exigindo solução, no Império Otomano durante o século XIX. Todos estavam relacionados à tentativa dos reformadores otomanos de construir um Estado modelado segundo o Estado-nação, e todos puseram em jogo as relações do centro com a periferia. O primeiro deles foi a integração de grupos não muçulmanos ao Estado-nação; o segundo consistiu em realizar o mesmo para os elementos muçulmanos da periferia — introduzir alguma ordem na estrutura de mosaico do Império. Finalmente, esses "elementos discretos" no "território nacional" tinham de "participar significativamente do sistema político".[9] Este último desenvolvimento não foi iniciado até meados do século XX; entretanto, com a primeira cooptação tangível de notáveis na política, um começo de integração começou a se esboçar após 1908.

A integração nacional dos componentes não muçulmanos do Império Otomano foi efetivada, mais do que qualquer coisa, por omissão, por perdas de território durante o século XIX e início do século XX. Com sua política de trocas de população, a República Turca tornou a situação ainda mais simples. Nos anos seguintes à troca, a República poderia ter continuado a ver as minorias não muçulmanas com desconfiança, mas só em casos raros os problemas com essas minorias constituíram a substância de uma questão política pendente.

---

[9] Ver Joseph G. LaPalombara e Myron Weiner. "Conclusions: The Impact of Parties on Political Development". In: ____ (orgs.). *Political Parties and Political Development*. Princeton: Princeton University Press, 1966, p. 413.

Embora seja comumente negligenciada, a integração nacional dos componentes muçulmanos foi tão problemática quanto a de grupos não muçulmanos. Os arquitetos da reforma política turca, a Tanzimat (1839-1876), tinham lançado uma pedra fundamental com suas reformas fiscal e administrativa. Na altura do terceiro quartel do século XIX, o Estado otomano era uma presença crescente na vida diária da periferia. O sultão Abdulhamid II (1876-1909) tentou continuar a integração da periferia obrigando os nômades remanescentes a se estabelecerem. Ao mesmo tempo, ele tentou introduzir na periferia otomana muçulmana um sentido de unidade com o centro. Como é bem sublinhado por sir William Ramsay, a política de pan-islamismo de Abudulhamid era menos um sonho de unir todos os muçulmanos que um esforço para estabelecer alguma forma de protonacionalismo, para unir seu povo em torno de uma ideia islâmico-imperial.

[...]

Os Jovens Turcos (1908-1918)[10] assumiram o controle num momento em que somente essa unificação parcial da população da Ásia Menor tinha sido levada a cabo. Eles tentaram aplicar uma política de unificação cultural e educacional em outras áreas do Império onde havia clivagens étnicas muito mais claras e os grupos locais eram mais bem organizados. A incompetência e o nacionalismo incipiente combinaram-se para solapar todo o apoio que poderiam ter angariado para seu regime. Falta de integração, exigências de administração descentralizada, bem como oposição das províncias àquelas que eram consideradas as ideias seculares dos Jovens Turcos, estes foram o tema principal de seus anos no poder e aparecem tanto dentro quanto fora da Anatólia.

---

[10] Jovens Turcos: nome pelo qual ficou conhecida uma coalizão de vários grupos reformistas que lideraram um movimento revolucionário contra o regime autoritário do sultão Abdülhamid II, culminando no estabelecimento de um governo constitucional. De início formado basicamente por jovens oficiais do Exército, o movimento espalhou-se em seguida para outros setores. Após sua ascensão ao poder, os Jovens Turcos promoveram medidas centralizadoras, a modernização e secularização do Império Otomano e um novo espírito de nacionalismo turco. Divergências internas, contudo, e opções desastrosas em política externa, como o alinhamento com as Potências Centrais durante a Primeira Guerra Mundial, levaram ao fim do movimento. [N. do Org.]

Assim, Mustafa Kemal (Atatürk),[11] que limitou seus objetivos a salvar a Anatólia para a Turquia, não começou com um quadro em branco. Nos primeiros estágios da organização do movimento para a independência nacional, depois da saída otomana da Primeira Guerra Mundial, suas forças nacionalistas em Ancara foram cercadas por grupos insurgentes, que trabalhavam supostamente para o governo do sultão a que Mustafa Kemal se opunha. Embora esses grupos proclamassem que seus objetivos eram eliminar um rebelde contra o sultão e trabalhar para a maior glória do islã, eles também parecem ter representado as forças da periferia que reagiam contra o que consideravam uma continuação do governo dos Jovens Turcos e uma política de centralização. Entre 1920 e 1923, o medo de que a Anatólia fosse dividida em linhas de grupo primordiais correu como uma forte subcorrente entre os arquitetos do kemalismo que tentavam estabelecer seu próprio centro, e continuou a ser uma questão fundamental — ainda que muitas vezes apenas latente — da política kemalista até o fim do governo unipartidário em 1950.

O problema de integrar politicamente essa estrutura segmentada só se sobrepõe em parte ao problema da integração nacional e pode, portanto, ser considerado sob um título diferente.

Clivagens sociais no século XIX

O fim do século XIX assistiu ao começo da penetração de valores de mercado em certas regiões mais desenvolvidas da Anatólia. Assim, a base de influência dos notáveis locais foi gradualmente transformada, à medida que notáveis de todos os tipos desenvolveram um crescente interesse em atividades econômicas. Sob esse aspecto, a camada superior da periferia provinciana

---

[11] Mustafa Kemal (1881-1938): também chamado de Atatürk ("pai dos turcos"), foi o fundador da República da Turquia, permanecendo como seu primeiro presidente desde sua instauração, em 1923, até sua morte. Como jovem oficial do Exército, participou da revolta dos Jovens Turcos de 1908. Como presidente da Turquia, Atatürk impôs uma ampla modernização e secularização do país, bem como promoveu um intenso nacionalismo turco. Fundou o Partido Republicano do Povo (de sigla CHP em turco), que foi, na prática, o único partido durante seu governo. Suas práticas e ideias políticas ficaram conhecidas pelo nome de kemalismo. [N. do Org.]

começou a adquirir uma uniformidade — senão uma unidade — que nunca tivera antes. Enquanto uma faceta dessa uniformidade era o novo foco das atividades dos notáveis, outra faceta envolvia a recente ubiquidade da força oponente: a maior penetração do Estado na periferia. Esses desenvolvimentos colocaram as partes da clivagem centro-periferia numa nova confrontação que incorporou elementos do conflito anterior, mas também transformou parcialmente a sua natureza.

Em relação aos notáveis, a transformação centrou-se na nova área dentro da qual a patronagem começou a operar. Relações de patronagem e de clientela haviam permeado por muito tempo a política otomana, mas uma transformação estrutural após meados do século XIX mudou o quadro geral. Por exemplo, a determinação dos arquitetos da reforma do século XIX de transformar em cidadãos os súditos do Império Otomano, e levar o Estado para a periferia, impondo novas obrigações — impostos, serviço militar, vários processos de registro —, bem como oferecendo novos benefícios — estradas, a regulação da justiça, registro de terras —, colocou os indivíduos da periferia em contato mais próximo com o processo administrativo e judicial. Antes da penetração gradual na periferia de um sistema de administração centralista, inaugurado em 1864, os notáveis ainda serviam como uma correia de transmissão da administração por meio de conselhos localmente eleitos trabalhando com governadores provinciais. Esse papel, embora modificado com o tempo, prosseguiu durante todo o século XIX; os notáveis tornaram-se assim mais claramente o gonzo entre as classes baixas — o campesinato — e os funcionários. Em grande parte pelo controle que o Estado ainda mantinha sobre a economia, as novas atividades econômicas dos notáveis, ali onde estas tinham se tornado importantes, estabeleceram um segundo vínculo entre notáveis e funcionários. Além disso, embora o número de cargos no sistema administrativo otomano tivesse sido consideravelmente aumentado após 1876, funcionários de baixo e médio escalão só eram pagos de maneira inconstante. Assim, os notáveis estabeleceram uma relação simbiótica com os funcionários, e o suborno adquiriu uma nova dimensão. Isso era uma necessidade tanto para o avanço dos próprios interesses dos notáveis como para a prestação de serviços a seus clientes. Entre esse novo estrato de notáveis podemos também situar os religiosos provinciais, vários dos quais eram donos de propriedades e pertenciam à classe dos "influentes" locais. Contudo, sua influência e vantagem sobre as classes baixas eram estabelecidas também por meio de envolvimento na religião e na educação. Face à crescente secularização, esses homens tornaram-se mais claramente comprometidos com a periferia.

Com o sucesso da Revolução dos Jovens Turcos de 1908, os notáveis começaram a aparecer nas fileiras dos partidos políticos otomanos e no parlamento. Onde sua influência pôde ser rastreada, nós os vemos apoiar a descentralização administrativa e a continuidade do controle local sobre a cultura, o que, de fato, significava uma tentativa de manter o poder que os religiosos tinham estabelecido sobre o sistema de valores e símbolos. Isso foi especialmente verdadeiro para os clérigos mais pobres, os religiosos que não tinham outra base de *status* além de sua posição como religiosos. Mas a visão do Islã como a pedra de toque crucial do patrimônio otomano era compartilhada por notáveis não religiosos. Nessa medida, uma dimensão islâmica, unificadora, ainda havia se acrescentado ao código periférico; o que tinha assim se tornado uma ideologia característica da periferia não foi meramente uma proposta idiossincrática de *Lum-penulema*.[12] Uma razão para isso é clara: instituições educacionais modernas tinham perpetuado a clivagem cultural pré-moderna entre o centro e a periferia. A modernização das instituições educacionais turcas tinha começado com as dos funcionários. As províncias encontravam-se à margem do mundo da educação da elite; a maioria dos provincianos — mesmo provincianos influentes — era incapaz de enviar seus filhos para escolas modernas ou não se dispunha a fazê-lo. Os dados que temos hoje sugerem que somente os mais brilhantes eram mandados para a capital com esperanças de que fossem capazes de estabelecer um canal de comunicação com os círculos oficiais. [...]

O ingresso no setor moderno da educação era muito mais fácil para crianças com pais que já faziam parte da classe dos funcionários reformistas, ou mesmo de qualquer parte da burocracia. Em um dos novos complexos educacionais decisivos, as escolas militares, a socialização escolar era mais im-

---

[12] Lumpenulema: referência ao *lumpenproletariat*, tal como definido por Marx e Engels, uma população situada socialmente abaixo do nível do proletariado, não apenas marginal do ponto de vista das condições de vida e de trabalho, mas também desprovida de consciência política e de classe. [N. do Org.]

portante que a socialização familiar, por sua extensão da educação até o curso secundário e pelo recrutamento de grande porção de estudantes vindos de famílias menos privilegiadas. Nesse meio militar, a visão crítica das províncias como um fim de mundo da civilização emergiu intensamente. A modernização da mídia e da vida cultural na Turquia em geral aumentou, em vez de reduzir, a lacuna entre a "pequena" e a "grande" cultura. Uma adesão ao Islã, ao seu patrimônio cultural, foi a resposta da província à incapacidade do centro de integrá-la à nova estrutura cultural. As províncias tornaram-se assim centros de "reação". Mais significativo, contudo, foi o fato de que o mundo provinciano como um todo, incluindo tanto as classes altas quanto as baixas, estava agora cada vez mais unido por uma oposição islâmica ao secularismo. Sem dúvida os notáveis descentralistas acharam esse desenvolvimento encorajador. As classes baixas da capital otomana também faziam parte da periferia, nesse novo sentido de pessoas que tinham dificuldades em ingressar na corrente da modernização. Nessa unidade recém-encontrada, a periferia foi desafiada por um tipo de burocrata novo e intelectualmente mais intransigente.

A modernização como ocidentalização do burocrata

Estadistas otomanos, embora obrigados a fazer concessões para notáveis poderosos, nunca se resignaram a vê-los adquirir real autonomia: esse era o núcleo do código do burocrata tradicional. No entanto, a burocracia estava também mudando na Turquia durante o século XIX. No fim deste período, os aspectos da burocracia otomana que podiam ser chamados de "patrimoniais" ou "sultânicos"[13] estavam dando lugar a uma burocracia "racional". A aplicabilidade da fórmula weberiana é limitada, contudo, no sentido de que elementos "burocráticos", tais como a estrutura hierárquica, eram muito mais evidentes que reivindicações "racionais", como recompensas baseadas em desempenho.

Uma seção da burocracia otomana tinha se ajustado relativamente cedo às exigências de modernização e assumira a liderança da reforma durante

---

[13] Tomo essa terminologia de Max Weber. In: Guenther Roth e Claus Wittich (orgs.). *Economy and Society*, v. 1. Nova York: Bedminster Press, 1968, 3 v., p. 229.

o século XIX. Essa burocracia reformista selecionou como primeiro ponto nodal da reforma a modernização das instituições educacionais que preparavam os militares e a burocracia civil. Apropriando-se do modelo francês das *Grandes Écoles*, que se dirigia para objetivos muito similares aos dos estadistas otomanos, os reformadores otomanos do século XIX tiveram êxito em produzir uma elite burocrática bem treinada e instruída, guiada por uma visão de "interesses do Estado". De certo modo, a elite anterior foi então perpetuada. Ela era agora formada em moldes que traziam à luz um produto sob muitos aspectos comparável ao funcionário anterior.

Com a penetração do Estado nas províncias, uma nova dimensão foi acrescentada à preocupação tradicional de apoiar o centro. Fez-se uma tentativa de estabelecer uma relação direta entre o Estado e o cidadão, que foi em parte o ressurgimento, sob nova forma, de um ideal de habilidade política otomana de que não deveria haver quaisquer lealdades intermediárias entre o sultão e seus súditos. Durante os estágios posteriores da reforma, a criação de instituições de crédito e outras facilidades tornaram uma realidade a ideia do Estado como pai provedor. Quando notáveis se apropriavam desses recursos, eles provocavam a antipatia dos estadistas reformadores.

Mas a essa oposição entre funcionários reformistas e notáveis devemos acrescentar mais uma fonte de oposição que começou a aparecer perto do fim do século XIX. O novo conflito resultou da modernização administrativa durante o reinado do sultão Abdulhamid II. Mais precisamente, ele foi um produto da política do sultão de modernização pela metade, pois embora trabalhasse arduamente para racionalizar a burocracia otomana, ele também dependia de indivíduos que se opunham às suas diretivas orientadas para realizações. Ainda não está claro quão bem-sucedidos em alcançar acesso a posições mais elevadas foram os graduados da Escola de Ciência Política — uma instituição para a modernização a que o sultão tinha dado pleno apoio.[14] Porém, os burocratas mais jovens e os militares, que começaram a se

---

[14] "Mekteb-i Mülkiye" (também conhecida como "Mülkiye"): instituição fundada em Istambul em 1859, pelo sultão Abdulaziz. Em 1936 foi transferida para Ancara e posteriormente incorporada à Universidade de Ancara, com seu nome atual de Faculdade de Ciência Política (em turco: Ankara Üniversitesi Siyasal Bilgiler Fakültesi, mais comumente conhecida como "SBF"). [N. do Org.]

opor ativamente ao sultão no fim do século XIX, acreditavam de fato que os postos administrativos e governamentais mais elevados eram ocupados por pessoas caracterizadas mais pela lealdade ao sultão do que pela capacidade. Quanto aos militares, eles não se adaptaram bem às reformas modernistas do sultão, com a proibição de que grandes unidades militares se envolvessem em manobras com munições verdadeiras perto da capital. A atitude de tentar eliminar essas contradições e buscar um "fechamento" do sistema poderia ser chamada de burocratismo "nacional" em contraposição à ideologia otomana anterior de "razão de Estado".

Um ponto adicional em que os novos burocratas nacionais, treinados na escola, se sentiam em desacordo com o sultão era a impaciência deles para estabelecer um Estado moderno na Turquia. Eles concediam muito menos tempo para a elaboração do Estado-nação em comparação com a abordagem mais gradual — às vezes tímida — do sultão. A impaciência dos burocratas nacionais refletia em parte a difusão das ideologias nacionalistas no Império Otomano. Essas ideias tinham afetado parcela do *establishment* intelectual otomano e criado uma intransigência que não se poderia encontrar entre reformadores precedentes. Sem dúvida a nova visão da ciência como pedra de toque da verdade, que se tornara influente em círculos modernistas da capital após 1885, encaixava-se bem com essa atitude. O velho moto otomano de preservação da "religião e do Estado" emergiu assim remodelado no *slogan* Jovem Turco de "União e Progresso". Depois que esses jovens tiraram o sultão de cena, após a Revolução dos Jovens Turcos, os notáveis provincianos lhes pareceram muito piores do que tinham sido para os burocratas tradicionais, ou mesmo para antigos reformadores. No parlamento dos Jovens Turcos, os projetos dos notáveis, que tinham em vista a descentralização e o menor controle militar, os tornaram suspeitos num momento em que correntes separatistas começavam a ser vistas como ameaça real.

Durante a Guerra de Independência Turca (1920-1922), essa dualidade centro-periferia aparece mais uma vez dentro do órgão dirigente do movimento de resistência nacional, a Grande Assembleia Nacional. Aqui os kemalistas foram lançados contra um grupo difuso que era sobretudo o partido dos notáveis liderado por membros alienados da classe de funcionários. Esse conjunto era conhecido como "Segundo Grupo", mas na

Assembleia eles se viram ampliados por um grupo maior e mais incipiente de representantes com tendências islamitas e descentralistas cuja filiação ultrapassava as linhas de grupo.

Esses homens formularam uma série de políticas extremamente interessantes em relação à representação, aos militares, à instrução religiosa e à prática religiosa. Eles queriam impor uma exigência de cinco anos de residência num distrito eleitoral como pré-requisito para a candidatura à eleição como deputado; tentaram controlar os militares e começaram a pôr a gendarmaria na dependência do Ministério do Interior, declarando que os gendarmes oprimiam a população civil; apoiaram fortemente a educação praticada em escolas religiosas; e aprovaram um estatuto proibindo o consumo de álcool. Como não há nenhum estudo preciso da composição e uniformidade desse grupo, não podemos dizer muito sobre sua coesão, mas ele certamente serviu como um ponto de mobilização contra os kemalistas.

Por outro lado, os elementos mais radicais entre os kemalistas protestaram que na nova lei das municipalidades "o povo" não estava representado em conselhos municipais. Eles também acusaram os notáveis de Bursa de terem se vendido para as forças gregas com as quais os kemalistas se envolviam numa luta de vida ou morte.[15] Ambos os lados afirmavam estar trabalhando para "o povo", mas, para o Segundo Grupo, essa expressão tinha claras conotações de descentralização e liberalismo econômico e político, ao passo que para o núcleo kemalista ela indicava democracia plebiscitária e o dever do Estado de eliminar grupos "intermediários".

A expressão simbólica da oposição dos kemalistas ao Segundo Grupo e aos provincianos concentrava-se na religião. Por enquanto, contudo, Mustafa Kemal não abriu seu jogo.

Com o fim da Guerra de Independência e a vitória dos kemalistas, tornou-se mais fácil assumir o controle da política. Táticas políticas sofisticadas, bem como intimidação, foram usadas ao mesmo tempo que a persuasão. O Partido Republicano do Povo, dos kemalistas, teve sucesso em estabelecer a

---

[15] Referência ao contexto da guerra entre a Grécia e a Turquia, entre 1919 e 1922. Os gregos invadiram a Turquia e conquistaram temporariamente Bursa e outras cidades, antes de serem repelidas pelo contra-ataque turco. [N. do Org.]

disciplina entre seus membros. Quando se formou um partido de oposição cujas atividades coincidiram com uma revolta curda em 1925, aprovou-se uma Lei para a Manutenção da Ordem dando amplos poderes ao governo por dois anos. Embora não houvesse nenhum vínculo entre o partido e a revolta, a nova oposição representava de fato aspirações descentralistas. Ela foi esmagada no mesmo ano por causa de alegados vínculos com a "reação religiosa", e de fato este, mais do que "curdismo", tinha sido o tema central da rebelião.

Embora o objetivo principal da supressão desse partido pareça ter sido a eliminação de rivais políticos, o contexto em que ela foi feita deve ser sublinhado. As fissões aterradoras vistas antes e durante a Guerra de Independência tiveram efeitos traumáticos; a rebelião curda trouxe-as à superfície. Um segundo trauma, desta vez conectando partidos políticos, as províncias e reação religiosa, ocorreu em 1930. Nessa época um experimento com política multipartidária, que recebeu forte apoio dos muitos grupos que se opunham ao kemalismo, resultou numa pequena revolta do tipo "Patrona" na cidade de Menemen. A província, o principal lócus da periferia, foi mais uma vez identificada com traição contra os objetivos secularistas da República. É compreensível, sob essa luz, que, a partir do início dos anos 1930, Mustafa Kemal tenha devotado suas energias a problemas linguísticos, assuntos culturais e mitos históricos. Não foi por coincidência que ele entrou pessoalmente no cenário nesse momento para forjar uma nova identidade nacional para os turcos.

Em 1946, depois da morte de Atatürk, quando se formou pela terceira vez um importante partido de oposição política, a advertência feita pelo Partido Republicano do Povo foi característica: "Não entrem nas cidades ou aldeias provincianas para angariar apoio: nossa unidade nacional será solapada" — querendo dizer que "grupos provincianos primordiais serão restaurados como partidos políticos". Quer o argumento fosse ou não hipócrita, o fato é que entre 1923 e 1946 a periferia — no sentido das províncias — tornou-se suspeita, e como foi considerada uma área de insatisfação potencial, o centro político a manteve sob estreita observação.

Dada toda essa tensão, cabe observar que uma porção considerável da classe notável, provinciana, foi cooptada com sucesso nas fileiras do Partido

Republicano do Povo. Essa solução de compromisso não diferiu radicalmente daquela que prevaleceu no tempo dos Jovens Turcos, ou mesmo antes. Dependente como era dos notáveis, o centro tinha poucos meios de realizar o eterno sonho otomano de trabalhar idealmente com intermediários locais elevados em benefício do campesinato. De fato, a revolução kemalista poderia ser levada a cabo de várias maneiras: por uma revolução organizacional em que o notável sofria oposição ativa, e/ou fornecendo serviços reais para as classes baixas, e/ou por uma ideologia focalizada nas massas periféricas. De fato, os construtores da República Turca puseram o fortalecimento do Estado em primeiro lugar em sua lista de prioridades, ainda que isso significasse a perpetuação da dependência dos notáveis. Esta pode ter sido uma decisão sábia, que permitiu à Turquia sobreviver apesar da fraqueza econômica e militar da nova República. Contudo a opção parece ter derivado não tanto do que, em retrospecto, parecem ser considerações racionais, mas do código burocrático: antes de mais nada o centro tinha de ser fortalecido — em parte, contra a periferia. Era este o aspecto do código burocrático, profundamente não revolucionário, apesar dos temas populistas que a República desenvolveu.

O Partido Republicano do Povo, o único por meio do qual se canalizaram as políticas republicanas, foi incapaz de estabelecer contato com as massas rurais. O movimento "em direção ao povo", em favor do qual tanto clamor se elevara nos primeiros anos do governo de Ancara, foi fraco, e as possibilidades abertas pela República a fim de estabelecer novos vínculos entre governo e camponeses não foram efetivadas. Na verdade, o escasso excedente do setor agrícola financiou grande parte da reconstrução da Turquia. O camponês ainda dependia dos notáveis para obter crédito, assistência social e, em algumas regiões da Turquia, proteção. O símbolo do camponês como o "turco fundamental" surgiu muito cedo no movimento kemalista, mas as energias kemalistas se devotaram à construção de símbolos de identidade nacional, em vez de alterar radicalmente o lugar do camponês no sistema. Isso é bastante compreensível tendo em vista os recursos limitados da República. Mas o problema, de fato, aprofundou-se.

Os membros da classe burocrática sob a República tinham pouca intenção de se identificar com o campesinato. Este talvez seja um julgamento injusto, dada a ampla bibliografia sobre a questão das aldeias na Turquia surgida na época e dado o experimento de institutos de aldeias. Não me recordo, contudo, que nenhum membro da elite dominante tenha construído uma teoria operativa acerca da mobilização camponesa, ao estilo russo ou chinês. Quanto às tentativas feitas por funcionários para se identificarem com o camponês, elas estão limitadas a uns poucos professores radicais. Mais uma vez, tem-se a impressão de que a relação otomana tradicional com a periferia se via perpetuada. Investimentos em educação, que poderiam ser usados como notação abreviada para recapturar as múltiplas camadas dessa atitude, mostram que o pouco de capital que havia chegou a ser investido em instituições que moldariam uma geração de verdadeiros kemalistas no centro.

Uma consequência de apreender o problema nesses termos foi o molde ideacional do programa republicano: os camponeses eram "atrasados" e só mudariam mediante a transformação das leis da terra, tal como a lei das aldeias, extremamente irrealista — que os marxistas chamariam de superestrutura.

Integração de cima para baixo impondo regulações, esta tinha sido a abordagem geral por trás da engenharia social otomana. Os traços característicos do kemalismo mostram que essa visão da sociedade ainda era dominante. No programa kemalista, o compromisso teórico com o camponês repetia um velho tema otomano, enquanto o avanço camponês deveria ser alcançado por integração de cima para baixo, ideia que também tinha um elemento de *déjà vu*. Em geral, os kemalistas tinham um ótimo entendimento de regulação, mas faltava-lhes o aspecto *revolucionário-mobilizador* que, em certos esquemas contemporâneos de modernização, mobilizaram as massas para uma reestruturação da sociedade. Como a regulação sempre fora uma das máximas do governo otomano, suas ideias sobre modernização tinham um componente tradicional inconfundível. A única corrente dentro do kemalismo que tomou conhecimento do lado organizacional-mobilizador da modernização foi a revista *Kadro* (1931-1934), que tinha vários ativistas marxistas em suas fileiras. Assim como faltavam aos kemalistas os aspectos mobilizadores da modernização, eles também não viam com bons olhos a natureza da rede *integrativa* da sociedade moderna, ou eram incapazes de lhe dar existência via legislação.

A debilidade da ideologia kemalista deve ser vista sob essa luz. Atatürk tentava fazer com a ideologia o que não conseguira com a mobilização política ou um compromisso com mudanças radicais na estrutura social. Isso era um fardo pesado para converter em ideologia. A zona rural turca, já suspeita de separatista, não se aproximou do centro com essas políticas. Embora mostrando notável habilidade para um crescimento pequeno, porém sustentável, a periferia podia ver que pagava pela prosperidade das cidades, que recebia discursos como consolo, porém com a recusa de acesso ao refúgio de sua cultura religiosa. Assim, não surpreende que os notáveis locais mantivessem seu domínio sobre o campesinato, e que o Estado fosse incapaz de introduzir uma cunha na unidade da periferia. O Partido Democrata, fundado por alguns antigos e destacados membros do Partido Republicano do Povo em 1946, foi menos um partido de notáveis que uma instituição especulando com uma ideologia política que se pensava ser fortemente apoiada pelas massas rurais e seus patronos. Essa era a velha ideia otomana do Estado atento aos interesses de seus súditos: o Estado protetor que distribuía justiça por um lado e abundância por outro. Mas agora foi a periferia que antecipou essa postura. Para mostrar que as questões que eram tão centrais para a oposição tinham suas raízes na alienação em relação ao centro, basta-nos olhar para os temas que levaram o Partido Democrata a ganhar 81% dos assentos na primeira eleição multipartidária. O novo partido prometeu que levaria serviços públicos para os camponeses, consideraria seus problemas diários uma preocupação legítima da política, desburocratizaria a Turquia e liberalizaria as práticas religiosas. Finalmente, prometeu-se também maior liberdade às empresas privadas, igualmente estorvadas por controles burocráticos e irritadas com a dependência da influência política.

Até 1946, o Partido Republicano do Povo tinha sido no máximo um "meio para a ação política". Dessa data em diante, quando os partidos emergiram, ele se tornou "um meio para a participação pública na política", mas essa transformação não foi suficiente para atrair a periferia. Ao contrário, a plataforma eleitoral da oposição, especialmente tal como vista na propaganda política do Partido Democrata, em jornais e na mídia, estabeleceu as linhas de um debate entre "populistas reais" e "burocratas". Essa parafernália simbólica e cultural — o visível apadrinhamento de mesquitas e rituais religiosos por membros do Partido Democrata e o relutante acompanhamento pelo Partido Republicano do Povo —, misturada aos protestos de que o secularismo se perdia, identificou o Partido Democrata com a cultura da periferia. Ironicamente, seus quatro fundadores oficiais faziam parte da "classe" burocrática tanto quanto outros membros do Partido do Povo.

A elevada ressonância alcançada pelo apelo do Partido Democrata ao Islã como a cultura da periferia adquire maior significação à luz de uma descoberta feita pelo sociólogo Behice Bor nos anos 1940. Boran descobriu que, quando as aldeias entravam em maior contato com as cidades, o aldeão passava cada vez mais a ver sua aldeia como inferior. As campanhas eleitorais do Partido Democrata intervieram no momento certo para fornecer a muitas áreas transicionais a crença de que elas não eram inferiores. O Partido Democrata relegitimou o Islã e os valores rurais tradicionais.

Os golpes desferidos no poder e no prestígio da burocracia entre 1950-1957 granjearam para o Partido Democrata a simpatia tanto dos notáveis quanto dos camponeses. A aliança agora prosseguiu sob novas condições; as leis da República, o crescimento do aparato judicial e o sucesso da República na construção da infraestrutura de reformas haviam gradualmente mudado a relação senhor-servo entre patrono e cliente, exceto nas regiões ainda subdesenvolvidas, como o sudeste e o leste da Turquia. O poder econômico, mais do que a dominação, estabeleceu cada vez mais a relação entre notáveis e aldeões. Homens menores em torno dos notáveis viram novas oportunidades para o sucesso econômico. Acordos, intercâmbios e negócios tornaram-se muito mais difusos que nas situações anteriores, e o clientelismo floresceu num novo nível. Essa não era a forma de mobilização que o Partido Republicano do Povo teria aprovado, mas, inegavelmente, era uma forma de mobilização, *forma* que punha uma porção maior das massas numa relação significativa com o centro do que fora possível sob o Partido Republicano do Povo.

Os seguidores rurais do Partido Democrata poderiam não ter se dado conta de que a própria possibilidade dessas barganhas provinha do sucesso do Partido Republicano do Povo em construir uma infraestrutura econômica. Os trabalhadores, que naquela época em geral votavam no Partido Democrata, poderiam não ter pensado que a legislação anterior, progressista, do Partido Republicano do Povo os protegera de se tornar um proletariado sem raízes, mas, afinal, a gratidão, como alguns membros do Partido Republicano do Povo continuavam a acreditar, não é um elemento da política.

Ademais, no início dos anos 1950 as terras da Turquia ainda eram relativamente abundantes, e por isso a redistribuição de terras não era um grande problema. Considerando em sua totalidade, a aliança notáveis-camponeses, cuja estrutura foi um entendimento comum de que a colaboração iria trazer maiores benefícios para ambos os lados do que o controle estatal, funcionou bastante bem.

Nesses dilemas, em vez de ver suas tarefas futuras em termos de organização e mobilização, o Partido Republicano do Povo insistiu na preservação dos ideais kemalistas. Assim, os burocratas o escolheram como o único partido com que poderiam melhor cooperar. Havia agora boas razões para afirmar que o Partido Republicano do Povo representava o centro "burocrático", ao passo que o Partido Democrata representava a periferia "democrática".

A Revolução de 27 de maio de 1960[16] sublinhou mais uma vez a clivagem entre o centro, agora identificado com a preservação de uma ordem estática, e a periferia, o real "partido do movimento". A antiga polarização de centro contra periferia adquiriu nova forma: os preservadores da ordem republicana primitiva, arbitrária, contra aqueles que queriam mudança. O presidente da República deposto, Celal Bayar, comentou recentemente que a diferença entre a Constituição Turca de 1924 e a nova Constituição adotada após a revolução de 1960 equivalia à legitimação constitucional da burocracia e dos intelectuais como fonte de soberania em adição ao "povo turco", que antes havia figurado como a única fonte de soberania na ideologia kemalista.

Todos os protestos organizados pelo Partido Republicano do Povo, reivindicando ser o real partido da mudança e o real defensor dos procedimentos democráticos, foram assim perdidos. Até o último apelo de uma facção do partido ao "populismo" — uma tentativa de descer às bases — se dissipou, porque a questão era menos descer às bases que fornecer um *meio de mudança fundamental* alternativo. As bases não tinham nenhuma confiança nas políticas progressistas, democráticas e populistas delineadas no programa eleitoral diferente do Partido Republicano do Povo, porque não depositavam nenhuma confiança em seus métodos de mudança.

---

[16] Golpe de Estado protagonizado por um grupo de oficiais do Exército, contra o governo eleito do Partido Democrata. [N. do Org.]

Foi fácil para a periferia identificar a recente (1971) intervenção dos militares na política turca com um desejo de retorno à rigidez da antiga ordem.[17] Seja qual for a intenção por trás do movimento ou o apoio popular ao restabelecimento da lei e da ordem, os elementos da periferia ainda acreditam que seu método sensato, direto, pessoal e observável de mobilização e integração, com suas gratificações de curto prazo, é mais tangível e oferece menos riscos do que o sistema da burocracia turca de mobilização e economia planejada. Na medida em que a atitude do centro em relação à periferia foi marcada mais por um conselho condescendente do que pela identificação com os apertos das classes baixas, eles pareceriam ter razão. O planejamento parece relegar todo o controle sobre o próprio destino ao limbo da decisão burocrática: mais uma vez, a *regulação* levanta sua feia cabeça. Se esta é ou não uma avaliação correta das implicações do planejamento, isso é irrelevante: a polaridade que a percepção da regulação cria é aquela de funcionários *versus* todos os outros.

Uma vez que minha tese é formulada de maneira tão simples, eu deveria acrescentar que o quadro é, de fato, mais complexo. A mão de obra organizada não é completamente parte da periferia. As clivagens transversais de proprietários contra não proprietários dos meios de produção são um aspecto da política turca que poderia mudar o quadro. Um partido que representa a minoria xiita emergiu, e rosnados relativos a tentativas curdas de se organizar separadamente têm sido ouvidos há algum tempo. Há evidências tanto de novas clivagens quanto de diferenciação *dentro* da periferia. Certos membros da burocracia estão agora plenamente cientes das exigências de um sistema moderno diferenciado e integrado, e alguns deles estão desertando para partidos que representam a periferia. Mas estes são aspectos futuros da po-

---

[17] Em 12 de março de 1971 ocorreu o segundo golpe militar da República da Turquia. Ele ficou conhecido como o "golpe do memorando", pois um memorando militar foi emitido para o governo "restaurar a ordem" após meses de greves e lutas de rua entre esquerdistas e nacionalistas. Alguns meses depois, o primeiro-ministro Suleyman Demirel deixou o cargo e uma coalizão de políticos conservadores e tecnocratas começou a restaurar a ordem, sob a supervisão dos militares. A lei marcial foi estabelecida em várias províncias turcas e só foi completamente suspensa em 1973. [N. do Org.]

lítica turca e a polaridade centro-periferia ainda é um de seus componentes estruturais extremamente importantes.

Em retrospecto, duas facetas do código periférico parecem ter emergido com contornos mais claros durante a modernização: a periferia composta de grupos primordiais e a periferia como centro de uma cultura contraoficial. Ambas foram as *bêtes noires* dos Jovens Turcos e dos kemalistas. Mas as políticas dos modernizadores, bem como desenvolvimentos fortuitos, trabalharam para realçar a segunda faceta da identidade periférica. Como essa identidade emergiu em quase toda a Turquia provinciana, ela foi capaz de submergir — senão de superar inteiramente — aquele aspecto do código periférico que remontava a lealdades primordiais. Mais tarde, essa identidade como contraburocracia forneceu também, em todo o país, uma base de lealdade a um partido que operava no plano nacional — o Partido Democrata —, e também para seus sucessores. Assim, paradoxalmente, um aspecto do ponto de vista periférico — do qual o centro era tão desconfiado — produziu uma unidade nacional no sentido de unificação provinciana em torno de temas comuns; ele foi usado pelo Partido Democrata em sua ascensão ao poder. O paradoxo é que esse código comum da periferia que inesperadamente produziu um emaranhado nacional unificador provavelmente não teria emergido se as políticas do centro em relação à periferia tivessem sido mais conciliatórias.

Este livro foi impresso nas oficinas gráficas da Editora Vozes Ltda.,
Rua Frei Luís, 100 – Petrópolis, RJ.